文化浸润的力量

WENHUA
JINRUN DE
LILIANG

戴启猛 /著

北京师范大学出版集团
BEIJING NORMAL UNIVERSITY PUBLISHING GROUP
北京师范大学出版社

图书在版编目（CIP）数据

文化浸润的力量/戴启猛著. —北京：北京师范大学出版社，
2016.4（2024.2重印）
ISBN 978-7-303-20050-4

Ⅰ．①文… Ⅱ．①戴… Ⅲ．①中学教育－教学研究
Ⅳ．①G632.0

中国版本图书馆 CIP 数据核字（2016）第 016576 号

图 书 意 见 反 馈 　gaozhifk@bnupg.com　010-58805079
营 销 中 心 电 话　010-58802786
北师大出版社教师教育分社微信公众号　京师教师教育

出版发行：北京师范大学出版社　www.bnupg.com
　　　　　北京市西城区新街口外大街 12-3 号
　　　　　邮政编码：100088
印　　刷：北京虎彩文化传播有限公司
经　　销：全国新华书店
开　　本：787 mm×1092 mm　1/16
印　　张：16.25
字　　数：266 千字
版　　次：2016 年 4 月第 1 版
印　　次：2024 年 2 月第 2 次印刷
定　　价：32.00 元

策划编辑：刘松弢　　　　责任编辑：齐 琳　陈 倩
美术编辑：焦 丽　　　　装帧设计：焦 丽
责任校对：陈 民　　　　责任印制：陈 涛

代　序

文化浸润的力量

——戴启猛治校理念品鉴

广西师范大学教育科学学院院长　孙杰远

对南宁沛鸿民族中学的了解是从一些基础教育工作者和研究者两年来认同力荐的信息中得到轮廓的，期间又几次和戴启猛校长晤面，听他充满激情的介绍，被他颇有智慧与执着的办学理念感染，心中便涌动探究的愿望，终于在月前拾机又去了一次校园，启猛校长正装引领，瞻仰雷沛鸿先生塑像，解读镌刻于磐石之古壮字句，浏览学校民族文化形态，欣赏师生教与学之硕果，遂生感佩；今又见其治校理念之自析，便有了因果要素。

作为沛鸿民族中学校长，单是其学校规模与升学之美誉度已是令应试文化主宰的基础教育界认同、称赞、羡慕，许多同类学校校长由此而陶醉，而启猛校长却发出"今天我们要教给学生什么"这样的呐喊与渗透焦虑的深思，不仅是对当下时代带给学校教育挑战的洞察，更是显现心系学生发展的真情和责任，殊为可贵！

塑造学生"喜欢读书的习惯、坚韧不拔的意志、善于展示的意识"，用意深刻。教育的主旨与终极目标是培养对社会有用的人，"有用的人"就必须学会读书、学会沟通、学会坚忍，这是一种与人一生相伴的持久的品质和能量，其价值远远超出优异的考试成绩或考取知名大学，道理很简单，我们成年人都清楚，我们生存和竞争的力量来自于我们的品质而非那些在学校里塞给我们的知识。事实上，大部分知识没有用，我们早就忘了，也就是说，学校更重要的任务应该是养成学生的品质，启猛校长意识到了这一点。

更难的问题是我们如何找到一种让学生品质得到发展的介质，启猛校长选择了优秀的民族文化，通过文化浸润涵养学生品质，创见不凡。在沛鸿民族中学，我们看到学生领悟古壮字的深邃，抛绣球的骄姿，"三月三歌会"的欢乐；在精心选择的民族文化要素构成的文化场域体验中，孩子们锻炼体魄、尝试合作、感受坚持、传承文化、收获快乐，内在的能量与品质渐次滋长，学校的文化与特色亦即达成，这就是文化浸润的力量。

不难理解，这样的学校和办学理念是值得学习的。

（本文原载于《广西教育》B 版 2011 年，第 5 期）

自 序

感受爱　传递爱

"她疾走的照片，强烈地震撼了我的心灵。这种姿态，如此心酸，如此美丽。"这是 2009 年感动中国推选委员会委员彭长城对当年获奖人物"暴走妈妈"陈玉蓉的评价。[①] 相信彭长城委员的话语道出了很多人的心声。说实在的，当时我一边看着电视里陈玉蓉事迹的介绍，眼中的热泪一边不由自主地往外流。

当时，我想到了我的母亲。在我 13 岁的那年夏天，我的母亲就因患肺结核离我而去。尽管母亲已离开我 35 年，但在我的记忆中，母亲的身影是永远也无法抹去的。母亲去世前患病长达七八年，虽然肺结核在今天已是一个可以治愈的疾病，但在当时的农村，医疗条件不好，基本是没得治的，加之父亲长期在外工作，母亲只能以病弱之躯独力照顾我们三个孩子。

有一幕情景我印象特别深——母亲在厨房为我们兄弟仨做饭。当时江浙一带农村的厨房是大灶，柴草在火塘里点燃后，需要推拉风箱送风助燃。就是这常人做来不太费力的活儿，母亲几乎都要借助整个身体俯仰屈伸的力量才能完

---

① 陈玉蓉，2009 年感动中国年度获奖人物。陈玉蓉的儿子叶海滨 13 岁那年被确诊为一种先天性疾病——肝豆状核病变。这种肝病无法医治，最终可能导致死亡。为挽救儿子的生命，陈玉蓉请求医生手术将自己的肝移植给儿子，可是她患有重度脂肪肝，无法捐肝救子。为了挽救孩子的生命，陈玉蓉从医院出来后，当晚就开始了自己的减肥计划——每天走 10 千米。在随后的七个多月里，她每餐只吃半个拳头大的饭团；走破了四双鞋子，脚上的老茧长了就刮，刮了又长。当她再次去医院检查时，奇迹出现了，脂肪肝没有了。医生感叹："从医几十年，还没有见过一个病人能在短短七个月内消除脂肪肝，更何况还是重度。"2009 年 11 月 3 日，这对母子在武汉同济医院顺利进行了肝脏移植手术。她赋予了孩子第二次生命。陈玉蓉女士因此被当地媒体称为"暴走妈妈"。

成，就是说久病的母亲已连推拉风箱的力气都没有了。而且，她每抽拉风箱一次，都要很吃力地咳嗽好多次，有时还会咳出血来。但就是这样，她还是坚持每天下床为我们做午饭。有一次外婆来我们家，劝她多静养歇息不要做午饭了，等孩子们放学回来自己做。她还是倔强地说："孩子小，正是长身体的时候，上了半天的课，回来一定饿啊！"听到母亲的话，我鼻子一酸扭头一边偷偷地哭了，我暗自下决心，放学的路上一定不能玩，早点回到家帮母亲干活儿。

可以说，我的童年是酸楚的，但母爱给了我克服困难的力量，更磨炼了我坚强的意志。

母亲去世后，我考到县城就读高中。离开老家农村我除了带上自己的衣服外，随身携带的就只有母亲在世时拍摄的唯一一张黑白半身照片。想妈妈时就拿出来看看，然后再精心地收藏起来（至今虽多次搬家，但每一次搬家，我都会首先拿上母亲的相片，并放在我们家最显眼的地方）。过去，我们老家有一个风俗，孝子要为过世的父母戴孝一年，戴孝的方式就是脚穿鞋头绣了白布的鞋（布）整整一年，一年后这双鞋子还不能丢，要一直穿到坏了为止。尽管我戴孝的那一年，有时也遭遇个别高中同学的耻笑，但年少的我做到了，因为我心中有对母亲深沉的爱。

正因为自己有对母爱的深刻感受，也因为自己在成长的过程中无数次渴望得到师长的关爱，所以在我与同学、老师及他人相处的过程中，尤其是从师专毕业走上讲台后，我对亲友、师长、同事和学生都会全心尽力地给予关心、理解、帮助与宽容。我也因而有幸，常听到同事和朋友们说我好相处，很阳光。今天我的理解，那就是爱，是爱的魅力。而我也认为，感受爱，理应传递爱。

年轻时，常有人对我说："你真幸运！那么多人愿意帮你，你那么年轻就当上了校长。"是的，我也感觉我很幸运。记得我曾在一篇文章中这样写过："我出生于江苏省建湖县，南宁是我的第二故乡。正是南宁的山、水、人吸引了我，所以在大学毕业时，尽管有机会回到经济较发达的家乡，但我还是为了'她'，毅然留在广西发展。"事实证明，我的选择没有错，广西南宁这块热土用开放与包容为我们这些外乡游子营造了一片足以施展才能的天空。

就我个人而言，1985年毕业后，我先是被分配到广西畜牧研究所职工子弟学校任教，历任班主任兼学校团支部书记、研究所团总支副书记、中学部教务主任、副校长。七年后，外调到广西医科大学附属中学，再从一名普通教师干起，仅八个月时间即被提升为附属中学的教务主任。1995年，因考虑女儿的升学和个人的发展，我又申请调到南宁市天桃实验学校，用两年的时间实现了从普通教师、年级组长到副校长的角色转变。在此期间，我还参加了区内与全国的中学数学优质课比赛，用第一名的成绩，圆了自己为南宁、为广西赢得赞誉的梦想。之后，因工作需要，组织上先后把我交流到南宁市第四中学、南宁市第二十八中学、南宁外国语学校和南宁沛鸿民族中学任副校长、校长。回首这一路，个人的努力固然重要，环境与机遇也不可或缺。但如果没有众多友善热心的同事、同行及前辈的无私帮助与鼓励，如果没有众多宽容大度、爱才惜才的领导的指导和培养，如果没有重视人才、尊重知识的良好社会氛围，那么，我一个外乡人不可能走得这么顺，不可能获得那么多发展提高的机会！每想及此，我的心中就会涌起深深的感激之情——对这个哺育我成长的城市，也对那些一路给予我支持、鼓励与帮助的人们。

可以说，陪伴我成长的是亲人、师长、朋友、同事和学生的爱，而我也愿意将这份爱传递下去。

就如《教育 培养美好人性》中写的那样："爱，不是为了回报的一种利益算计，而是出于对人与整个世界的一种关怀而随时准备有所付出的行为或倾向。爱是世界上最强大的力量，强力虽然可以劈开盾牌，但爱可以使人敞开心扉，没有人能够抗拒爱的力量。更重要的是它能够连通人心，成为激发感恩与责任的力量。"[①]

我深信，无论是普通教师，还是一校之长，能做且应做的就是去感受爱、传递爱，以爱人之心教育学生，以爱校之心谋求发展。

戴启猛

2014 年 6 月 5 日夜于邕城

---

① 陈玉琨主编：《教育 培育美好人性》，上海，华东师范大学出版社，2012

目　录

感 受 篇

初任校长：学习比能力更重要

1987 年 9 月，参加工作刚满两年的我被广西畜牧研究所职工子弟学校时任校长李群提名代理中学部教务主任，半年后，广西畜牧研究所正式考核任命我为子弟学校副校长兼中学部教务主任。

"22 岁的年轻老师任学校的副校长！"——这条新闻在当时的畜牧所一直被热议了许久。其实，除了一点运气，更重要的还是当时的环境与我自身的努力。当时，我所在的学校规模非常小，中小学两部仅有九个班，且教师也较少，真正科班出身的教师更是没有几个，加之时任子弟学校的李群校长也比较年轻（33 岁），十分注意培养新教师。因此，我才在工作之初就得到了充实学习、展现自己实力的机会。

1985 年 7 月，刚刚参加工作的我便接教了初二年级数学课，并兼任该班班主任。两年后，我带的这届初中毕业班创造了子弟学校自 1960 年建校以来最好的中考成绩：初中毕业率达 100%，升学率达 81.3%。而且，该班的数学成绩也很不错，全班平均分比南宁市数学平均分高出近 9 分。在那个中考录取率相对较低的时候，这是一个相当好的成绩了。更值得一提的是那一届学生中考出了数名学习"尖子"，实现了普通中专及重点高中的"零"的突破（当年的普通中专录取线比重点高中录取线高）。为此，畜牧所分管领导特地率队到子弟学校举行中考庆功会。此外，在那两年我还兼任了共青团广西畜牧研究所总支部副书记，为丰富活跃全所职工业余生活，尤其是帮助青年团员职工安心工作做了不少努力。一分耕耘一分收获，就这样，在机遇来临之时我已准备充分。

可以说，是子弟学校的经历让我真正树立了从教的信心，并从此与学校管理结下了不解之缘。从教 30 年，中间虽因个人原因两次调动工作，职务出现变动，但每新到一所学校，我都在比较短的时间里从一名普通教师走上学校管理岗位，这与当初前辈的培养、环境的历练是分不开的。

初任副校长，准确地说自己不仅没有思想准备，压根也不知道怎么做。但有一点我是确信的，那就是我应成为校长最得力的助手和教职工最依赖的工作伙伴。记得当时的我最不缺的就是对工作的热情和干劲，每每接受一项工作，我都会尽力了解校长的意图，并努力干好。李群校长是一个喜欢读书和思考的人，他平时言语不多，却认真细致。可能是学校小的缘故，他对学校的工作往往事必躬亲、兢兢业业。可以说是他手把手调教我，把我引上管理之路的。我的同事们也给了我很大的支持与帮助，是他们让我学会了如何将热情转化为鼓舞团队工作的动力。

初任副校长，学校的图书馆和研究所的资料室也给了我极大的帮助。从阅读中，我学到了很多教育教学及学校管理方面的知识，借鉴了不少与同事、与学生相处的技巧。记得当时我常常翻阅各省、各学科的教育教学杂志及各类报纸，看得最多的便是《江苏教育》《上海教育》《读者文摘》和《演讲与口才》。每每读到一些优秀教师的成功经验、优秀教法及经典教育故事，我总是把它们摘抄下来，并加以分析思考，汲取其合理的部分。摘抄和剪报可以说是我当年的一大业余爱好，对提升我的教育教学理论素养和丰富人文地理、时势政治知识有很大的帮助，直到今天当我翻看当年的摘抄和剪报本时仍然津津有味，感慨良多，颇受启发。比如，我曾摘抄过《为了下一代——中外学者谈家教》：

> 1. 在有生命危险时。如当孩子在马路上，水边玩耍或摆弄利器时，如不听劝说，要毫不客气地狠狠加以训斥。2. 当场训斥。对于幼小的孩子，如不当场训斥，就不会有效果。早上的事情到晚上再训斥，孩子早就忘在脑后了。3. 训斥时，全家人要意见统一，态度一致，但不要七嘴八舌一起训斥，使孩子无所适从。4. 先表扬后训斥。不要一上来就不分青红皂白地猛训一通，先表扬好的一面，然后批评做错的一面，孩子容易接受。5. 不能凭感情冲动。看到孩子淘气，很恼火，大发雷霆，这种感情冲动的训斥是无益的。训斥不是目的，而是为了使孩子改正恶习。

后来我就曾据此并综合《保护孩子的好奇心》《儿童心理发展的"关键期"》《家长要学点儿童心理学》等几篇文章的一些观点，在学校召开的学生家长会上给与会的家长们做了一次家庭教育讲座，并在一次全校教师会上就如何科学地批评教育学生进行了引申，获得了很好的效果。

此外，我还经常运用在阅读中学到的一些教学方法，如"发现法""自学指导法"等去组织教学，用今天的时髦语说便是"大胆进行教学改革"，实则就是一些教学小尝试，但这些尝试让我在教学中找到了自信。因而我在从教不久的时候，就能根据教学内容及课型的不同，去选择一个较为理想的教学方法授课。加之自己对学生的个别辅导又倾注了大量的时间，使得学生不仅对数学学习的兴趣提高了，数学成绩也随之提高了。可以说，阅读的习惯让我在工作之初迅速地提高了理论与实践能力，并逐步赢得了家长及教师们的认可。因此，我以为无论是普通教师，还是管理者，保持良好的阅读习惯，不断通过阅读去充实自己，是很重要的。而且过硬的教学能力也是一位学校管理者自信的源泉。

初任副校长，还有两点是我的切身体会：一是要常常与同事、同行进行交流，互相学习；二是要勇于在做中学，在学中做，并及时总结和不断反思。也许是初生牛犊不怕虎，当时那么年轻担任副校长，面对比我大很多的老教师，我并没有什么心理负担。相反，我与大家相处得非常融洽，每每想起，我的心中都会涌起对同事们的感激，不是我很称职、很能干，而是同事们很宽容、很支持。

年轻人虚心好学对个人的成长是至关重要的，要善于向同事们学习，善于从自己和他人的工作中总结经验和教训，在不断反思中前进。时至今日，我仍有把自己的工作心得随手记在笔记本上的习惯，所积累的几十本笔记本，每次搬家我夫人总会嘀咕着想让我把这些破旧的笔记本处理掉，但我总是把它们当珍宝似的保存着。所谓"好记性不如烂笔头"，这些珍贵的笔记不仅在我工作道路上曾给予我许多帮助，而且也使得我今天能够把自己当年的一些经验与大家分享。

美国教育心理学家波斯纳曾提出了一个教师成长公式："教师成长＝经验＋反思"。意思是说，一名教师想要成长，就离不开教学与反思。只有经过自己长久的教学实践，及时的反思和改进，才能提高教学素养。同样的，一名好的学校管理者，他的成长也离不开经验的积累和工作的反思。我认为我个人的成长经历就是验证了波斯纳总结的教师成长公式。我甚至认为对一名校长而言，实践经历可能比课本知识更重要，积极反思比盲目热情更重要，不断学习的心态比初始能力的高低更重要。

聆听智者声音　感悟人性善恶

——读拉罗什福科《道德箴言录》有感

2011 年 10 月 29 日，星期六，早餐后因同在上海一起学习的校长们有更好的安排，于是我独自一人计划去福州路文化一条街的上海书城看看有什么书好买……从住地向西穿过南山路市场便到了共和新路（原以为中华新路，中华新路得继续向南），越过马路搭乘 46 路公交车可直达人民广场（终点站）。沿着人民广场向北走，过两个路口便到了福州路。一到福州路便感受到了书香的气息，沿着福州路向东走，马路的右侧书店是一家挨着一家，因为是闲逛，我随意进了福州路 707 号名为"淘书公社"的书店先瞧一瞧，这是一家门面不大的折扣书店，按常理折扣书店嘛，那一定是卖旧书的，但至少可以说这个判断不适合这家书店……这个书店布置得一般，但里面很宽很深，整个店铺摆满了各式各样的书，新书八折，旧书五折以下（含五折），我看了两排，便被一本书名上方的一行小字吸引住了——深刻剖析人类行为动机的伟大著作……我好奇地拿起这本名为《道德箴言录》翻看起来……书的侧页这样介绍："拉罗什福科（1613—1680）法国思想家，著名的格言体道德作家。一生作品不多，唯有《回忆录》和《道德箴言录》两部作品传于后世。拉罗什福科以犀利的洞察力和优美的文字分析人的情绪、理智和判断力，追溯人们言行的动机。《道德箴言录》并非告诉人们应当做什么，而是揭示人们在做什么、想什么。"

据说 20 世纪最伟大的科学家爱因斯坦曾于 1936 年 3 月 20 日致比利时王后的信中极力地称赞此书，他在信中说："你读过拉罗什福科的箴言录吗？乍看上去它们显得尖刻低沉，但它们对人类及其充满人情味的本质进行了客观的分析，因此他们给人带来一种奇怪的解脱感。在拉罗什福科身上，我们看到一位挣脱了自己身上枷锁的自由人。"马克思也曾于 1869 年 6 月 26 日致恩格斯的信中这样表述："拉罗什福科的《道德箴言录》表达了一些很出色的思想……"于是我毫不犹豫地买了一本。

接近一点钟，这家书店的十多排书我基本看了个遍，感觉有点饿，于是结账付费。出了店继续向东走，过一马路便有一个很大的麦当劳店，因为自己站久了，十分需要一个可以能多坐一会儿的店，于是我走了进去，要了一份套餐，便迫不及待地拿出我买的书，一边享用美味食品，一边享受拉罗什福科为我提供的精神大餐：

自爱是最大的奉承者。

激情常常使最精明的人变成疯子，使最愚蠢的傻瓜变得精明。

君主的大度常常只是笼络人心的政治姿态。

哲学轻易地战胜已经过去的和将要来临的痛苦，然而现在的痛苦却要战胜哲学。

如果我们自己毫无缺点，我们也就不会在注意别人的缺点中得到那样多的快乐。

猜忌在某些方面说还是公平合理的，既然它只是倾向于使人们保存属于自己或认为是属于自己的利益，然而，嫉妒却是一种不能忍受别人幸运的愤怒。

如果我们自己毫无骄傲之心，我们就不会抱怨别人的骄傲。

所有人都是同样的骄傲，只是表现的方式和手段不同。

利益使一些人盲目，使另一些人眼明。

那些太专注于小事的人通常会变得对大事无能。

我们心情的反复无常比运气的反复无常还要来得古怪和不可理喻。

不管人们的命运看来多么悬殊，还是存在着使好运与厄运平等的某种补偿。

仅仅天赋的某些巨大优势并不能造就英雄，还要有运气与它相伴。

幸福在于趣味，而不在于事物。我们幸福在于我们拥有自己的所爱，而不在于我们拥有其他人觉得可爱的东西。

给爱情下定义是困难的，我们只能说：在灵魂中，爱是一种占支配地位的激情；在精神中，它是一种相互的理解；在身体方面，它只是对躲在重重神秘之后的我们的所爱一种隐秘的美慕和优雅的占有。

只有坚强有力的人才能有一种真正的温柔。

一个十分杰出的功绩的标志是：那些最嫉妒它的人也不得不赞扬它。

我们情绪的宁静或骚动并不是那样依靠我们生活中发生的比较重大的事件，而是更依附于对每天发生的各种细小事情的让人舒服或不舒服的处理。

> 我们较喜欢看见那些受恩于我们而非施恩于我们的人。
>
> ······

我一口气读了 200 条！

其实，这些妙语在整本书中俯拾皆是。

在译者后记中这样介绍："可以说，拉罗什福科代表着法兰西民族某种相当典型的性格，即疯狂和冷静、虚荣和真诚、放荡不羁和深刻反省集于一身。""拉罗什福科的《道德箴言录》，并不是一堆规范和训条的集合，告诉人们应当做什么、不能做什么，而是一系列对人们行为品质的分析和描述，揭露人们实际上在做什么、想什么，它类似于一部道德心理学著作。"

接着我又用半小时的时间泛读了这本手册其他 441 条，我个人觉得与法国思想家蒙田的优雅、温情、含蓄相比，拉罗什福科把人性中的恶、伪善以更加袒露和不留情的方式揭示出来，勇气不足的人难免读后会对人生和人性感到气馁或绝望。我同意一位网友的观点——30 岁以后读《道德箴言录》比较好，因为那时一个人便有了一定的人生阅历，也更加能读懂它的底蕴。而我，一个"奔五"的中年人，阅读完拉罗什福科的《道德箴言录》，如醍醐灌顶，似饮琼浆玉液。

那年的金秋十月，我确实感受到了阅读给予我的收获之喜。

（2011 年 10 月，作者赴上海参加课改培训，本文是培训期间读书有感）

感激我生命中的贵人

独立社会观察家、成功学讲师古墨清先生在其著作《谁是你生命中的贵人》中写道："经常会有一个境地，让我们纵然努力，却离成功总差那么一口气。我们不知道，是我们不够幸运，还是方向错了。我们甚至开始怀疑自己。此时，多留心那些经过你身边的人。肯定有那么一个人，正在关注你，并打算伸出上帝之手，为你打破僵局。"

说实话，这样的境地，每一个人都会碰到，但不是每一个人都那么幸运地能碰到助其成功的贵人。今天回顾自己的成长经历才发现，其实在很多时候，事前我是不知道谁能成为我生命中的贵人，只有当自己回头看时才知道他们是我生命中的贵人。而且，我以为我生命中的贵人，不只是在关键时刻向我伸出上帝之手的人，其实那些耐心地陪伴我成长，给我鼓励和支持的人又何尝不是我生命中的贵人呢？即便是那些在一旁横眉冷对、盼出差错，教会我遇事冷静、处事周全的人，我一直认为他们也是我生命中的贵人。

感激我生命中的贵人！

首先，我要感激我的父母，是他们给了我生命并带我来到这个五彩缤纷的世界，哺育我成长。尽管母亲在我刚满 13 岁的时候就不舍地离世，没能陪伴我长大成人，但她的善良、坚强、勤劳和智慧给我幼小的心灵播下了懂得感恩和不忘勤奋的种子，这些种子在充满友爱的社会和党的关怀下，让一位懵懂少年逐步成长为一名对社会有益的人。

其次，我要感激我的叔父，是他与我的父亲给我开辟了一条通向大学校门的金色大道。1981 年 7 月，我在江苏省第一次参加高考落榜，何去何从？记得某日与父亲一起纳凉时，他征求我的意见：是继续回原校建湖县镇中复读来年重考，还是返乡务农兼学一门手艺？还是投靠在广西大化水电站工作的叔父到广西参加高考补习？我没有犹豫地选择了后者，只是担心叔父会不会很为难，毕竟在当年大家经济条件都不是很好的情况下，家中突然多一张嘴巴吃饭不是一般人能忍受的。带着对新生活的憧憬和他乡文化的好奇，15 岁的我一个人从江苏来到了广西，叔父全家以他们特有的热情和浓浓的亲情打消了我来时的种种顾虑。来到广西后我才知道，参加高考补习不是问题，因为叔父的襟襟就是子弟中学的一把手，但是补习一年后能不能留在广西参加高考，那才是最大的挑战。后来听叔父说，为了能把我的户口从江苏农村迁到广西很是费了一番周折，但有贵人相助，我的户口终于在高考报名前夕如愿迁到了广西。我不知道叔父这里所指的贵人是谁，但我一生都无法报答的叔父永远是我生命中最重要的贵人。

再次，我要感激我的老师。

一是要感激我学生时代的老师。在我的学生时代，我的多位数学教师点燃并激发了我对数学学习的兴趣和热情。也正因为我从小数学学习成绩的拔尖，所以我在同龄的孩子中有比较高的威信。"孩子王"的角色也极大地提升了少年时期的我对学习、对生活的自信。至今我还记得与初中数学教师兼班主任的许春堂老师在他那不大的宿舍兼办公室里讨论初中几何证明题的情景，他总夸我聪明。高中数学教师兼班主任的李德钧老师仪表堂堂，儒雅严谨。今天我也说不清是喜爱他这个人还是喜爱他讲的数学课，总之我在高中时代参加学校组织的学科竞赛数学与理化一起均名列前三，这是我高中时代最值得骄傲的事。谷德琴老师是我上大学二年级时的班主任兼"高等代数"任课教师，当时她刚刚大学毕业，但显然她用她的美丽、善良、博学、敬业吸引了我，在她的鼓励下，我摒弃了担任学生干部会影响学习的错误思想，从小到大从未担任过学生干部的我，在同学们的公推公选下一跃成为由 46 名大学生组成的班集体的最高"行政长官"，而且这班长一当就没能下得来，直至大学毕业。今天我们大学时代的同学见面大多仍以"老班长"来称呼我，说实话，这是一个令我荣耀的称谓。我感激所有陪伴我成长的老师！

二是要感激我任职学校的校长。1885 年 7 月，我大学毕业走上教坛，非常幸运地遇上了自新中国成立起设立的第一个教师节。可以说，我是在国家确立"科教兴国"基本国策，全国人民普遍认同尊师重教理念下开启我的教书育人生涯的。更幸运的是我遇上了四位好校长，他们的优秀品质陪伴我成长。如果说今天我在教师和校长这两个岗位上干出了十分成绩的话，那么其中八分应归功于这四位校长的教育和影响，一分是机遇，还有一分是我个人的努力。

广西畜牧研究所职工子弟学校李群校长是我走上学校管理的启蒙老师，他的严谨、勤勉和冷静让我铭记"考虑细决策慢执行快，工作落实靠督促和检查。领导要勇于担当，取得成绩可以把他人推向前，但出了问题必须由自己揽过"。李校长爱憎分明，处事果敢。当年他对教职工们的好，今天仍是我的老同事们聚会见面念叨的话题。

广西医科大学附属中学（以下简称为医科大附中）潘庚午校长是一位博学的校长，当时在医科大学就有职工称赞她说："凭潘校长的才能，就是让她当广西医科大学的党委书记也绰绰有余。"潘校长留给我印象最深的就是她每周一在国旗下所做的演讲，我在医科大附中工作三年半，七个学期每周一次国旗下的讲话，每次讲话的内容她愣是没有重复过，而且最令人佩服的是她每次演讲都不带稿，背诵如流。其次就是潘校长的政治课上得特别棒。不是夸大其词，在当时的南宁市中学政治学科教师中提起医科大附中老潘，就没人不翘大拇哥的。潘校长还有一个绝活，新生到校不出三周，她就能叫出每一个学生的名字，而且能把这个学生的祖宗三代搞得清清楚楚，理得明明白白。潘校长对我的教学及管理影响很深，以至于今天我还时常拿起电话向她倾诉我的烦恼，向她汇报我的心得。

南宁市天桃实验学校的周积宁校长是一位有着丰富阅历的校长，他下过乡当过农民，后进城当过工人，老大不小才考上大学，所以在大学学习时特别刻苦。大学毕业便被分配到今天我们南宁市的一所名校工作，从教务处副主任、主任一直干到调任天桃实验学校校长，其间他还有过一段借调某杂志社当编辑的经历。在周校长身边任职三年，最大的收获就是我的书面文字表达能力提高迅猛。一来因为学校名气大，需要上报的材料实在是多，我作为分管小学部多项业务、联系多个处室的副校长，而且是整个班子里最年轻的副校长，锻炼写材料的机会实在是多。二来周校长有兴趣改文章也善于改文章，毕竟是中文科班出身嘛，加上又有编辑的经历。有时周校长审阅我写的材料就像是语文老师面批小学生作文那样，当着我的面一个字一个字，一句一句地详细修改润色。周校长批改过的文章读了就是让人舒服，感情真挚、条理清晰且富有文采。我非常怀念周校长批改文章的美好时刻。周校长还有一点特别让我钦佩，那就是他能从某个人的一句话或很小的一件事或一篇报道中捕捉到育人的价值和新闻宣传的线索，而且特别擅长策划活动和报道。用一句不是很地道的上海话说就是："侬鼻子好灵，总可以把事情搞搞大。"客观地说，我见证了周校长带领"天桃人"努力提升学校办学知名度和美誉度所付出的艰辛。

南宁市第四中学刘坤林校长是一个大高个，肚子大，气量也大。我从刘校长身上学到的东西一辈子都受用。"用人不疑，疑人不用。"我印象最深的事就是每天走过刘校长的办公室（因为我进出自己的办公室必经过刘校长的办公室），他都是手端着一杯茶坐在办公桌前看书或思考，他很少离开办公室。我从刘校长对学校的领导中感悟到，一名校长不一定什么都要会，什么都要懂，什么都在行，关键是他要会用人，会用人所长，善于创造机会搭建舞台让其下属愿意为践行他的办学思想去施展他们的才华。创造条件让他们干出成绩，不要担心下属会超过他。今天我以为，即便是他的下属有一天取代了他来当校长，难道不是他的光荣吗？试想学校里的每一个人都愿意按照校长的办学思想去努力地工作，学校怎么会不上升？刘校长在干部会上强调最多的几句话，我今天仍记忆犹新："讲团结，树正气。""无常不稳，无特不活。"

三是要感激我专业成长道路上的导师。从教27年，有两份荣誉是我异常珍惜的。一个是在1988年11月于湖北省宜昌市参加全国第二届中学数学优秀课（现场上课）评比，我的比赛成绩名列全国32名选手前六名，获一等奖；另一个是2003年9月被广西壮族自治区人民政府授予特级教师称号。这两份荣誉是对我作为一名教师专业水平的最高奖赏。两份荣誉的背后都倾注了众多前辈和同行们的智慧和汗水。我真诚地感激他们！

当年南宁市教育科学研究所中学数学学科教研员叶新成老师既是我数学教学的启蒙老师，也是我在专业上站稳南宁，迈向全区，展露全国的教练和导师。他在中学数学教学专业上对我的帮助是全方位的，从如何上好课，如何命好数学试题，到如何撰写数学教学论文，他都给予我耐心细致的指导和帮助。套用一句名言：没有叶新成老师当年给予我的指导和机会，可能我现在还在黑暗中远征……

广西教育学院教研部原副主任邓国显老师是我仰慕已久的一位大师级人物。他在我们广西中小学数学教学界享有很高的威望。我们正式相识于1997年11月全区中学数学优质课评比中，当时的比赛是为选拔参加全国第二届中学数学优秀课评比的参赛选手，因为每个省只有一个名额参加现场上课评比，所以这次的一等奖不是我的目标，我的目标是一等奖的第一名。结果小伙子如愿以偿，自然我便顺理成章地进入了邓国显老师的视野。如果说叶新成老师是我参加中学数学优质课评比的省级教练员，那么邓国显老师便是我参加中学数学优秀课评比的国家级教练员。后来我于1999年入选广西"21世纪园丁工程"自治区级培养对象（注：广西俗称首批"A类"，共100名，培养目标是自治区级教育专家，培养周期是五年，人均培训经费5万元），邓老师正好被"园丁工程办"安排当我的专业指导教师。前后十多年的相处，我以有他这样的导师为荣，他以有我这样的学生为傲。师生情同父子，只可惜他于2010年9月底因突发脑溢血抢救不当而成植物人，但每次去病房探视他，我总要握着他的手说上几句话，有一次，我分明看到他流了一滴眼泪……

我会在心中为我生命中的贵人祈求平安，我更会把这份感激转化为对他人的帮助，让爱在我这里获得传递。

最后，我想引用自己在一篇回忆文章中写的一段话："回首反思自己的成长，这里面当然有机遇，也有个人的努力，但如果没有友善热心的同事、同行及众多前辈无私的帮助和指导，如果没有众多宽容大度、爱才惜才的领导关心和培养，如果没有尊重人才、尊重知识的良好社会氛围，我一个外乡人不可能走得这么顺，不可能获得那么多发展提高的机会！每每想起，我的心中就会涌起对这个哺育成长我的城市的一份感激，就会涌起对众多曾给予我无私帮助的广西老乡们的一份感激！"

感激我生命中的贵人！

他向我伸来上帝之手

　　都说校长头上有两把刀，一把是提高升学率，另一把便是不出安全事故。我从事学校管理工作 20 年，遇到最凶险的事莫过于抢救南宁外国语学校（以下简称南外）高二学生龙丹妮同学了。

　　记忆水洗般清晰，事情发生在 2005 年春季学期一个周末的傍晚时分。南宁这地方没有四季，所以春末与夏初没有明显的区别，总之与北方的盛夏没什么两样。时间已接近下午六点，学生们正在校园里锻炼，个别学生的家长等不及学校放学便开车在校门外等着，欲接孩子回家度周末了。我呢，正在办公室接待市委某办领导来学校调研教师编制是否应增加的问题。学校办公室事先已安排好活动，当晚全体校级领导与参加调研的同志进一步联谊。当时的南外办学体制是"国有民办"，有一部分教师是聘用制，没有进入国家编制，这是学校教师队伍中力量相对较强但也是一个极不稳定的群体，有机会能让领导们从更宽的视野充分了解学校的办学现状及存在的实际困难，我们当然要珍惜。时间就这样在愉快的交谈中一分一秒地度过……

　　正与领导交谈着，我的手机骤响，一看是学校的一名主任打来的，我连忙接听。对方虽只有简单的几句话："报告校长，有学生被车撞了，地上留下好大的一滩血，学生已被 120 急救车接去广西医科大学第二附属医院，有教师跟着 120 急救车，我与其他一些教师正在去医院的路上……"光听声音都能感觉到电话的那边神色紧张，我一听也慌了，接下来我询问了些什么，现在已记不清楚，但有一句话肯定是说了："你先去，我马上到。"放下电话，我很抱歉地向领导简单汇报了情况，领导也非常通情地催促我快去医院处理学生受伤事故，同时我交代时任南外党支部书记陆强华替我主持后续事宜，便急忙下楼驱车直奔医院。

　　在去医院的路上，我首先简单地向时任南宁市教育局局长的夏建军书记汇报了学生受伤情况，并说明等我到医院了解清楚具体情况后再进一步详细汇报。夏局长在电话的那边对我说的话，对我震动很大，以至于我从此把安全摆在校长管理学校所有工作的首位。最后他对我说："马上到医院组织抢救，随时报告情况。"

到了医院，受伤的学生已被推进 CT（电子计算机断层扫描）检查室拍脑 CT，据在场的学生和教师说，学生伤得很重，受伤学生送到医院时已没了知觉，且一边瞳孔散大。我意识到事情可能比我想象的还要糟糕，于是连忙找来事发现场的学生进一步了解情况，并询问班主任老师是否联系了家长。

原来，下午的课外活动时间，高二两个女生嫌运动场上人太多，便在宿舍旁边的校道上打起了羽毛球，打得正开心，一辆固定给学校饭堂送米粉的小货车开了过来。这辆小货车每天在这个时刻都要来学校送米粉，这些米粉是供学校第二天早餐使用的，虽说当天是星期五，但当时的初三、高三毕业班周六是需要补课的，所以米粉厂的老板照例安排车辆送货。南外的教职工生活区与教学区及学生生活区是分开的，所以学校在通向教学区及学生生活区的分界处设了一个机动车禁止通行的标志，不是学校允许的车辆原则上不能进入教学区和学生生活区，能进入该区域的车辆，学校也反复告诫司机要注意安全。应该说送米粉的货车开得很慢，但谁曾想，就在货车驶近两个学生时，背向货车的龙丹妮同学没有接住球，羽毛球掉到了地上，而且正好掉在货车的正前方，没有注意来车的龙丹妮灵活地欲弯腰捡球，就在这一瞬间，悲剧发生了，龙丹妮与货车碰了个正着，幸好货车不快，司机马上把货车给刹住了，但令人意想不到的是，被货车碰着的龙丹妮因重心不稳头先着地摔倒了。事后医生分析说，如果当时龙丹妮的头部被车撞上，伤势可能会轻些，但因人体失重，头先着地，人的全部重量都集中在头部着地点上，所以伤势就重了。这就好比一个熟透了的西瓜，你若是用拳头用力地捶它，有时难以捶裂，但若是把西瓜拿在手上，不小心掉下地，那结果一定是西瓜四分五裂。

当时的龙丹妮就出了很多血且口吐白沫，吓坏了的司机连忙拨打 120 急救电话，一起打球的女生也连忙报告在场的体育老师和班主任，教师们在组织送学生去医院的过程中，也在第一时间报告了学校相关领导并通知了学生家长。

就在我了解学生情况的过程中，夏局长打来电话，在听了情况汇报后，夏局长说："刚才我已把有关情况向分管市领导做了汇报，现给你们提三点要求：第一，不惜一切代价抢救学生；第二，妥善处理学生受伤事故消息的传播；第三，全力做好学生家长的安抚工作。努力让事件各方与学校形成合力来全力抢救学生。"

不一会儿，龙丹妮的姨妈先于她父母来到了医院。原来龙丹妮的家境不太好，父母亲文化程度不高且都没有固定工作，父亲平时主要靠打零工挣点微薄的工资，母亲现临时在一个单位做清洁工人。丹妮同学人长得可爱且口齿伶俐，打小就深得姨妈喜爱，姨妈待她视同己出，从小学、初中到高中，丹妮同学一直由姨妈供养着。我主动与丹妮姨妈表达了歉意并简单介绍了丹妮受伤的情况，但没有把事情的严重程度告诉她，我还是心存侥幸，希望丹妮脑 CT 结果出来后医生介绍她的伤势能比我想象的轻些。

丹妮的母亲来到医院的时候，医生也正好拿出脑 CT 检查的结果给家属看。丹妮的伤势比预想的要严重，脑 CT 拍摄结果表明：受伤部位平行切片拍摄 8 张，片片有血。院方随即给病人家属发了病危通知书，当医生把通知书递给丹妮的母亲签字接收时，她说自己不识几个字，医生又把通知书转给丹妮的姨妈，她姨妈说还是给戴校长签吧。我虽明白签字的分量，但我没有选择。丹妮的情况非常危急，必须马上做手术，医生要求家属尽快决定在哪家医院做手术。在与医生沟通的过程中我了解到，当时广西医科大学第二附属医院（以下简称二附院）刚开业不久，二附院的权威医生基本都是第一附属医院（以下简称一附院）派来的，这些医生清一色地住在一附院，因交通不便，他们每天上下班只能是早出晚归。因是周末，医院的权威医生当然都已下班返回一附院，留下值班的医生是没有能力做这么大手术的。如果定在二附院做手术，那么院方得马上联系一附院，请求一附院派医生来支援。如果决定转院去一附院做手术，那么现在就得用救护车送病人去一附院，但送病人去一附院是有风险的，颅脑出血的病人最忌运动，更不用说要把病人搬上车，然后还要行车二十多千米，病人在路上会出现什么情况，谁也说不准，很有可能病人根本就撑不到一附院。然而现实的情况是，两家医院相隔近二十千米，不用说联系手术医生需要时间，就是让下了班的医生穿过城区（两家医院一家在南宁市的城东，一家在城西），再跑二十千米也是需要很长时间的，说得不好听，等医生来了，可能"黄花菜"也凉了。何去何从？院方只得听家属的。听了医生的介绍，丹妮的母亲一言不发，丹妮的姨妈把信任的眼光投向了我，并说："还是由戴校长定吧！"在场所有的目光都聚集到我的身上，我知道我没有退路，我能理解丹妮家属的决定，孩子都这样了，指望肇事司机是不现实的，还是把希望寄托给学校吧！尽管当时自己也有一些顾虑和杂念，但想到夏局长在电话中交代的话我还是让这些杂念一闪而过了。容不得自己再犹豫，当务之急是判断哪个方案更有利于抢救学生。与其被动等医生来，不如主动找医生去。我当即决定冒险转院去医科大一附院，同时我给夏局长打电话求援，请求他协调医科大一附院，确保丹妮在最短的时间内能获得抢救。然后，我毫不犹豫地与学校的一名教师以病人家属的身份陪同丹妮上了 120 急救车，为了减轻行车对丹妮的震动，整个过程我一直用双手抱着已休克的龙丹妮，并不停地与丹妮说话，我不停地对丹妮说："丹妮！睁开眼与校长说说话！丹妮！你可得帮帮校长，你得坚持住！"救护车一路鸣笛飞速行驶，但我仍感觉车子行得太慢，时间过得太快……今天也无法形容我当时的复杂心情，总之，我在煎熬中不知道过了多长时间，救护车终于驶抵医科大一附院住院大楼前，远远地我看到车窗外有一个熟悉的身影，没错，是夏建军局长！夏局长与医科大一附院的领导及医生们已在住院大楼的一楼大厅里等候。那一刻，我真是悲喜交集，虽没有流泪，但分明我的泪流在心里。那不是因恐惧和委屈而流泪，而是因被他人重视和人在绝望处获得帮助而流出的感动的泪水。就在那一刻，我分明感觉到有人向我伸来上帝之手！我坚信龙丹妮一定能被救回来！

在夏局长的精心协调下，在时任医科大一附院医务部曾志羽部长的亲自组织下，一附院已在我们赶来的路上成立了专家组，并在我们到达后迅速就龙丹妮的病情进行会诊，当即制订手术方案，并指定由当时一附院神经外科一流专家、留洋医学博士杨雷廷主任医师主刀。实施手术之迅速是令人难以置信的，龙丹妮是在下午临近六点被撞，但当她被推进手术室的时候，时针刚过晚上九点。聆听会诊专家的分析让我意识到，我们是在与时间赛跑，同时也了解到即便患者性命能抢救回来，也不能保证她能清醒，能站立起来。一想到丹妮有可能成为植物人，我真有点不寒而栗。

当时抢救丹妮的情景，我终生难忘。记得我们学校同来的所有人和丹妮的父母亲及姨妈都在手术室外候着，龙丹妮的母亲一言不发，双手合十，闭目坐在靠墙的一张椅子上。看到她这个样子，我陷入了深深的自责之中，可怜天下父母心啊！人家就这么一个孩子，送到你们学校，本想学好本领，将来能有一个好的前程，可现在居然成了这样……万一有个三长两短，我真不知道如何向学生家长交代！但我不知哪来的信念，我相信她祈求的上帝会保佑她的女儿平安，同时也会保佑我度过这一劫。偶尔丹妮的姨妈还与我们说上几句话，但显然谁也不想主动挑起什么话题，其实，在那样的环境中，谁又能挑起什么话题呢？在丹妮进手术室之前，时任南宁市教育局分管领导潘永钟副局长闻讯也赶到医院来看望大家，记得当时他对我们说的一句话，让我备感温暖。他说："学校在抢救孩子的问题上有什么困难，尽管提出来，我们一起想办法。目的就一个——想尽一切办法、不惜一切代价把孩子抢救过来。"听了潘局的话，我从心底里发出感慨："士为知己者死！局长啊！在我的工作出现这么大的差错，您与夏局不但没有严厉地责备和批评我，反而给予我帮助和宽慰，今后我将拿什么来回报你们呢?"

手术一共做了三个多小时，当听到杨医生的助手说龙丹妮的手术很成功时，我们一直悬着的心才稍微有所缓和，此时大家才感觉到真有点饿了（丹妮手术的过程中我让总务处主任去买一些面包，可谁也没有心思吃），因手术后患者苏醒还需一段时间，丹妮的姨妈也主动地说："戴校长，您也辛苦一个晚上了，你们先回吧! 我和丹妮的妈妈回病房等丹妮苏醒，明早我再给您打电话!"

龙丹妮正式苏醒过来是术后十几天后的事，中间偶尔有些知觉，她姨妈都会在第一时间打电话告诉我。那一段时间，我和我的同事几乎每天都要去医科大一附院住院部 13 楼看望丹妮。有时白天工作忙，晚上也会抽空去看一看，否则心里就不踏实。我们的真诚感动了上帝，丹妮醒了! 我们的真诚同样也感动了丹妮的父母和姨妈，他们让丹妮认我为干爹。

可以说，龙丹妮遇上这样的事是不幸的，但她同时也是幸运的。因为这次事故，她亲历了人间的大爱，那段时间她获得的爱可以说是很多人一辈子也享受不到的。学校在肇事司机及其厂家经济无力的情况下，为其垫付了所有医疗费用，并在第一时间为其提供足够的营养费和护理费；当年暑假丹妮住院期间，学校团委及她的班主任蓝杏芳老师组织并发动学校团委志愿者及其同班同学来帮助她进行康复训练，每天定时安排两名同学陪同其进行康复训练，整个暑假从未间断；丹妮康复返校后，学校为其制订了专门的学习计划，免除了她高中阶段后续学习的一切费用……

后来丹妮成功地进行了二次颅盖复合手术。

再后来，丹妮返校重读高二，第三年，她参加高考顺利考上大学。后因丹妮想就读自己心仪的对外汉语专业，又是在夏建军局长的直接关心帮助下如愿以偿。

又过了两年，有一天，我突然收到丹妮的一封短信，看完短信，我欣慰地笑了。短信的内容如下："干爹：您好! 我现在在机场，即将飞赴泰国留学。此时，我只想对您说：谢谢您! 祝干爹永远健康快乐! 您的干女儿：龙丹妮"

我相信丹妮在机场发这条短信时一定思考了很久，她一定是想把这个消息告诉所有爱她并帮助她的人，今天我就借此机会转发了……

谢谢! 祝福丹妮!

感受美好　幸福相伴

尊敬的各位教职工、亲爱的同学们：

大家早上好！

时间过得真的很快，转眼间已进入 2009—2010 年新的学年，尤其是第一次面对刚刚步入我校江南校区的四百多名高一新生及十多位新教师，校长由衷地想献上自己最热忱的欢迎和最衷心的祝福！再过几天，就是我国第 25 个教师节，我提议让我们再次以热烈的掌声，向在教育教学工作岗位上辛勤耕耘、默默奉献的广大教职工提前致以节日的问候和崇高的敬意！

回顾刚刚过去的学年，学校坚持走内涵发展之路，强化管理，向管理要质量，教育教学工作实现了新跨越，师生综合素质发展取得了新突破，学校社会声誉和整体形象得到了新提升。学校团结和谐，正气上扬，生机勃发，形成了优良的学风、教风、校风，呈现出良好的发展态势。全校教职员工忠于职守，求真图强，锐意创新，卓苦建树。学生以立志成才、报效祖国为己任，刻苦学习，勇攀知识高峰，在各级各类学科竞赛中屡获殊荣。2009 年 1 月我校原创舞蹈《温飘贝哲》（壮语，意为让壮歌飘传得更远）赴京参加魅力校园第四届全国校园文艺会演暨第九届校园春节联欢晚会夺得金奖；4 月 30 日—5 月 2 日（美国当地时间 5 月 3 日），在美国得克萨斯州达拉斯市举行的世界数十个国家共 275 个代表队参加的 2009 年 VEX 机器人世界锦标赛上，我校代表队荣获大会组委会颁发的最高评判奖金奖，这也是我国中学生在世界同类比赛中取得的最好成绩之一。

2009 年 8 月 8 日，我校作为全区几千所中学的唯一代表应邀参加了广西2009 首届体育节开幕式展示民族体育舞蹈项目。我校三百多名师生编排的大型民族体育舞蹈《打扁担》以其高水准的舞姿、欢快的旋律和富有动感而整齐的队形表演赢得了各级领导的肯定，当天全区各大媒体均对此进行了报道。2009年我校中、高考成绩实现了学校阶段性办学成绩的新突破，我校全年级一本上线人数达 20 人，比 2008 年增长 122%！全年级二本上线人数达 165 人，三本上线人数达 290 人。其中高三（4）班二本上线率达 54.4%，本科上线率达

图1 率队赴美国得克萨斯州达拉斯市参加世界中学生 VEX 机器人锦标赛

91.2%；高三（6）班二本上线率达 60.8%，本科上线率达 88.2%；高三（5）班二本上线率达 52.6%，本科上线率达 78.9%。我校艺术考生李东骏同学被北京师范大学录取，岑道一同学被中央美术学院录取，卫旭昭同学以雅思高分考取了英国帝国理工学院；我校 2009 届初三学生 315 人参加中考，总成绩考取 A＋等级的有 35 人，占 11.11%（南宁市区为 4%），比 2008 届提高 2.57%。总成绩考取 A 等级以上的共有 95 人，占 30.16%（南宁市区为 12%），总成绩考取 B＋等级以上的共有 207 人，占 65.71%（南宁市区为 30%），比 2008 届提高 1.99%。此外，今年暑假，我校林俊贤老师率领高中部庞荣等八位同学组建两支代表队参加由中华电力集团和南宁市教育局联合举办的"亚太区中电新力量计划 2009"活动，经过激烈角逐，我校的"远航"代表队和"绿城工业"代表队均进入决赛阶段，在决赛中"远航"代表队发挥出色勇夺亚军。其中所有为学校赢得荣誉的同学和教师，他们是学校的骄傲，理当赢得全校师生的喝彩，让我们以热烈的掌声向他们致敬！

同时，学校继获得南宁市先进单位、第一批南宁市中小学常规管理示范优秀学校、自治区先进基层党组织、自治区文明单位、全国民族体育先进集体等 73 项市、区及国家级荣誉称号之后，今年 5 月 18 日又获中共南宁市委、市人民政府授予的首府南宁创建全国文明城市先进单位荣誉称号。按目前广西一流水平和国家一类标准配备的江南校区办公图书楼、新学生公寓楼、师生食堂楼、体育馆、运动场也于今年全部建设完成并投入使用，为师生装配了全市一流的多媒体教室，绿化、美化了校园，今年暑假学校筹措一百多万元对桃源校区三栋教学楼和六个年级组教师办公室进行了内装修及更换新门窗，给教师们配置了新的办公桌椅，学校已计划用1～2年的时间为一线教师配置手提电脑，第一批42台近期将配置到位，这表明我校的办学规范化层次和办学水平又向前迈进了一步，赢得了上级的肯定、同行的赞誉、家长的信赖和社会的认可，为学校教育教学工作深入开展奠定了坚实基础。令我们感到自豪的是近几年学校在努力使各项建设跃上新台阶的同时保证了教育教学质量的稳步提升，在追求优异中、高考成绩的同时，保证了师生个性特长的充分发挥。校长认为这应该是我们每一位师生员工感受到的美好！

老师、同学们！人只有做到心存感激，感受美好，才能有幸福相伴。

今天是一个特殊的日子，是新学年新学期开学的第一天，每次站在这里讲话，我总想给同学们留下一些人生的启示，因为我总认为教师教给学生的学科知识也许会随着时间的流逝而被慢慢忘却，但可以肯定地说，若干年后你们从教师这儿得到的并能用得着的一定是思维的方式和做人的道理。就在我思考应当对你们讲些什么的时候，偶然读到了一个故事，今天我愿意将这个故事以及其中的人生哲理讲出来与大家分享。

有一位女孩，她是一位先天脑瘫患者，全身不能正常活动，且无法言语；但她却凭借着无比的毅力与信仰的支撑，获得了艺术博士，并到处现身说法，帮助他人。

有一次，她应邀参加一个"写会"（因为不能讲话的她只能以笔代口）。会后提问时，一个学生当众问道："你从小就长成这个样子，请问你怎么看你自己？你有怨恨吗？"

这个无心但敏感的问题让所有人都捏一把汗，生怕会深深刺伤她的心。

只见她回过头，用粉笔在黑板上吃力地写下了"我怎么看自己"这几个大字。她笑着再回头看了看大家后，又转过身去继续写着：

　　一、我好可爱！

　　二、我的腿很长很美！

　　三、爸爸妈妈非常爱我！

　　四、上帝非常爱我！

　　五、我会画画！我会写稿！

　　六、我有只可爱的小猫！

七、……

场内鸦雀无声。她又回过头来静静地看着大家，再回过头去，在黑板上写下了她的结论："我只看我所有的，不看我所没有的。"

静静地过了十几秒后，突然，全场响起了如雷的掌声，人们流下了无数感动的泪水。那天，许多人因她的乐观而得到激励。她，就是美国南加州大学艺术博士，曾开办过多次画展的黄美廉女士。

同学们，这是一种人生观，是一种生活态度，是一种人生态度。其实，生活的幸福不在于你拥有多少财富和多高的地位，而在于你用怎样的态度和眼光去看待世界与生活。每一个事件背后都隐藏着积极的意义，每一次经历都是学习的机会，正像西方谚语中的一句话："不幸的事情总会不断发生，直至你有所领悟时为止。"

请原谅我今天在这个场合提到了"不幸"两个字，这似乎有些不太吉利，不合我们中国人的思维习惯。我之所以要涉及这个话题，是因为我认为人生态度是远比高考要重要得多的问题，因为不幸是我们每个人都会在生活中遇到的，并不会因为你不去提它就会远离你。同学们在沛鸿中学完成学业后走出去，走进重点大学、走向社会，学习、工作、生活、成家、繁育后代……在这其中享受幸福，实现愿望，取得成绩，继而成熟，事业有成，但人终有一天要衰老，要离开这个世界。在这整个过程之中，生活态度是须臾不可缺少的东西，它将贯穿和影响你生命的每一秒钟。我相信，一个人在事业上所能达到的境界，以及在未来生活中能否抓住更多的机遇，关键就取决于他或她的生活态度。你能否获得幸福，不完全取决于拥有多少财富，享有多大的声望，获取多高的地位，而是取决于你用什么样的眼光来看待这个世界，当然这个世界中也包括你自身。如果你认为只有财富、声望和地位才能带来幸福，才能证明你存在的价值的话，那么你眼中的世界很可能永远是一个悲惨的世界。幸福实际上来自于人内心的一分安详与宁静，来自于良心上得到的慰藉与满足；而这种安详、宁静、慰藉与满足，在很多时候来自于善与爱的施与，来自于良心的兑现。我想这也许就是为什么比尔盖茨、巴菲特这样的富人都要将全部财产捐献给社会的原因，因为他们为了追求幸福——不仅为了自己一生的幸福，也为了后代子孙的幸福。所以，为了追求和得到一个幸福的人生，你们应当努力去学习，努力去工作，努力去贡献社会，努力去帮助他人，努力去兑现自己的良心。亲爱的同学们，我相信你们终有一天会明白我所讲的话。生活的经历和感悟使我相信，只有当一个人真正拥有了丰富而高贵的精神世界的时候，他才能有一种淡定的人生态度，他才有真正意义的幸福可言。

教职工同志们、同学们！今天我们享受着祖国改革开放三十多年带来的巨大生活提升，工作、学习的环境如此优越，同事、同学如此优秀，大家相处在一起又如此和睦，再过一个月，我们即将迎来新中国成立 60 周年华诞……祖国的明天真的很美好！一切的一切是那么令人期待和向往，就让我们珍惜今天的拥有，感激他人及国家给予我们的美好，努力！努力！再努力！奋进！奋进！再奋进！相信，幸福一定和我们相伴。谢谢！

（本文是作者在南宁沛鸿民族中学江南校区 2009 年秋季学期开学典礼上的讲话，此次结集略有删改）

永远在路上

2010 年 11 月 16 日上午，应母校广西民族师范学院（原南宁师范专科学校）的邀请，笔者在崇左市区江南一中与该校一位年轻教师现场同上"二次函数"观摩课（同课异构），参加听课的教师除了崇左市区的同行外，还有在广西民族师范学院参加农村骨干教师国家级培训班的四十多位学员。课后我们上课的两位教师与同行们重点就"二次函数"这节课的设计及如何上好数学课进行了交流，并探讨走出当今中学数学课堂教学一些误区的途径。有教师在会后特别给我提出一个问题："戴老师，您能否用最简洁的语言告诉我们如何才能成长为像您这样的优秀教师？"我稍作思考回答："首先我想说，本人也还走在通往优秀教师的路上。回顾自己从教这二十多年，我挑这么几个关键字词来概括一下自己的成长体会，一个字是'爱'，两个字是'用心'，三个字是'会感恩'。可以说，这是我成长过程中感受最深的，也正是它们一直伴随着我走向优秀教师。"

一、爱——爱教育、爱学生

有人说："生命的目的在于挖掘你生命中的内在魅力，而我们的生活乃至

图2 应邀到崇左市讲学并上研究课（同课异构）

生存和发展的基本就是职业。你厌倦它还是喜欢它，对整个心理的发展，对你的幸福感、成就感的获得，都是至关重要的。"我特别认同这个观点。我一直认为，教育是爱的事业，爱是教育力量的源泉，是教育成功的基础。正如《爱的教育》的译者夏丏尊先生所言："教育没有情感，没有爱，如同池塘没有水一样。没有水就不能称其为池塘。没有情感，没有爱，也就没有教育。"并且，爱是相互的，只有爱，才能赢得爱。你爱教育事业，教育事业也会爱你，你才能获得事业上的乐趣。你爱学生，学生才会爱你，也才会让你在和他们的交往中忘记了外面的世界，忘记生活中的烦恼……当然，你若不爱教师这个职业，你就不能从教师这个职业中获得乐趣。

当然，教师工作确实是烦心和艰苦的，每天会遇到各种各样的问题，但是，只要你仔细去挖掘教师这个职业，就会发现，烦恼之中也蕴藏着快乐。要知道，我们每天拥抱的太阳都是新的，我们每天面对着个性迥异的孩子，都是一个个前程不可限量的个体。只要你精心地去照料他们，哺育他们；只要你帮助他们找到自信；只要你帮助他们挖掘身上的潜力；他们不可限量的能量是会远远超出你的想象的。他们当中可能会有今后的政治领袖，可能会有今后的国家科学技术奖获得者……可能会有各行各业的精英。看看，这份耕耘会给你带回多少倍的回报！教师真的是一个能够把人的创造力、想象力和全部能量、智慧发挥到极限的、永远没有止境的事业。教育事业，是一个值得人热爱的职业。

那么，教师应该如何爱学生呢？

（一）教师爱学生，从相信每个孩子开始

教师在学生有突出表现的时候，自然会表扬他、鼓励他，但事实上，当学生犯下错误甚至做了一些我们不愿看到的事情的时候，更需要我们的信任和激励。记得我走上教坛的第二年曾碰到一个棘手的问题。那时我带初三毕业班，初夏某周六的夜晚，我回宿舍时无意中发现我所带班的班长的自行车停在学校一位教师的宿舍门前。这位教师和我是邻居，每逢周日必定要回南宁与家人团聚，所以周日只有他读初三的外甥女独自留在他的宿舍里（因为初三毕业班周日要补课）。联想到最近班里学生有意无意地打趣这个女孩与班长的玩笑话，抬头侧望该教师宿舍的灯没开，我马上警觉起来：他们是去周围的小山包散步了，还是在房间里面？如果在房间里面，他们会不会做不该做的事？当时我非常矛盾，我是直接闯进去查个究竟呢，还是悄无声息地在门口附近守株待兔？出于对学生的信任及保护他们的尊严，我最终选择后者。就这样，我在他们门口附近的隐蔽处整整守了一个晚上，直至第二天凌晨这个班长从房间里走出来……当班长出来后，我并没有把他带回隔壁我的宿舍，而是骑他的自行车，悄悄搭他直接回学校。一路上我们谁也没有说话，到了我的办公室，我找了一些吃的和喝的（因为守了一个晚上，确实累了也饿了），待大家心情都平静了，我郑重其事地对他说："老师现在把你当成男人，男人做事应懂得负责任。老师问你一件事，你必须如实回答。你们昨晚有没有做出格的事？老师愿意帮助你。"记得那个男孩涨红着脸说了一句话："戴老师，我绝对不会做对不起您的事，请您相信我。"我相信了我的学生，只是强调说："好，老师相信你，如果不相信你，昨晚我就不会守你们一夜。但是如果你们今后有困难可一定要告诉老师，还有两三个月就要中考了，老师要求你们克制自己，把主要精力放在学习上，努力在中考中为自己争光，为老师争光。我希望你们能用自己的行动让老师坚定对你们的信任。"后来，这个男孩实现了他的诺言，在当年的中考中考上了重点高中（南宁三中）。事后了解到，他们原以为我外出进城不会回来了，没想到这个男生刚来"幽会"便听见我从外面回来的声音，因为没听见我开门的声音，他们在屋里也猜测到我会在门外守着，但由于害怕一直不敢出来。至今我一直庆幸自己保护了孩子们的自尊，时隔二十多年，这件事一直是我与这两个学生心中的秘密和难忘的记忆。

（二）教师爱学生，表现在教育的民主性中

我们日常的教育真的缺少民主精神，大多是教师讲、学生听，教师命令学生听从，师生之间平等对话太少。我们经常抱怨社会缺少民主精神，可是社会民主的基础是学校的民主，没有学校的民主，何谈社会的民主？民主精神的培养，要从小开始。民主体现在许多方面，包括教师与学生讲话、交流的方式，这些东西似乎是小事，但都体现着一种民主，中国的学生上课都是正襟危坐，教师提问的时候，学生都是异口同声地回答。在外国教育家看来，这些都是不可思议的——一个问题怎么可以齐声回答？为了发挥学生的民主精神，我一直在细小的地方进行引导，如在我的课堂，学生要是有问题提问是可以不举手的，但是因为我上课是站着的，所以学生必须站起来发言，以示与讲课老师的平等。

（三）教师爱学生，表现在对教育的激情和真情

教育是一件给人未来、给人希望的工作，是一件以人影响人、以生命影响生命的工作。要让学生对生活和未来充满激情和创新意识，教师就要以自己的激情和创造力去影响学生。有个别教师总认为上课时应一板一眼，生怕流露出自己的感情而降低威信，其实，"人非草木，孰能无情？"，教师在教学中妥当而又自然地流淌着的激情，会让课堂充满活力，学生会因此更加灿烂，教师也会因此而更具魅力。

多年的教学经验使我坚信：一堂好课一定是真情涌动、动态生成的课。课堂教学中教材与学生之间的情感桥梁便是教师的情感，教材中的知识，靠教师去传递、去强化，让学生随着教学过程的推进，入情、动情、抒情。因此，教师要想打动学生、感染学生，首先要打动自己、感动自己。

二、用心——用心教学、用心育人

教育部中学校长培训中心主任陈玉琨教授曾说："什么是创造？创造就是比别人多走一步，比别人早走一步，在自己的基础上再走一步。"今天重温陈老师的这句话，我以为走向优秀教师之路的第二要素可以归结为——"用心教学，用心育人"，而且这是走向优秀教师的关键。

俗话说："精诚所至，金石为开。"什么事只要用心去做，总能做好。记得儿时在乡下读书，父母亲常教导我学习要用心。如果我学习成绩好，他们就会夸我学习用心，否则，就会批评我不用心学习。"用心"二字既是成功的前提，也反映着你努力的程度，同时，还塑造着一个人的优良品格。现在的我已在教学与管理岗位上工作二十多年，已不再有人拿"用心"二字来教育我了。组织和师生都习惯用能力的强弱来评价我工作的好与差，这也许是人们对当教师和校长的要求更高的缘故吧！可当今天自己静下心去细细品味时，总觉得与其用能力的强弱说明教师和校长工作的好与差，不如以"用心"与否更贴切、更达意、更励人。当好教师和校长，能力固然重要，但能力只是一个条件，并不能由此界定你工作的优劣。犹如学生，如果他脑子很聪明，但学习不用心，怎么能取得好的成绩呢？教师和校长也一样，如果你有能力而不用心工作，未必能成就一番事业；反之，如果你的能力弱点，却能用心去做，不仅勤能补拙，还会在实践中学习提高。

那么何以称得上"用心"？

（一）"用心"表现在对待工作有强烈的责任感

英国王子查尔斯曾经说过："这个世界上有许多你不得不去做的事，这就是责任。"责任就是应尽的义务，做分内应做的事，敢于对过失的担当；责任就是勇于负责，对使命的忠诚和信守。优秀教师无一不是责任心非常强的教师，他们对待工作总是一丝不苟，精益求精。1987年，因为我带的第一届学生考出了学校自建校以来最好的中考成绩，所以学校的主管单位把我从一位普通教师提拔为学校副校长兼中学部教务主任，但我深感自己教学水平的欠缺，更欠在业务上领导其他教师的底气，强烈的责任感驱使我寻找各种学习机会，努力提高自己的业务水平……当时我所在的学校规模较小，全校中学数学教师包括我在内只有两名，于是我就调好课，利用全市举行第一届（1988年）中学数学新秀课评比的机会，随我所在学片的评委到城区各学校听完了我们学片十多位参赛选手的课，同时我也从来不会放过任何一次在校内或到市内学校听课学习的机会，同学科教师的课我去听，不同学科教师的课我也去听……在学习吸收的过程中，在责任感的鞭策下，我的教学能力日益提高。

2002年10月底，担任近十年副校长的我在南宁市第二十八中学首次走上校长岗位。上任之初，我因急性阑尾炎及医生技术问题，连续动了一小一大两次手术，前后住院治疗近两个月。2003年春季学期，我怀揣医院开出的要求全休三个月的疾病证明，在责任心的驱使下一开学便投入到学校的各种复杂事务之中，从未请假休息一天。很多教职工劝我不要玩命工作，但我只是淡然地说："这是我的选择，我不能辜负大家的期待。"南宁市教育局的规定，校长可以不兼任具体的教学工作，但一个学期后，衷情课堂、挚爱学生的情感驱使我在妥善处理好行政管理事务的同时，兼上一个班的数学课，并且期末统考数学成绩排名全年级第一。一次,我在教职工大会上说:"既然选择了当教师,就一定要坚守课堂,一定要当学生最喜欢的教师。"当年,我和其他教师一样接受学生对自己教学工作的无记名测评,结果优秀率达98%,在全校108位任课教师中名列第二。

2005年12月31日上午,南宁市教育局党委办公室电话通知我调离南宁外国语学校,要求下午3点到南宁沛鸿民族中学报到。当时我正参加兄弟学校的校庆活动(我已提前一天把课调至下午第一节),考虑到当天正好是星期五,为了不影响学生们的学习,同时也给学生们一个完整、良好的教师职业形象,我临时决定把课重新调回上午,立即驱车返校上课。我坚持用最饱满的精神状态上完了当天上午,也是我在南宁外国语学校的最后一节数学课,临下课时,才把调任南宁沛鸿民族中学校长的事告诉了学生。学生听后,部分女学生低下头难过得流出眼泪,尽管中午的时间很短,但我的学生还是用最朴素的方式,集体制作了一张全班学生签名的简易贺卡送给我留念,同学们泪眼送别的场景至今令我难忘……

(二)"用心"表现在有较强的自我反思意识,善于不断修正自我

美国总统杜鲁门有一句名言"The buck stops here"(借口止于此)。我的感悟是:优秀教师从不会为自己的失误或失败找借口,而会认真地反思自己的工作,用心地为自己教学和育人上的成功寻找方法和策略。实践反思是教师专业发展的最基本途径,而坚持听课和评课是青年教师成长最有效的途径。

至今我还一直保持着一个习惯,那就是上课必做课后反思,听课必做书面评价。我还在兼课的时候,做得最多的两件事就是:第一,换位思考。如果换作是我,这个内容我会怎么上,上课的老师有什么优点值得我吸收,又存在哪些不足?我可以做怎样的改进?通过比较寻找最佳的教学方案并应用到自己的教学中。1996年在安徽省黄山市观摩全国首届初中数学优秀课评比后,我就思考,如果是我上课,我会怎么用类比分数的方法引出分式的概念思路呢?思考的结果是,在新课引入部分,首先引导学生扼要复习整式,唤起学生对整式"形"的记忆,为后面分式与整式特征比较做好铺垫,接着出示一组由特殊到一般、由浅入深的实例通过类比两数相除可以表示成分数的形式引出式子,显现分式学习的必要性,并引导学生观察分析上述式子,找出它们的共同特征,它们不是整式但形似分数,我们应称呼它们什么好呢?这样出现"分式"这么

一个词便是情理之中的事……1998年我代表广西在湖北省宜昌市参加全国第二届初中数学优秀课评比，上课的引入部分就是我1996年在黄山市时思考并不断改进的结果。第二，重新备课。听了一节好课光讲好、光记录还不行，要进行消化吸收，把他人的经验变为自己的，而这种消化吸收的最佳方法就是重新备课，自己上一次！只有亲身经历过才能体会个中的甘与苦。当然也不是说听一节就要上一节（时间不允许），只是选取那些听了感受比较深刻、震动比较大的课认真消化。

广西教育学院邓国显教授多次在公开场合评价我是一个比赛型的教师，我不否认这个评价。但很少人知道，我为什么会多次参加比赛，而且在南宁市、广西乃至全国赛中取得好成绩。1994年，我获得南宁市中学数学优质课评比一等奖，1997年，我虽担任南宁市天桃实验学校副校长，但仍然以一名普通教师的身份参加了当年11月举行的南宁市中学数学优质课评比的初赛和决赛。对此，很多教师不理解，其实我参赛的目的并不仅仅是为了再获得一个一等奖，而是想通过参加比赛结识更多更高层次的学科教学专家，以提高自己的教学水平。更何况我还有一个更大的梦想，那就是在1996年向我们南宁市教科所的数学教研员叶新成老师夸下的海口："叶老师，下一次我来代表南宁市参加全区赛和全国赛，为南宁争光，为广西争光。"但是比赛的入场券只属于全市第一名和广西第一名的选手。所以，我必须参加比赛！我非常感谢那些年的比赛经历，它不仅使我的教学走向成熟，更重要的是一份份证书，一个个奖项，使我对课堂充满自信、充满期待……每年寒暑假，我总是等不及收假便早早地做好开学上课的各种准备，总有一种走上讲台的冲动，即便是我走上校长岗位，我仍把上课当作自己的责任和一种享受。

三、会感恩——感恩师长、感恩学生

"滴水之恩，涌泉相报"是中华民族的传统美德。我一直很感激学校（社会）给我提供了施展个人才华的舞台（岗位），很感激同事及师长为我提供的无私帮助。我在1997年11月代表南宁市参加全区初中数学优质课（现场上课）评比并荣获一等奖（第一名）后，当时的主办单位不仅给每位获奖的教师颁发了获奖证书，而且还随发两张选送教师参加比赛获奖证书和两张优秀指导教师证书。当时我把选送教师参加比赛获奖荣誉证书分别给了代表市教科所的数学教研员叶新成老师和代表学校的周积宁校长，另两张优秀指导教师证书该发给谁呢？我为难了。当时我们学校教研组除我以外共有五位教师，他们为我参加比赛都出了力、尽了心。我总不能把两张优秀指导教师证书撕开,一人五分之二吧!思来想去,我想了一个办法,证书中也没规定只能写一位教师的名字,我为什么不能多写几个呢?于是,我将这五位教师分成两组,分别写到这两张优秀指导教师证书中,原件给教研组长保存,其他教师每人一份复印件。岂不是一人获奖,"全家"光荣!

还有,1998年11月我代表广西参加第二届全国初中青年教师教学优质课评比期间,根据赛前的抽签,当时我是宜昌市三峡礼堂分会场参加现场上课评比的16位选手中包尾的一个,听了两天半的课,参加观摩的教师们也都累了,那一天上午我虽是上第四节课,但课上得是异常得好。课结束时,台下观摩的教师热烈地鼓起掌来。下课后,我在台上收拾东西耽搁了几分钟,没注意有几位外地的教师在等待着,想和我聊几句。当时,我的指导老师叶新成见状,大声提醒我说:"小戴,快点收拾,下面有几位老师想见见你!"记得当时与我交谈的几位教师中有一位是陕西省教研员,她对我说:"戴老师,你是我在这个会场中(整个比赛共分三个会场)所听到的课中上得最好的一位老师!"我非常本能而且是非常得意地把站在我右边的叶新成老师推到了她面前,对她说:"这是我的指导老师,如果说我的课上得好,那是因为老师指导得好。"在场几位外地教师一下子把目光全都投向了叶老师,目光中都充满着敬佩。看到叶老师那合不拢嘴的笑容,我的幸福感和自豪感也油然而生。

我总认为,在成绩面前是最能看出一个人的为人的,年轻教师学会谦让,也是走向优秀教师的必经之路。早几年前我曾对全市年轻数学教师说过这样一句话:"对待荣誉和利益,年轻人多往后靠点,没事。我们还很年轻,来日方长,又何必为一时一地的利益之争而遗憾终身呢?要知道是你的,终归是你的!不是你的,总不会是你的,即便一时争来,也只能成为一辈子的负担!"

子曰:"德不孤,必有邻。"我的体会,走向优秀教师的路上,怀着感恩之心,自然有人相伴。

(本文原发表于《广西教育》2012年第4期,此次结集略有删改)

好校长、好学校，我追逐的梦想

某日，与曾帮助过我的一位老师交流，他在交谈中启发我说："你在小学、初中、普通高中、民办中学、示范性高中、全国民族中学示范校都担任过副校长或校长，有没有总结反思一下自己多年的学校管理经历？像总结自己教学一样去总结自己的管理，对自己是提升，对他人也是借鉴。"说实在的，我在过去的十多年，关注和研究的主要是课堂教学，对学校管理不能说没研究（毕竟身在其位），但更多的还是停留在实践和积累上，或者说自己一直还没有想好一个想要表达的话题。今应君南先生主编出版《中国校长管理思想集萃》之邀，欣然以《好校长、好学校，我追逐的梦想》为题总结自己对好校长、好学校及自己努力当好校长的认识和体会。

一、谁有资格说校长好

俗话说："金杯银杯不如老百姓的口碑，金奖银奖不如老百姓的夸奖。"谁有资格说校长好？我认为校长所管理的学校的教职员工最有资格，学生最有资格，学生的家长最有资格，因为他们的感受最真实，也最有说服力。有形之碑，固然可以广而告之，昭示天下；而弥足珍贵，真正能够流芳传颂的，还是师生及家长的口碑。当所有的喧嚣过后，尘埃落定，真正能够被人们铭记的，是那些利学校、顺民意、济师生的人和事。只有时时刻刻把师生的利益放在心里，一切以学生的成长、教师及学校的发展为皈依，才能创造出真正无愧于师生和家长、无愧于学校和自己的办学业绩，也才能有资格谈好校长。

在2006年年底学校组织的校级领导干部年终述职中我说了这样一句话：尽管一年来，我个人没有得到什么奖励和荣誉，但我领导的学校获得了南宁市、自治区级十多项集体荣誉，学校中的一大批教师受到了上级主管部门的表彰，学校中的一大批学生在各级各类竞赛中获奖，实现了多项历史性的突破，中、高考成绩稳步提升，我对广大教职工们是满意的，我对学校领导班子是满意的，我对我自己也是满意的。当统计出教职工们无记名民主测评干部的结果时，我知足了。我非常认真地把这个结果填写到本人近五年年终述职接受所在学校教职工民主测评的统计表中（见表1），这几年，我一直把这个统计表当成一面镜子，且会时常拿来照一照、看一看，因为它一直在激励我、提醒我、督促我向着好校长的目标努力。

表1　年终述职民主测评统计表

等级比率 测评时间	优秀	称职	基本称职	不称职
2002 年	67.9%	18.8%	7.1%	0
2003 年	78.7%	10.7%	4.9%	4.1%
2004 年	77.6%	19.6%	2.8%	0
2005 年	79.5%	16.7%	3.8%	0
2006 年	80.9%	17.1%	2.0%	0
2007 年	83.4%	16.1%	0.5%	0
2008 年	79.2%	13.1%	3.8%	0

二、我认可的好校长

什么样的校长才算是一位好校长？这个问题的讨论答案可能是多种多样的。仁者见仁、智者见智，教育局局长评判好校长的标准很可能是能够解决各种问题，教师评判的标准也许是校长能够关心体贴教职工，社会和家长评判的标准或许是他所管理的学校的升学率高。2004 年 11 月 28 日在南宁剧场我有机会聆听了全国优秀校长原北京四中邱济隆校长的报告，邱校长的很多观点我是非常认同的，也就是从邱校长身上我找到了好校长的答案。首先，好校长要具有先进的、科学的办学思想，即校长应对学校中的教育现象、规律、问题有系统、全面而深刻的看法和认识。好校长要有超前的思想、敏锐的洞察力。这就要求校长要不断地学习，用知识武装自己，作为校长不仅要精通一门学科，更要博览群书，了解多种学科，这样有利于督导教师们的教学，促进学校的发展。在博览群书的同时，更能够学到先进的教育教学管理理念，把这些先进的理念运用到教育教学管理之中，对于学校管理来说会起到事半功倍的作用。同时要未雨绸缪，高瞻远瞩，一切本着学校发展的大计，用敏锐的目光观察一切，脚踏实地地工作。其次，好校长要有卓有成效的办学实践。虽然我们不能将好校长与好学校画等号，但是一位好校长如果没有让人认可的管理实践，出色的办学业绩，这样的好校长是不会让人信服的。所以说好校长注定是要和好学校联系在一起的。最后，好校长应具有高尚的人格魅力。"魅力"一词据查《现代汉语词典》解释为"很能吸引人的力量"。"人格魅力"我的理解就是指人在性格、气质、能力等特征及品德方面所表现出来的吸引人的力量。有道是："为师之道，端品为先。"我们知道正直、善良、谦恭、豁达是教师良好品质的重要组成部分。那么作为一校之长，理应成为广大教师的楷模。因此，校长只有不断增强自身素养，谦虚谨慎，诚实豁达，待人处事公平、公正，关心群众疾苦，才能不负众望，成为一名让师生拥戴的好校长，工作起来才会更加底气十足。校长，切忌"官气"满身，趾高气扬！我们要牢记明朝知县郭允礼所书《官箴》："吏不畏吾严而畏我廉，民不服我能而服我公；公则民不敢慢，廉则吏不敢欺。公生明，廉生威！"或者说，只要校长坚持做到情为师生所系，权为师生所用，利为师生所谋，那么，校长对师生就一定会有无穷的魅力。

三、我认可的好学校

在不同的人看来，好学校的标准也各有其言之成理的说法。2006年9月中旬，我参加了由自治区教育厅师范处主办，广西师范大学教科院承办的全区示范性高中校长培训，在培训期间我们结识了人称"另类校长"——上海市北郊学校郑杰校长，我认为郑杰校长关于好学校的"内核说"是非常值得我们关注和深思的。好学校应具有如下三个条件。

（一）高效能

评价一所学校的优劣，不在于投入的多少，而在于在一定的投入下的效能如何。如果随着投入的加大，效能没有相应地增加，甚至不断地降低，这不是好的学校。如果学校一年投入上亿元，却没有高质量与高效能，那绝不可以称之为优质的学校。只有投入不多而效能特高的学校，才无愧为好学校。

（二）讲人道

提及讲人道，世人容易想到的就是救死扶伤和关注弱势群体。当然这也是讲人道的重要内容，但讲人道的本质内核应在于为他人创造幸福，而不是制造痛苦。

我们中国人是不太重视人生幸福的，尤其是不注重此刻当下的幸福，往往将幸福如存银行一样放在未来，以至于错过人生本应有的幸福季节。其实，人的不同时期应当有不同的幸福。比如，儿童时代的玩是孩子最大的幸福，这个时段没有玩够，到了大的时候，一定会以不合年龄的非常态"玩"。校长要学会为他人创造幸福，要让自己的存在使他人感受到幸福。好校长，要有牧师般的关怀、宗教般的情怀。好学校应让置身其中的每一位师生感受到温暖和幸福。

（三）可持续

好的学校必须是可持续的，也就是说校长不但要关注学校今天的存在，更要关注学校明天的发展。郑杰校长不赞成"一个好的校长就是一所好的学校"的说法。他认为如果学校的大事小事只有校长说了才算，那么这所学校就非常危险了，这个观点我是赞同的。学校的好坏，不能寄托在一个校长身上，而一个好的制度才能催生一个可持续发展的好学校。制度要在学校校长之上。不然的话，一个好的校长走了之后，学校就会衰败下来。这一点我们要向西方发达国家借鉴，美国总统都能四年一换，但国家的发展似乎并没有受到四年一度总统选举的影响。

四、我如何当校长

下面结合自己的管理实践谈谈我如何当校长。

（一）练就一种本领——做教育教学的行家里手

有一则消息：2000 年美国哈佛大学选聘新校长，有人推荐即将卸任的总统克林顿和副总统戈尔。据当时的民意显示，两人当选的呼声都很高，但出人意料的是，哈佛大学聘任委员会对此类呼声根本就不予理睬。为什么？校方解释说，像克林顿和戈尔这样的政治精英，可以领导一个超级大国，但不一定能领导好一所大学。领导大国和领导大学是风马牛不相及的两回事。领导世界一流大学必须有丰富深厚的学术背景和涵养，而克林顿和戈尔不具备条件。

这则消息说明什么？作为校长必须是教育教学的行家里手，必须躬耕于课堂教学第一线。

据报道，上海市某区教育局曾做过一项统计：该区重点中学 2/3 的校长不上课，1/3 兼课的校长中能完整地给一个班级上语、数、外任何一门主课的人也不多；一般中小学正校长兼课的人数不超过 1/3，兼副课的多于兼主课的。校长是否应该兼课呢？赞同者认为，校长应具备"进得课堂，讲出名堂"的基本功，绝不能脱离教学一线。兼课有利于校长全面了解学生、教师，有利于管理水平的提高。兼课为校长决策提供了依据。反对者以为，校长应有自己的工作岗位，没有足够的时间和精力钻研某一门学科的教学。他的重点工作是保证学校有一个良好的内外部环境，调动一切可以调动的力量促进学校、学生的发展和教师的专业成长。如果一名校长只是在教学中、在课堂上示范和带头，他并不一定能成为优秀的管理者。我认为学校规模不同，运作不同，校长兼与不兼课，应视校情而定。我比较主张校长兼课，校长兼课且能上好课，这无形中就会在教职工中树立一个学习的榜样和一面向上的旗帜。校长兼课不仅能把自己从繁重的行政事务中解脱出来，同时更能在第一时间了解到师生中的最新思想动态和教育教学情况，何乐而不为？

回顾参与管理学校的 16 年，我一直坚持活跃在课堂教学第一线，即便是近两年我未直接兼课，但每年我除听课累计均超过 150 节外，还分别应邀在南宁、百色、柳州、桂林等地中学上研究课或做报告数十场（节）次。1997 年11 月，我在任南宁市天桃实验学校副校长时曾以一名普通教师的身份参加全市中学数学优质课评比的初赛和决赛，要知道在三年前我就已经获得了全市中学数学优质课的一等奖，那为什么我还要继续参加比赛呢？其目的就不仅仅是为了再获得一个一等奖了，而在于自己欲通过参加比赛结识更多更高层次的学科教学专家以提高自己。1988—1998 年我累计共参加南宁市、广西及全国中学数学优质课评比（均为现场上课）6 次，其中第一次连学片（分片初赛）都没出线，但后来几年的比赛成绩不断提高，曾先后获得南宁市级二等奖，市级一等奖，全市第一名、广西第一名及全国一等奖（共有来自全国 31 个省市区 32 名参赛选手，比赛成绩列前六名），实现了自己参加中学数学优质课比赛冲出广西，走向全国的光荣梦想！为自己的学校争了光，为南宁争了光，为广西争了光。我在南宁市第二十八中学任校长时仍兼上一个高中班的数学课且期末统考数学成绩排名全年级第一，接受学生无记名测评优秀率列全校专任教师第二。2005 年 12 月 31 日我离任南宁外国语学校校长，我坚持上完了当天上午的最后一节课，下午便到南宁沛鸿民族中学任职，学生依依不舍，泪眼送别的场景令我终生难忘。

我曾经在几所学校的教职工大会上说过这样的话，今天大家认可我当校长，那就要服从以我为校长的学校领导班子的管理，如果有一天，大家不认可我当校长，那么我会愉快地服从新班子的管理，我会努力做一名学生喜爱的教师和一名学校领导认可的员工。也许这也是我难舍讲台的缘故，我要为自己留一条"后路"。当校长不可能一辈子，但做教师肯定可以一辈子。

（二）做好两件事情——引用毛主席的话：当领导只做两件事，一是出点子，二是用干部

这里我主要围绕什么是点子，点子从哪里来，干部怎么选，干部怎么用，来谈谈自己的体会。

1. 什么是点子

我这里讲的点子主要是指办学过程中的有关教育教学及管理的主意、办法等。点子是伴随问题解决而生。那么什么是问题？如何发现问题？怎么解决问题？理想与现实的差距称之为问题。可以毫不夸张地说，学校每天都会有很多大大小小的问题，校长每天的工作主要就是从发现问题开始，到提出问题、研究问题、解决问题而结束。我认为深入一线，沉进课堂，与师生近距离交流是发现问题的有效办法。但发现的问题并不一定都要校长提出，也不是什么问题都要校长去研究和解决，校长要通过自己的智慧和胆识去提出问题、研究问题、解决问题。

2. 点子从哪里来

还是毛主席语录最有用，一句话——从群众中来，到群众中去。

我曾到任一所学校，这是一所年轻的完全中学，建校之初也曾有过骄人的教学成绩，但因种种原因未能继续保持，加上高中招生制度的改革，生源质量下降，管理又跟不上，学校教学质量一年不如一年。用教职工们的话说就是：“学校的高考成绩已滑进朝阳溪（学校旁边且穿越南宁市的一条沟）底，再不采取措施加强管理就只能滑进邕江（南宁市的母亲河）河底了。”我到任后首先通过深入调查研究，了解到学校办学已陷入困境：中考、高考成绩滑坡—招生数量、生源质量下降—学校收入减少、办学经费紧张、经济紧缩—教职工各类津贴、结构工资难以保障—教职工积极性下降—人心思动（调动），如此恶性循环。同时我对当时的教职工队伍的基本现状也进行了分析，归纳起来可以用五个字概括——退、醉、睡、累、背。

退：学校第一批创业者陆续退休。

醉：曾在学校创业史上留下过辉煌战绩的中年人，陶醉于过去，自我欣赏，不思进取。

睡：有过辉煌，自我感觉怀才不遇，没有被领导赏识、认可的中青人心有怨言，不再奋斗，出工不出力，躺着不干了。

累：近几年参加工作的年轻人，有样学样，不能脚踏实地地工作，怕苦怕累，不肯钻研业务，不勤于学习，工作应付了事。

背：在人事制度改革过程中，由于各种原因工作有变动或没有被重用或受到批评、处分等各类人，心存芥蒂，不能同心同德，甚至会散布各种离心离德的言论等。虽然这部分人数不多，但影响极坏。

尤其是个别教职工严重违纪，领导因各种顾虑没有给予实质性的批评和处罚。比如，有一家住校外的年轻女教师长期周一早晨不参加升旗，学校领导也管不了。学校设立考勤签到本，迟到早退或缺勤者可随意托人代签补签，考勤名存实亡。有少数几个教师嗜酒如命，甚至有个别教师喝醉酒竟在学校办公楼大厅及校道撒尿。在校内宿舍区猜码斗酒及过量饮酒后进教室上晚自修更是家常便饭，严重影响教师在学生心中的整体形象。

针对这些情况，我首先在领导班子中取得一致，达成认真整治的共识。然后便通过行政办公会和教职工代表大会出台了几项规定。一是出台教职工禁酒三项规定（比公安部颁布的禁酒令要早）：①严禁酒后上课或从事其他教育教学活动；②严禁采用猜码等过激方式拼酒、斗酒；③严禁过量喝酒。二是制定了《教职工出勤奖惩条例》和《教师职业道德十不准》（①不准体罚、变相体罚或侮辱学生；②不准参加不健康的娱乐活动；③上课或集会时 BP 机（寻呼机）和手机要关闭或调成振动状态，不准接听手机；④不准穿奇装异服、西装短裤或超短裙上班；⑤男教师不准蓄长发、怪发、蓄须，女教师不准染指甲或染发；⑥不准酒后从事教育教学及管理工作；⑦不准在课堂或会场内吸烟；⑧不准坐着讲课，教学姿势要文明规范；⑨不准向学生推销商品和未经教务处批准订阅资料；⑩不准与家长争吵或向家长索取钱物。同时出台违规处理办法：①违犯第四、五、六条者要求立即改正，由此而影响工作作旷工、旷课处理；②违反上述条例者，视情节轻重予以行政处分并按教职工奖罚条例处罚）。有了这些经过行政办公会和教职工代表大会审议通过的规定，作为校长的我接下来的工作就是当好裁判了。我的做法是：言必信，行必果（处罚事例若干，在此省去不写）。我相信一句话：不怕做不到，就怕想不到。只要我们坚持维护大多数教职工的利益，坚持维护学校的整体利益，尽可以放手去做去干。当校长绝不可以做老好人，当和事佬，更不要妄想他人能代替你去处罚违规违纪的教职工，指望有人会代替你去做"恶人"，你来做"好人"，我的体会是当校长就得爱憎分明，奖罚分明，凡事能公正、公开、公平，善于团结大多数，坦诚待人，采取切实措施，让教职工感受到温暖和关怀，获得实实在在的实惠，只要能做到这些，哪怕我们对自己的决策有些不满意或有点遗憾，广大教职工也会给予理解和宽容。

3. 干部怎么选

我的做法就一条——竞聘上岗。干部要选准，我坚持两句话的八字标准：群众满意，我们（学校领导班子）满意。努力做到让想干事的人有机会，会干事的人有岗位，干成事的人有地位。我在几所学校均尝试进行了中层干部竞聘上岗，由于整个工作计划周密、规范有序，群众全程参与、全程监督，不仅赢得了广大教职工的热情拥护，同时也得到了市教育局有关部门领导的充分肯定。近几年我主持的干部竞聘上岗工作一般分四个阶段：①学校动员、民主推荐阶段（时间为一周）。②竞聘准备阶段（时间为一周）。在此阶段择日举行竞聘演讲报告会及民主测评。③评议阶段（时间为一周）。首先，由学校党组织召开部分教师代表座谈会，评议竞聘成绩优秀者；其次，由党组织召开党政联席会议讨论校长提名的任职方案。④聘任阶段（时间为一周）。主要工作是召开全校教职工大会，宣布竞聘结果，并由校长对新一任中层干部发放聘书。

为了吸引更多教职工关心学校干部竞聘工作，做好学校准确选拔干部工作的参谋，竞聘演讲报告会的时间和议程最好也要提前公示，以便教职工们提前做好准备。竞聘大会最好能邀请上级主管部门（负责校级领导管理的部门）的领导光临指导。近几年，我主持的几次竞聘大会的议程一般设五项：①校长动员讲话；②竞聘者发表演讲（每人限时5～8分钟）；③民主测评；④上级干部主管部门领导讲话；⑤书记总结讲话。

4. 干部怎么用

俗话说得好，疑人不用，用人不疑。这话说说容易，但真正要做到却不容易。我的体会是，用人不疑的关键就是合理授权，制度管人。从表面上看，校长放权无异于削弱和抑制自己的权力，但多年的管理实践告诉我，领导削弱和抑制权力反而更易使下属实现目标。美国麻省理工学院摩文调查发现多数成功领导都有一个共同之处，即极力限定自己的工作范围。一个成功的领导者可以定义为：最大限度地利用其下属的能力。也就是说，权力适当的下移，会使权力重心更接近基层，更容易激发下属人员的工作热情。这个原理有点像一个常见的玩具——不倒翁。不倒翁是根据一个简单的力学原理制造出来的，一个物体的重心越低，它的稳定性就越好，并且高出重心的部分空的成分就越大，不倒翁的不倒原理是否能给领导的合理授权一个启发呢？这一点我在1998年考察深圳实验学校四个校区的管理中就有所领悟，事实上规模越大、学段越复杂的学校，授权的意义就越大。

（三）培养三种品质

一是当校长要有一种精神——对自己从事的教育管理事业要执着，胜不骄败不馁，且能自始至终对自己的每一次选择保持一份自信和激情。

我信奉一句话：态度决定一切。我以为当好校长的关键是要"用心当校长"。俗话说："精诚所至，金石为开。"什么事只要用心去做，总能做好。当好领导，能力固然重要，但只是一个条件，并不能由此认定你领导工作的优劣。犹如学生读书，光有聪明的脑子，而不用心学，怎能取得好的成绩呢？当领导的也一样，如果你不用心做，就是有能力也未必能成就一番事业；反之，如果你能力弱点，却用心去做，不仅勤能补拙，还会在实践中学习提高。

图 3　2003 年 11 月 6 日参观澳门博物馆

二是当校长要有一份情怀，要关心自己的教职工，要善于和员工沟通，待人要真诚热情，用自己的真心换他人的感动。

我和全校师生员工及家长联络的方式很多，如个别谈话、征集意见、电话、手机短信、电子邮件、校长信箱、网上论坛等。我从这些联系中获得了学校教育教学及管理中的大量信息，并从中筛选出很多有价值的信息，对我管理好学校起了很大的作用；也让我及时了解到众多学校教育教学管理中存在的"漏洞"和个别师生的消极情绪，让我有机会把问题解决在基层，消灭在萌芽。真正做到了百分之百的人民内部矛盾化解在单位和百分之百的不稳定因素得到化解，从而为学校的发展营造了良好的内外部氛围。

三是当校长要有一种境界，不可居功自傲，在荣誉面前要懂得谦让，出了问题，要勇于承担责任，要多从自身找原因。

当校长要牢记成绩是集体创造的，是大家共同努力的结果，而不是哪一个人的功劳。当校长的这几年，每年学校无记名推选市级以上各种先进，我几乎都能高票当选，但一次次我都找各种理由把机会让给了下属。我认为校长应有这样的胸怀，因为大家都在协助你工作。现在的学校一般都有师生几千人，在办学的过程中有些失误出点问题是难免的，当工作中有些失误时，当校长的切不可推卸责任，因为在师生面前，你的下属承担责任的压力要比校长主动承担责任的压力大得多。我的经历告诉我，在工作失误面前，校长主动承担责任会使下属感受温暖和鼓舞。当校长还要着力培养大家的集体荣誉感，不可总是责备自己下属无能。日本著名企业家松下幸之助说过一句话："过多的下属不称职，那只能说明一个问题，这个领导不称职，即没有发挥领导作用。"所以说，校长不但要发挥领导作用，还要努力开发你手下教职工的工作能力，调动大家的积极性，树立集体荣誉感，上下一心，拧成一股绳，才会有较强的力量把学校越办越好。

反 思 篇

今天我们要教给学生什么

——谈新时期传承优秀民族文化，促进学校
可持续发展的思考与探索

学校的发展是为什么？我以为无非三点：一是培养出优秀的毕业生；二是造就出优秀的教师；三是创造出先进的办学经验和理论。也就是说，把学生的成长、成人，教师的成才、成家，学校的成功、成名三者有机地结合起来，谋求三者协调可持续地发展。而其中"促进学生发展，使其成长、成人"是学校发展的最根本的目标。

不记得有谁曾经说过："好的教育，绝对不是把小草培育成乔木的教育，而应该是把乔木培养成最好的乔木，把小草培养成最好的小草。"作为广西壮族自治区示范性高级中学之一，南宁市普通高中里的佼佼者，我们南宁沛鸿民族中学也面临着很大的竞争压力和很多的挑战。但我们学校始终没有放弃把一些相对优秀的学生培养成为最好"乔木"的努力。当然，我们也不能回避，随着传统重点高中招生规模的不断扩大，加之当地经济发展、人民生活水平的显著提高和大学毕业生就业形势的日益严峻，我们的生源质量尤其是尖子层在逐年下降，而缺少学习动力的学生却有由少变多的趋势。因此，过去制定"努力让所有学生都考上心目中理想的大学"的工作目标还能否做到，我是越来越缺少信心。学校工作的基点是定位为如何把一大片"小草"般的普通学生培养成为最好的"小草"呢，还是拼命挤占师生的法定休息时间，甚至是牺牲师生的健康去让为数不多的稍高一点的"大草"成为"乔木"呢？我们现在的中学教育及家庭教育实在是存在不少问题，其中最严重的问题就是培养目标单一——

中学教育就是为了学生能升学。谁能升上一流的大学谁就行，谁的升学率高谁就是一流的学校。从不考虑升上了大学的学生们的未来真正需要什么。所以我们现在经常会看到这样的现象，小学生的教师和家长不断地告诫孩子要努力学习，目标就是一个，用孩子优异的学习成绩换取一张优质初中学校的录取通知书，孩子用牺牲自己童年的快乐为教师和家长换来了一张优质初中学校的录取通知书，结果怎样呢？初中的教师和家长就接着不断地告诫孩子要努力学习，目标也只有一个，用孩子优异的中考成绩换取一张重点高中、示范性高中的录取通知书，孩子又做到了；于是高中的教师和家长又接过了升学的接力棒不断地告诫孩子要努力学习，目标同样锁定一个，用孩子优异的高考成绩换取一张重点大学的录取通知书，孩子又做到了。这下子教师和家长都如释重负，可很多上了大学的孩子却茫然了，不知道为什么上大学，也不知道如何去适应大学的学习生活，甚至连大学毕业想干什么都不知道！这是非常可悲的事实。正因为有如此认识，所以本人经常反思：我当中学的校长，学生在我所带领的学校学习三年，我们的学校除了给学生一张大学的录取通知书外，还能给学生什么呢？也就是说，在通常教育学生遵纪守法、努力学好文化功课之外，我们还应教给学生一些什么，从而更有利于我们的学生成长、成人直至成功呢？

一、喜爱读书的习惯

北宋文学家、书画家苏东坡诗云："才知源海文始为，腹有诗书气自华。"北宋诗人、词人、书法家黄庭坚云："人不读书，则尘俗生其间，照镜则面目可憎，对人则语言无味。故曰，读史可以明智，读书可以明道，取慧可以医愚。人之成长，书当为伴，非书无以成才，非书无以广识，非书无以为器。书之于人，盍（音同'核'，意为：何不）可忽忽哉？"

古往今来，可以说大凡成功之人都做到了"圣贤之书，不可不读也；圣贤之慧，不可不取也"。

我们要努力教学生学会读书、学会思考。我曾在我们学校举办的一个全市中学图书馆馆长会议上讲过一句话："一个学生只要他（她）喜爱读书、喜欢读书，他即便坏，也不会坏到哪里去。"我们就是要把我们的学生培养成为一只只"书虫"，让学生养成手不释卷的良好习惯——培养学生喜爱读书、喜欢读书的好习惯，应该是学校送给学生最好的礼物。

正因为有如此认识，本人到任南宁沛鸿民族中学的第一个学期就在学校的办学经费中调整4万元专款购置新图书，此后每年我均交代财务部门给图书馆购置新图书单列部门预算。我的一个纯粹的想法就是要让学生喜欢读书，学校的图书馆首先得有吸引力。近几年学校坚持每学期组织一次校级读书比赛、一次校级读书征文比赛，并积极组织学生参加全国青少年"辉煌六十年"读书征文活动、"改革开放30年"读书征文活动、"自治区成立50年"读书征文活动、"书香绿城"读一本好书活动等系列活动，每年寒暑假德育作业都有"读一本好书"推荐活动，开学后各班组织班会课让孩子们分享他们的读书心得等。学校图书馆周一至周五下午都要向学生开放至晚自修开始，双休日白天全天向师生开放。走在校园里，我最喜欢听到的声音就是学生的琅琅读书声，最喜欢看到的场景就是那些在教室里、草地上、绿树下、花园旁手捧着书在认真阅读的学生。经过几年的努力，我们欣喜地发现喜欢读书的学生增多了，学生的征文作品质量提高了，更多学生的作品被报刊登载了，更多学生养成了读书的好习惯。此外，2010年10月，南宁市教育局指定我校组织近40名师生代表南宁市教育系统参加了全市"经典诵读"活动，受到与会专家及领导的一致好评。

图4　2006年给全市图书馆馆员介绍情况

二、坚韧不拔的意志

北宋文学家苏轼在《晁错论》中写道："古之立大事者，不惟有超世之才，亦必有坚韧不拔之志。"意思是"自古以来成就大事业的人，不仅仅要有超世绝群的才华，也必须具备坚韧不拔、百折不挠的意志"。

在南宁沛鸿民族中学当校长五年，我在与学生的相处中发现，我们的很多学生在教师及家长面前愿表现、会承诺，但相当一部分学生面临学习或生活困难时却极易退缩。我们知道，求学需要坚忍的个性和坚韧不拔的意志，即便是毕业后走上社会创业，也不可能都是一帆风顺的，这更需要学生具备坚韧不拔的意志。

学生坚韧不拔的意志是需要从小培养的，是需要学校的精心培养才能形成的，所以我当校长一直都主张班主任老师开展一些拓展活动。例如，①从 2006 年春季学期开始，我校恢复了每学期一次的郊游活动，有些年级组织全年级学生徒步游青秀山，登上青秀山的最高峰凤凰塔，然后再步行回来，全程超过 10 千米。②坚持在新生中开展军训活动。我们这几年在军训的学生中重复强化一句口号，那就是"宁可自己晒黑，也不要给班集体抹黑"。③在校内开展力所能及的劳动。④保障体育锻炼的时间。我认为在学校开展的各项体育活动中长跑是最能锻炼人意志的一项运动，所以我们现在一年四季都会有一个年级的大课间活动，即每人（有健康问题的学生除外）至少围绕学校田径场 400 米跑道跑三圈。

下一步，我还有一些想法准备实施，目的就是让学生适当吃点苦，从挑战自我中找到乐趣，以培养他们的坚韧不拔的意志。

三、善于展示的意识

南宁沛鸿民族中学的大多数学生在高中学习三年后不可能考入一流大学，这就注定他们想要获得成功，将要比那些优秀的"乔木"付出更多的努力。如何抓住机遇，迈向成功？我想他们更需要有善于展示自我的能力，也就是把自己推销出去的能力。

上周，我们学校的院士校友于起峰教授荣归母校。于教授在给我们全校师生做报告时也指出，学生在中学时代要注意培养自己的沟通交流能力；要善于将自己的正确思想传达给别人，善于和别人沟通，善于说服别人接受自己的观点；善于了解控制自己的情绪，善于了解别人的情绪，营造和谐人际关系。

其实就这一点，我们与院士的想法是一致的。我们沛鸿民族中学在这一方面也进行了比较成功的探索。下面我想重点向大家汇报一下，我们在传承和弘扬优秀民族文化，搭建舞台让学生尽情展示个性特长方面所做的一些努力。

一是精心传承并培育以古壮字为主要表现形式的石刻文化，以激发学生尤其是壮族学生的民族自豪感。

壮语文字，简称壮文（壮语：Sawcuengh），是壮族使用的语言文字，用以书写自己民族的语言。壮族属壮侗语系壮侗语族的台语支。大家所了解的壮文都是指 1955 年在苏联专家指导下，以南宁市郊区武鸣县的语音为基准，由我国文字专家创制的、以拉丁字母为基础的拼音文字，共有 32 个字母（包括 5 个声调字母）。1957 年 11 月，经国务院批准推行。至于现代壮文为什么至今难以普及这不是我们要研究的内容。我比较关心的是，在现代拉丁化壮文出现之前壮族有没有文字呢？答案是肯定的。那就是"方块壮字"又称"古壮字"，也就是壮族人民为了书写壮语借用汉字的字形或结构创造的文字。"古壮字"最初创造的时代不明确，但 7 世纪已经存在，现在看得到的最早记录是唐代公元 689 年的石碑《六合坚固大宅颂》（该石碑发掘于南宁市上林县三里镇洋渡村，是名副其实的岭南第一碑），迄今至少有 1300 年的历史。1989 年，广西壮族自治区少数民族古籍整理出版规划领导小组主编的《古壮字字典》，根据民间流传的经文、诗词等文献，收录了大约 4900 个古壮字正体字，加上异体字共有一万多字。① 此外，还有一本比较有权威的是《布洛陀经诗译注》②。由此可见"规范的古壮字（方块壮字）"历史非常悠久。可令人遗憾的是"古壮字"书写繁难，规范化实现的可能性实在不高，所以一直不被世人所接受，不过笔者以为作为壮族地区的后人我们有责任去传承和弘扬自己祖宗的优秀文化。

在我们学校两个校区共有以古壮文字为主要表现形式的石刻九处（喻义：古壮字一定会流传久远），这些石刻是以我们学校前几任校长制定的办学理念、现任校长对师生的寄语为内容，辅之以校园某些文化景点的介绍，九块石刻一律以壮汉两种文字形式共同表现，与国内多数学校的文化景点选用中英两种文字来介绍的表现有所不同，所以看起来不仅有标新立异之感，更觉弥足珍贵。我在多种场合下讲过：作为广西壮族自治区首府南宁市的唯一一所民族中学，传承并弘扬我们的古壮文字是我们南宁沛鸿民族中学师生义不容辞的责任。此石刻文化表现形式目前已产生广泛的社会影响，并极大地激发了我们壮族学生的民族自豪感。

二是精心发掘并打造以民族体育为主要内容的校本课程，让每一个学生都

---

①　广西壮族自治区少数民族古籍整理出版规划领导小组主编：《古壮字字典》，南宁，广西民族出版社，1989

②　张声霍著：《布洛陀经诗译注》，南宁，广西人民出版社，1991

能释放出他们的体育特长和潜能。

民族体育在我们学校有良好的基础，近几年我们先后开发了"毽球""珍珠球""竹铃球""天地球""抛绣球""竹竿舞""板鞋""跳大绳"和"民族健身操"等民族体育课程。学校毽球代表队、射弩代表队参加南宁市、自治区、全国的多届少数民族运动会均取得优异成绩。我们学校是南宁市、自治区民族体育毽球项目两级训练基地，2007 年 7 月，经过南宁市民委的研究和考察，授予我校民族体育射弩项目训练基地的称号。此前，我校毽球代表队已三次蝉联广西壮族自治区少数民族传统体育运动会冠军，2010 年 11 月 18 日，在广西玉林举行的广西壮族自治区第十二届少数民族传统体育运动会上，我校毽球代表队女队再次夺得金牌，男队获银牌。同时，我校射弩代表队不负众望，共获得 6 块金牌，为南宁市卫冕金牌总数第一（共获 17 金 10 银 12 铜）做出了卓越贡献。近三年我校还成功地承办了三届南宁市中学生少数民族传统体育运动会。2007 年 11 月，我校荣获全国民族体育先进集体称号，是广西中小学校唯一获此殊荣的学校。

图 5　2007 年 11 月 14 日南宁沛鸿民族中学承办全国民族中学新课改经验交流会期间向与会嘉宾介绍学校民族体育特色项目（竹铃球）

鉴于在此方面做出的突出贡献，2008 年北京奥运圣火在南宁传递时，我校有三位师生担任火炬手，五位师生担任护跑手。当日，中央电视台体育频道"与圣火同行"栏目播出了题为《戴启猛：将民族体育项目带进学校》的个人专访，南宁沛鸿民族中学的名字也与奥运圣火传递一道迅速地通过网络在全世界传播。学校民族体育教学蓬勃发展、独具特色，在南宁市乃至广西享有盛名，成了对外体育交流的窗口，近年来接待了来自欧洲、非洲等地政要或师生代表团的来访，在宣传少数民族体育精神、传播中国人民的友情等方面做出了应有的贡献。

学校利用民族体育活动的影响和辐射，成功地将民族体育项目（武术、踢毽子、抛绣球）推进了 2006 年南宁市体育中考之中，开创全国体育中考的先河。我校的民族体育科研创新发展，课程建设成为广西体育教科研的引领，学校成为国家级基础教育课程改革首批重点实验学校，成为国家教育"十五"规划重点课题"义务教育中学体育与健康课程标准和教科书及教师用书可行性研究"和"关于开发地方课程和校本课程的研究"两个重点课题的实验样本校和全区民族体育培训单位。2005 年 7 月—2007 年 11 月，我校体育教研组承担了国家课题子课题"民族体育校本课程的开发与运用"的课题任务，积极探究新的教学模式，创设具有自己风格特色的民族体育课堂教学法。"关于开发地方课程和校本课程的研究"重点课题子课题"民族体育校本课程的开发与运用"获结题二等奖。此外，由我校挖掘整理的少数民族传统体育项目竹铃球被邀请在广西壮族自治区第十一届少数民族传统体育运动会上表演，受到与会领导、专家及广大运动员的一致好评。

在校内大力开展民族体育教学和竞赛活动并取得丰硕成果的同时，作为自治区示范性普通高中，我校一直注重将民族体育教学与竞赛的有关成果向南宁市乃至全区的中小学辐射。几年来，我们受南宁市教育局及自治区教育厅体卫处的委托，承担了多次民族体育教学与竞赛的师资培训任务。可以说，在传承和弘扬少数民族传统体育活动的过程中，我们不仅收获了一块块金牌、一份份荣誉，更重要的是我们的每一个学生在学校开设的体育校本课程及民族体育活动中都释放出自己的体育特长和潜能，展现出自己的风采。

2010 年 11 月 12 日，由广西壮族自治区教育厅、广西壮族自治区体育局联合举办的民族体育进校园活动仪式在我校江南校区隆重启动，会上我校与来自其他 13 个地市的 13 所学校一起被区教育厅、区体育局授予"民族体育进校园示范学校"的荣誉称号。

三是精心传承并弘扬以民俗、民乐、民歌、民族舞蹈为主要载体的校园民族文化，让更多的学生了解本土民族的民俗文化，增长原居民族的文化情结。

自 2007 年上半年起，我们着手成立学校的民乐队、民族舞蹈队、民歌合唱团，进而发展成为南宁沛鸿民族中学民族艺术团。同时我们还开设了"民族常识""民族器乐""民族舞蹈""民族服饰"等教学选修课程。我们的目标就是通过在沛鸿中学三年的学习，我们的学生能熟唱壮民族流行的迎客歌、留客歌，会一种壮民族地区流行的乐器等。

经过几年的努力，我们取得了不菲的成绩。我校民乐队在邓金生、丁小燕、温智松等指导教师的精心指导下，经过近两年的刻苦训练，演奏的曲目《辉煌》一举荣获南宁市第十届中小学艺术节展演器乐类决赛金奖第一名；2009年获准代表南宁市参加全区中学生艺术会演，获一等奖；2010年年初，在上海举行的第三届全国中学生艺术节上，我们寄送参评的演奏曲目《踏歌——沤抑得歆》获全国三等奖。2009年1月，由我校温志淞老师创作的大型舞蹈《温飘贝哲》（28名师生）首次进京参加由中央电视台、中国教育电视台等组办的"魅力校园"第四届全国校园文艺展演，在全国众多专业团队中脱颖而出，荣获金奖（颁奖大会在北京人民大会堂举行）。2009年、2010年在广西举办的两届体育节中，我校均为全区中学生唯一一代表在启动仪式上表演大型体育舞蹈，2009年出演学生有330人，2010年参演的学生有近500人。2010年11月18日，在广西玉林举行的广西壮族自治区第十二届少数民族传统体育运动会上，我校编排的体育舞蹈《打扁担》代表南宁市参加表演项目的比赛，获二等奖第一名。学校为了营造民族文化氛围，也于今年把连续举办四届的南宁沛鸿民族中学"三月三"歌台与民族体育校本课程展示及壮民族地区民俗文化表演整合成南宁沛鸿民族中学首届校园歌圩文化艺术节。这是我校第一次把壮民族地区的节庆活动引进校园，我们会坚持下去……我相信此活动的开展，不仅会让学生更自信，更敢于在各种场合展现自我优势，也会熏染学生的民族艺术细胞，最重要的是于潜移默化中滋长学生心中的原居民族文化情结，我认为这也应该是我们要教给学生的。

当然，我们在精心传承与弘扬优秀民族文化的同时，也以组织学生参加电脑机器人、信息学奥赛、航空航模、野外定向、戏剧表演、演讲比赛等活动为载体，搭建多种舞台，让每一个具有不同禀赋的学生都得到最大限度的发展。仅以我校成立四年的VEX电脑机器人代表队为例，我校就已在广西获得高中、初中组相应项目的比赛近十多个省级第一名或一等奖，2009年、2010年连续两次代表中国中学生赴美国参加世界中学生机器人锦标赛，在数百个参赛代表队中脱颖而出，分别获得VEX机器人世界锦标赛最佳判断奖（又译"最高评判奖"）金奖和最佳创新奖。

当然，演讲的最后我们还得要回到论坛的主题——"特色与品牌"。通过

图6 2010年4月24日率队赴美国
参加 VEX 机器人世界锦标赛并荣获金奖

上述的介绍，我校在探索传承优秀民族文化方面的确是取得了一些成绩和赞誉，可谓起步了但依然在路上，能不能说已成学校的特色我不敢断言，不过可以肯定地说绝对还不能成为学校的品牌。其实，我也很难用一句话来定义学校的特色和品牌，但我以为一所真正有特色的学校，它就一定会有那么一个地方（这个地方可以是校园内的一栋建筑、一处设施或景点，甚至可能是一棵树），有那么一项活动，有那么一群教师……让从它这里走出去的千万学子，在若干年后每每回想起这些，心中都有暖流涌动。如果能做到这点，我认为这就是学校的特色，这就是母校留在千万学子心中的"魂"，如此能保持20年、30年、50年或是更长时间，这就是学校的品牌，这样的学校就是可持续发展的。

（2010年12月，作者参加了钦州市第一中学建校120周年纪念会暨"特色与品牌"新时期学校发展策略全国中学校长论坛，本文是当时的演讲稿，此次结集略有删改）

有感于教师对学生合理的学习需求说"不"

2003 年秋，我校七年级组举行了一次课程改革研究课汇报活动，其中一位年轻教师执教一节语文阅读课，观摩后颇有感触，虽隔数月，但每每想起课内的一个细节，我的心情就难以平静。

本节课的教材选自人民教育出版社义务教育课程标准实验教科书《语文》七年级下册第五单元·阅读第 25 课短文两篇，其一选自《山海经》的《夸父逐日》。连标点符号在内全文共 50 个字："夸父与日逐走，入日；渴，欲得饮，饮于河、渭；河、渭不足，北饮大泽。未至，道渴而死。弃其杖，化为邓林。"

本节课的教学流程大致是：教师用寓言神话故事引入新课—点题—学生朗读全文（分个人、全班两次朗读）—师生一起分析课题并弄清课文中生字词的含义—教师组织学生分组进行拼图游戏（依据题意并结合自己对课文的理解把几块描绘夸父逐日的图片拼成一个整体图形，然后填上恰当的颜色）—展示作品—背诵课文—教师抽背（要求同桌两人一起背诵）—总结评价。

本节课的一个最大特点是"活"。教师按照课前的设计，教学进程非常顺利，课内活动丰富，学生参与的热情高、参与面广。然而，令人遗憾的是在临近下课教师抽背学生背诵课文时，一位坐在后排的单坐学生举手（我们听课的教师注意到该同学整节课未主动发言，课后向任课教师了解该同学属于"差生"）并迫不及待地说："老师，我能单独一个人背吗？"此时的教师流露出不易觉察到的迟疑，但很快便微笑而坚定地说："不，必须同桌的两个同学一起背！"那位刚才还兴冲冲、眼神中透着灵光的学生马上用双手抱着头，非常沮丧地瞪着老师。这一刻我至今难忘，因为那位学生沮丧的表情给我以心灵的震动！

国庆长假我在阅读一本由新世界出版社出版，据说是风靡天下的家教系列丛书之一《激励孩子好好学习》，书中有一段对学习的陈述，我非常赞同。作者认为："学习是一个不断自我改变、自我更新的过程。如果你是一个有心人，可以在夏天观察一下蝉儿是怎样蜕壳的，学习就是怎样完成的。它们的共同点是，不断将束缚自我的'旧东西'去掉，从而获得新生。"

看了这一段书，我马上联想起那节语文课，那位一向在课堂上沉默寡言的学生。现在细想，那节课的他能主动向老师提出单独背诵课文的请求，是多么不容易啊！他的内心不知经受了怎样的一场暴风骤雨，这就是一个将束缚自我的"旧东西"去掉的过程！只可惜我们的教师没有看到学生这个要求获得"新生"的热切期盼，没能帮助他实现"蜕壳"的美好愿望。

有一位哲人曾说："教育有开发和窒息人的双重功能。教师是园丁，也可能是刽子手！"过去我对这句话不以为然，今天我却有了真切的感受。面对那位有着强烈愿望要求获得"新生"的学生，面对学生合理的学习需求，我们的教师如果只是不加思索地用一个"不"字予以拒绝，试想我们是在充当园丁的角色还是在充当刽子手的角色？

当然，我们深信，每一位教师都不会有意充当刽子手。但我们也必须坚信，存在于个别学生身上的厌学情绪、不良行为绝对不是他们与生俱来的，也绝对不完全是他们自己的错。

曾有人说："教师，是一项高危职业。因为她不允许失败，只允许成功。"那么，我们的教师如何才能避免失败而走向成功呢？笔者的观点是：学会欣赏学生，善于激励学生。

欣赏学生，是教师从事教学的金钥匙，每一个学生都有不同的长处，那便是他成才的方向，成功的可能。教师要"目中有人"，争做伯乐。时刻牢记陶行知先生的告诫："你的教鞭下有瓦特，你的冷眼里有牛顿，你的讥笑中有爱迪生。"所以我们不应吝惜激励性评价语，如"你的回答太棒了！"你的想法太有创意了！""你还能做得更好！""其实你什么都能做好"等，要让学生感受到"老师在欣赏我""老师在期待我"。具体而言，教师应学会欣赏每一个学生，欣赏学生的每一个闪光点。在欣赏学生的过程中，使学生获得肯定，获得激励。在教学过程中，教师既要欣赏每一个学生的独特性、兴趣、爱好、专长，还要欣赏每一个学生在情感、态度、价值观等方面的积极表现，更要欣赏每一个学生所取得的哪怕是极其微小的进步。只有这样，才能实现新课程的目标——促进学生个性的张扬；才能使我们的教育充满无限生机；才能把教育逆境转为顺境，腐朽化为神奇；面向全体、全面发展、生动发展才能成为可能。

（本文是作者于 2003 年秋季学期撰写的一篇课例反思，此次结集略有删改）

让每一个学生都能感受到爱

前些日子，某职业技术学院的两位处长来我校江南校区开展招生宣传，其中一位说在高考补习班时曾与我同班。事隔多年，我早对她印象全无，但我还是热情地接待了她。接待她的原因，一是因为她是我同学，二是我的一份私心——我想让她关照一下她们学院的一位退休老教师，我的大学老师。

我那位大学老师姓覃，曾经被评为自治区优秀班主任。覃老师终身未娶，年过七旬依然坚强而快乐地一个人生活。他平时最大的乐趣就是与学生在一起，这么多年，专程去探望他或请几天假去陪伴他的学生从没中断过。我在南宁师范专科学校读书时，他只教过我"中学数学教学法"，在座的同行们都知道，在高师的课程中教学法应该不是热门课程，能把教学法教得让学生痴迷似乎也比较难，说实在的，当时覃老师在课堂上讲了些什么，我早已遗忘，但有两件事，却让我铭刻在心，并在这些年来，只要一有可能，就报之以感恩的行动。

第一件事大概发生在我们大学一年级下学期的时候，我们班阿端同学的生日快到了，当覃老师知道这件事后，他趁在南宁开会之机，特地在南宁买回一个大的生日蛋糕。当时从南宁到龙州还没有直达班车，得在崇左或凭祥中转，覃老师愣是提着蛋糕坐了一天车。他回到龙州的第二天是阿端的生日，覃老师特地做了一桌菜，请上我们几个要好的同学和我们的班主任，非常隆重地为阿端过生日。我被深深地打动了，事情已过去 30 年，但那一天的场景时常在我脑海里浮现，我一辈子也忘不了覃老师拿手的酸菜炒牛肉的滋味，以及当时我们师生聚在一起所拥有的快乐，更忘不了一个普通的任课教师对学生真挚的爱。

第二件事发生在毕业实习时。覃老师负责带我们到上林县澄泰中学实习 40 天。记得实习结束时恰逢元旦假期，在实习组指导教师的争取下，学校破例给我们放了几天假，允许我们在实习结束后回家过元旦。让我感动的是，覃老师是上林人，他居然因我与一位马山籍的同学没有同伴回家，用学校要求他在这次实习的过程中要对两个学生进行家访，了解家长们对学校培养人才的需求的借口，提出要送我俩回家。他先把我送回家，在我家住了一个晚上后，让我陪他一起送马山的同学回家。马山的同学家在山里，没有直通车，我们辗转跋涉，又走了几小时的山路，几乎用了一天的时间才到同学家。我同学的父母感动得无法用语言形容，用农村过年的礼遇招待了我们。贫困乡村恶劣、简陋的居住条件可想而知，当晚我和覃老师合睡一张床，当时，我躺在床上就想，真难为了躺在我身边的这位大学老师了，我被老师对学生真挚无私的爱感动着，也正是在浓浓的师爱和感动中我进入了梦乡。

回忆覃老师的往事，我是想请大家想一想，学生自进小学校门那天起，我们九年义务教育，尤其是近三年的初中教育究竟留给了学生什么？我们的学生又感受到了什么？这实质上是对教育本质的追问——什么是教育？对此，爱因斯坦曾做出意味深长的诠释：“把所学的东西都忘了，剩下的就是教育。”我们可以这样去理解他的话：当你把学校教给你的所有东西都忘掉之后，剩下来的就是教育。而我们恰恰是运用剩下的东西去思考，去战胜困难，去创造我们的幸福。知识忘记了，能力沉淀下来；灌输的忘记了，熏陶的沉淀下来。剩下的东西越多说明教育越有效果，什么也没剩下的教育就是无效的教育。

再过 20 天我们的学生即将走上社会或升入高一级学校，所以我对今天与大家交流的话题选择是慎重的。今天与大家交流的话题，说实在的至少花了我三周的时间，这一段时间我一度很痛苦，因为我在很长时间找不到一个让自己满意的交流主题，直到前天清晨，我偶然读到《人民教育》2012 年 9 月刊登的教育随笔《哪位教师对学生会没有期待，但如果——当期待遭遇冷落时》（作者：呼宝珍），终于灵光一现，我知道我该讲什么了。

曾有这样一个调查：有专家从某地区所有学校中随机抽 100 名教师，问：“你爱你的学生吗？”100％的教师回答：“爱！”然后，专家再向这 100 名教师所教的学生进行调查：“你们的老师爱你吗？”回答“爱”的学生仅占 11％。说实话，我是一个不多愁但善感的人，我时常会被一些教育现象所打动并陷入沉思。我不知道大家会不会也有这样的想法，我们的学生已在学校接受九年的义务教育，这九年应该是人的一生中忧虑最少、负担最轻、思想最纯洁的时期，这九年，也应该是天真无邪五彩缤纷快乐美好的金色时期。但如果我们去问我们的学生：“你觉得你的学习生活快乐吗？你喜欢学习吗？”得到的回答会是什么呢？也许是异口同声的“不快乐”“很讨厌”！当九年的教育时间带给人的是“很讨厌”“不快乐”的感觉时，我们的教育到底给了学生什么？如果九年的寒窗苦读仅是为了考取一所好的高中，那么，我们的教育是不是失去了应有的美丽? 如果是这样,那么当我们的学生把所学的东西都忘光时,剩下的恐怕只是一片空白。就像北京师范大学肖川教授在其著作《教育的理想与智慧》中提到的一位已上大学的女生回顾自己的读书生涯,觉得 12 年的寒窗苦读换来的除了一张大学通知书,似乎什么都没有——没有朋友,没有刻骨铭心的体验,没有美好的回忆,没有对生活的热情,没有稳定而深刻的兴趣与爱好。如果教育沦落至此,真是悲哀啊!

我真的希望所有的学生在把所学的东西都忘了之后,还剩下很多很多! 尤其是教师对学生的爱! 所以我今天与大家交流的主题便是——让每一个学生都能感受您的爱。

时间还有 20 天,再不去思考这个问题,或仍不能解惑,注定留给自己的只能是遗憾了! 下面我愿意与大家分享我的思考。

一、尊重是前提,让学生感受到教师的爱是豁达而宽厚的

苏联教育家马卡连柯曾用一句话概括了他的教育经验:"严格地要求和最大限度地尊重学生。"呼宝珍老师的《当期待遭遇冷落时》也给我相同的启迪。其实,身为教师无一不懂得教师尊重学生的重要性,但真正要做到这一点却不是一件容易的事,尤其是当教师的期待遭遇学生冷落时。教育教学中,教师时常是信心满满地走进教室,在神采飞扬地施教中兴高采烈地向学生提问,学生却以"不会"或磨蹭半天挤出一句"我不想回答"的冷漠回应。课后教师找当事学生交流,试图探求学生拒答的真正原因,学生的一句淡淡回话也许让教师更心寒:"我今天心情不好,所以不想回答您的任何问题,我有选择不回答的权利!"遇到这样的事,您会怎么想? 您会怎么做?

呼宝珍老师给我们以示范,她选择反思。她在反观自己的课堂教学时写道:"我的不放弃,我的'学生站起后必须豁然明了后才能坐下'的理念,也许本身就存在问题。从技术上讲,我因个别学生的不配合而影响了大多数,直接导致了这堂课的失败,浪费了多数孩子的时间。但一定还有更深一层的问题! 作为教师,我的天职就是要教会我的学生,从我这边想,这似乎没有错,但学生作为学习的主体,他们才是真正决定自己要不要学、怎么学、用什么时间学的人,他们当然有选择'不回答教师问题'的权利! 而我的'不放弃'也许恰恰就剥夺了学生的这种选择权! 当我没有尊重学生的主体权时,学生当然也会不尊重我。但如果尊重了学生的权利,那他们不学习该怎么办? 随着学生们一天天地长大,从小学到中学,他们越来越懂得道理,越来越知道对自己负

责，我们不能总把他们当成无知的小孩儿，我们越是尊重他们，给他们应有的权利，那他们对自己的责任感或许也就越强。教师更多地应该是唤起学生对自身的责任，而不是机械地把自己的期待强加给学生，让学生按自己的意志去做。所以说，教师的爱应该是豁达而厚重的，当我们的爱遭受抗拒和误解的时候，教师应该有一种宽广的胸襟，要能忍受这种抗拒和误解，用理智去反思、去化解，而反思时一定要站在学生的角度，因为我们毕竟是长者，是教师。"

二、信任是基础，让学生感受到教师的爱是真挚而无私的

我们要相信，每个学生都有要求进步的愿望，每个学生都有丰富的潜能，都能更好地学习和发展。教育的艺术就在于，教师要鼓励、激发学生创造的潜能，让他们充分享受到成长的快乐。尤其要注意的是，教师必须平等关爱每一位学生。"公平、公正"被学生视为教师最重要的品质，每一个学生都渴望受到教师的重视，听到教师的教诲，得到教师的欣赏。根据多元智能理论，每位学生都有能力超强的一面，都有闪光的地方。教师不应仅仅以某一方面的能力，特别是不能仅仅以文化成绩，尤其是一次文化考试的成绩来衡量学生，而要全面地看待学生，给每个人充分发展的机会，使每一个学生都能在教育中受益，都能不断完善人格。教师公平、公正地对待学生，是学生信赖教师的基础，也是我们实施教育的前提。我们要让学生感受到教师的爱是真挚而无私的。

亲其师才能信其道。批评教育学生时，教师切不可不讲方法，更不能用"严师出高徒"的方法去教育学生，那样会让学生产生抵触情绪和怨恨心理。要知道，现在的学生大多数是独生子女，他们具有强烈的自我意识和很强的自尊心，他们对他人的态度、情感都很在乎，甚至很敏感，所以很难理解教师对其严格要求的良苦用心。因此，教师在批评教育学生时，不能仅仅从动机、愿望出发，还应当考虑其心理、性格特点，应采取"曲径通幽"的温和方式，让学生在感受到教师的爱的同时，主动认识并改正错误。因为，学生感受到了教师的爱，他们就会发自内心地觉得教师的可亲可敬，师生间自然就容易擦出理解和信任的火花，教师的话就很容易被学生接受，批评教育的效果不言而喻。

需要特别注意的是，初三学生正处于青春萌动期。处在青春萌动期的学生特别渴求信任、尊重，易产生逆反心理，感情脆弱而带冲动性，若教育者以居高临下绝对权威的面貌出现，则会挫伤学生的自尊心，造成师生间的对立，而且，每个具有青春萌动反应的学生的背景、形式又不尽相同，或有心或无意，

或主动或被动，如果眉毛胡子一把抓，一概定性为"早恋"，甚至向家长告状，公开他们的隐私，则会产生恶劣的教育负效应。学校可以利用橱窗、报廊、校园网、家长会，指导青春迷途学生安全度过青春萌动期，避免同龄人间不科学、不正确的性知识传递。美国心理学家班尼认为："如果一个集体的气氛是友好的，相互理解、相互支持的，那么集体对于动机、工作表现和成就的影响就会是积极的。"所以营造一个积极向上的班集体对转化青春迷途等"问题学生"具有无法估量的积极意义。同龄人之间正面宣传引导的效果往往比一般教师直接捅破一对青春迷途学生间神秘面纱的思想政治工作更有效，其关键是指导培养其同龄人的骨干，发挥其正确的引领作用，以产生"同龄共振效应"。

三、沟通是桥梁，让学生感受到教师的爱是细腻而博大的

教育家布尔贝说过："具有教育效果的不是教育的意图，而是师生间的相互接触。"这说明，师生间没有一定的关系，也就不会有什么教育。只有民主、平等、和谐的师生关系，才能取得好的教育效果。教师只有用正确的方式和学生沟通、表达情感、体现关怀，让学生真切感受到教师的爱，学生才会反过来爱教师，这样师生关系才会融洽，才能使教师的教育、启示、诱导具有人格的号召力，学生会自觉地认同教师的要求，并转化为自己前进的动力，做出令教师满意的行动。

作为教师，我们要善于以沟通为桥梁，建设良好的师生关系。沟通，并不是一定要坐下来漫谈闲聊半天才谓之沟通，其实教师在上课时的一个眼神、一个微笑、一次轻轻的点头或一个赞许的手势都是师生间的沟通方式。平时遇到学生向你问好时，不妨亲切地向他点头微笑，关切地叫学生的名字，嘘寒问暖。上课或课间多观察学生，发现异常，及时关心。如果课堂上发现学生表情异常，教师应该满怀爱怜地走过去，摸摸他的额头，问他哪儿不舒服，是不是肚子疼、头痛，要不要上厕所、喝点水或联系家长等。关切地为他涂点祛风油，倒杯温开水，让学生感受到教师如慈母般的关怀。学生考试成绩退步了，也不要急于批评他，要关心他有什么听不懂的，学习上有什么困难，用实际行动关心、帮助他。这样学生才会觉得教师平易近人、和蔼可亲，愿意亲近教师、相信教师。如果教师对学生面无表情、爱理不理，久而久之，学生都懒得跟教师打招呼，甚至装作看不见而绕道走开。

作为教师我们切记，不要等学生发生问题才把他抓来"训话"，这样已经是"亡羊补牢"。教师可以利用一切机会，在平时多跟学生拉家常，多与学生

沟通交流，这样，既能及时发现问题，疏导学生，又能了解学生的情况，因材施教。交流时要以平等为原则，待生如友，学生才乐于向你倾诉。有经验的教师下课了，从不急于走回办公室，而是站在教室前的走廊上，跟学生谈天说地，这样既给学生提供了接近教师的机会，又能及时了解学生的想法，做好教学反馈。师生关系密切了，学生对教师没有陌生感，才会对教师说心里话。

对于初三的学生，我们教师特别要善于抓住机会在学科学习的辅导中与学生沟通交流，给优秀学生以点拨和鼓励，给学习暂时落后的学生以帮助和信心。教师应在学生学习有困难时当耐心的指导者，在学生学习取得成绩时当其真诚的分享者，让学生感受到教师的爱是细腻而博大的。

四、激励是手段，让学生感受到教师的爱是热情而智慧的

教师不能对学生说消极的话，而应不断地用爱心、细心、耐心去发现学生身上的闪光点，用各种机会表达、流露自己对每一个学生的信任和期待，用爱去激励和发掘学生的潜能，让学生知道教师"望生成龙""盼生成凤"。

激励是手段，面对各式各样的教育对象和问题，教师不仅要保持恒久的热情，更要学习掌握教育的智慧。比如，在课堂上，有学生在教师的再三启发下仍回答不出问题时，我们可选择给孩子温暖的感受："你先坐下想想吧，老师知道你肯定能想出来"，或是"你先坐下听听别人是怎么说的，看看别人的想法会不会对你有启发"。学生屡犯错误教师感到头痛是可以理解的，但我们能做的还是要想办法去点拨他、引导他。我们可以这样对他说："老师知道你会改正的，只是你改得太慢了，老师希望你改得快一点。"有经验的教师经常会借助批改作业或批阅周记时用笔与学生进行交流，给学生以激励；或是用主题班会或富有教育意义的活动来凝聚人心，培育积极向上的班集体，等等。

苏霍姆林斯基在《给教师的建议》一书中写道："爱学生，这是一个教师最重要的品质。"笔者以为，成功的教育一定是爱的教育，深受学生爱戴的教师也必定是能够让学生切身感受到爱的教师。因此，教师不仅要爱学生，而且还要让学生切身感受到教师的爱。这样，学生才会接纳教师，才会接受教师的教育行为。换句话说，"仅有爱还不够，还必须善于爱"。

唯有教师善于爱，学生方能真正感受教师的爱。最后，我想以清华大学顾秉林校长赠给毕业生的一段话来结束："未来的世界是，方向比努力重要，能

力比知识重要，健康比成绩重要，生活比文凭重要，情商比智商重要！"

（2012 年 6 月，作者参加了南宁市江南区、经济开发区与南宁沛鸿民族中学城乡初中共同体初三毕业班班主任工作经验交流会。本文是会议的发言稿，此次结集略有删改）

"妈妈真后悔给你借课本"

近日清晨上班的路上，一位同事很感慨地跟我说了一件事，她女儿今年上初一，在我市一所名校就读，作为实验学校从初一年级开设"科学"课程，因为没有合适的教材，学校就选用现行义务教育课程标准实验教科书《物理》作为教师教学指导用书（学生没有），因为这位同事本身就是一名高中物理教师，所以在她女儿刚开始接触物理的一段时间里，她有意识地与女儿交流学习物理的情况，一来欲与女儿沟通以展自己专业优势尽母亲引导职责；二来也想打消自己的一个疑惑——物理课能否提前学。毕竟长期以来，我国的中学生一直是从初中二年级才开始接触物理，现在女儿刚入中学校门就学习物理，行吗？令我的这位同事大吃一惊的是女儿对物理表现出很高的学习热情，上课认真做笔记，并积极思考教师提出的每一个问题，有不懂的还和同学一起把"研究"延伸至图书馆和网络，有时还提出自己的问题"为难"一下母亲。不知是女儿提出要求还是做母亲的想进一步关心一下孩子，反正有一天我的这位同事利用"职务之便"给女儿找了一本初中二年级《物理》课本，可谁也没想到的是，在最近的一次对孩子学习情况例行检查中，我的这位同事发现，女儿的物理学习笔记本仍然记载着孩子开学第一个月学习的情况，此后再没有新的内容，尤其是以前在图书馆和网络上查询的资料摘抄也已是一个多月没做了，更可怕的是，当问孩子"上课老师都提出了哪些问题？你弄懂了吗？"时，孩子的问答竟是这样的四个字——全在书上。这样的回答意味着什么？那就是本该是孩子自己独立思考探寻答案的过程已被孩子在课堂上翻看课本查找答案所取代。说到这里，我的这位同事很感慨地长叹一声："唉！我真后悔给她借课本。"

母亲的话是令人回味的，难道我们的孩子不该有课本吗？我们的教师又应以怎样的态度来对待课本？我陷入苦苦的思索之中。

首先，我想到了最近我校请华东师范大学应俊峰教授给我们学校全体教师做报告举的一个生动案例：他们一行六人出访澳大利亚，有一天，他们通过在境外留学的一个学生找来了六辆自行车，在悉尼城很痛快地转了一天。事后澳大利亚接待方的专家问应教授，是不是你们中国学校开设有自行车课程，否则你们每个人的自行车骑术怎么会如此之高？应教授的回答很高明。他说我们虽没有开设自行车课程，但我们每所学校都设有关于自行车"做中学"的项目（注："做中学"是当今世界强调以学生亲自动手的方式开展科学教育形成的一种潮流）。应教授为什么不愿迎合对方说我们的学校开设有自行车课程呢？因为他很清楚我国的国情。他说如果我们的中小学开设有自行车课程，那么中小学必人手一册教材，且教材会这样编写："前言；第一章，自行车的起源；第二章，自行车的结构；第三章，自行车的运动原理；第四章，自行车骑术（很有可能含分解动作要领及分步训练方法等）；第五章，自行车故障排除；后记。"大家试想一下，在教室里接受这样的课程与学生会骑自行车有多大的关系？全中国人民又有谁是在这样的课程之下学会骑自行车的？再说这样的课程，什么人应该学？事实上，在我们国家课程要么不开，要开就一定是把学生培养成这一方面的尖端人才，至少是专门人才。如果每一门课程都以达到这样的目的来编教材、配教材，学生的负担就可想而知了，学生的学习产生畏难情绪也就顺理成章了。

其次，我想到了在网上看到的一篇文章《一个教育局长的听课手记》。我非常同意这位局长对教材的认识。教材只是实现课程标准的一个载体，教材中的习题只是实现课程标准的例子，教材中所提出的问题也只是编者的一种思考；教学只是用教材，而不是教教材；教学旨在促进每一个学生发展，而不在于让每一个学生的心智水准与教材同步。因此，我们的教师应根据维果茨基的最近发展区理论，让学生在尽最大学力能够达到的区域内学习。如果超出最近发展区，教师应该进行适当的引导与调整。学生能够选择的事，教师绝不越俎代庖；学生选择不当的事，教师应加以引导；学生不会选择的事，教师应给予启发与建议。试想若能据此组织教学，我们学生的学习主动性和积极性又怎会逐渐消失呢？

（本文原发表于《广西教育》2006年第35期，此次结集略有删改）

追问《跨越百年的美丽》

——听 EEPO 有效教育项目小学语文展示课有感

2012 年 5 月 23 日上午,我应邀到南宁市某区政府礼堂观摩南宁市某区第三期 EEPO(全称为 Effective Education in Participatory Organizations,通过组织和参与实现有效教育)有效教育展示。此次展示活动由南宁市某小学承办,整个活动集中展示了该小学开展 EEPO 有效教育的总体情况,以 EEPO 校园情景剧开始,接着以"要素组合方式"① 课型展示一节语文课《跨越百年的美丽》和一节校本课程腰鼓课《花样——马步射燕步》。最后以师生共同展示快板《收获 EEPO 的喜悦》、合唱该小学校歌《太阳的孩子》把整个活动推向高潮。整个活动可谓设计用心,环环相扣,如行云流水,一气呵成。

我对 EEPO 项目早有所闻,然而一直无缘结识。今静心观摩半日,颇有很多感悟。

因十多年前曾在南宁市某知名小学任职,且为了体验小学教学,还兼任小学五年级数学课近一年。事隔十多年,重新坐在小学课堂,比他人多了几分亲切和遐想。我是一个情绪容易激动的人,尤其在课堂上,真的,一边听课,我一边被语文课上孩子们可爱的表现、稚嫩的合作、无忌的表达、阳光的跑跳、快乐的表情所感动。尤其当 EEPO 有效教育训练营的听课教师在课间展示他们团队评课成果时,更让我激动不已!听课的教师们以项目性评价、单要素评价和经典性评价展示了他们对课的理解及课堂上师生表现的感受,可谓既有教育教学理论概述,更有课堂教学实践体会分享。从教学是否具有"知识性、个性、创造性",到学生"互动、主动、能动"表现是否到位;从课堂教学"防空讲、防泡沫、防花架子、防形式单一、防以学生为敌"的"五防"突破技巧分析,到对课堂教学在"关键项、七个要素(看、听、讲、想、做、动、静)

---

① 据了解,"要素组合方式"是 EEPO 有效教育的一种课型,其推广的课型还有三种,即平台互动方式、哲学方式和三元方式。要素组合方式课型强调课堂上学生的"看、听、讲、想、做、动、静"七要素。

使用情况、主动性、强化次数、流程性检测"是否落到实处；一招一式，有板有眼，着实令人叹服。

课间我当即与南宁市教科所邓雅学所长谈了我的感想，他说这是他第三次观摩 EEPO 有效教育项目活动，这个项目有一套有效的训练方式，这些都是训练的结果，EEPO 有效教育项目不仅对教师如何上课有具体的程式要求，对教师如何评课也有具体的程式规定。经所长这么一点拨，感觉还真的是那么回事。回想刚才听课，上课的教师不断地在教学环节活动前、活动中提醒学生注意时间。比如，在语文课《跨越百年的美丽》进行到"合作交流、主题升华"阶段，教师给学生启发说："居里夫人的美给了我们什么启迪？你眼中的美又是怎样的？先想一想，再以六人单元组合作学习，并把讨论的结果记录下来，时间 6 分钟。"当时我就想，难道合作小组里还要指派一名同学控制时间不成？结果是时间一到，教师便用一句话"在鼓舞中创造奇迹"[①] 来提醒学生讨论该结束了，然后一边鼓掌一边和停下来的学生不断地重复这句话以警示其他同学，直至所有学生回到原位，注意力全部集中（几十双眼睛齐刷刷地）看着教师。我很钦佩上课的教师对教学进程时间的控制（好像不是把握），因为教师是伴随着下课铃声而完成了全部教学设计同时宣布下课的。说实在的，我当教师 27 年，没有几节课能这么着，我真达不到这个"高度"……

刹那间，一个疑问闪现在我的脑海，这是我们需要的课堂吗？这是一节"要素组合方式"课型，本节课试图想抓住"看、听、讲、想、做、动、静"七要素，让学生都有所为，但在我看来，我们看到的是学生在课堂的一切都是被看、被听、被讲、被想、被做、被动、被静。当时我就联想到了曾经读过的一篇文章《让课堂焕发生命活力》，在这篇文章中，华东师范大学终身教授叶澜老师写了一句话："'死的'教案成了'看不见的手'支配、牵动着'活的'教师与学生，让他们围绕着它转；课堂成了'教案剧'出演的'舞台'，教师是主角，好的学生是配角中的'主角'，大多数学生只是不起眼的'群众演

---

① 据该校校长介绍，此句口号是他们学校的校训，听了介绍，我便感觉校训的构思确实巧妙，巧就巧在把学校的办学特色（鼓）巧妙地纳入其中，而且还那么鼓舞人，真是一举两得。不过，我的直觉又告诉我，这校训有点"急"，但在这节课上用在这里倒恰用在"急"处。听课回来我就一直在想，这校训前面应该还有一句，为"创造奇迹"铺垫一下，想了很久，也没有一句比"在翱翔中经历风雨"更满意的了，记录于此，仅当是对应邀听课者的一份回报吧！

员'，很多情况下只是'观众'与'听众'。"也许拿这话来评价这节课是不公平的，真得过了，但至少是我当时想表达的。当然，现在回想起当时听课的过程，也有一个学生的主动表现让我感到温暖，那就是一个小女孩被教师要求站起来朗读课本中的一小段"她从一个漂亮的小姑娘，一个端庄坚毅的女学者，变成科学教科书里的新名词"放射线"，变成物理学的一个新计量单位"居里"，变成一条条科学定理，她变成了科学史上一块永远的里程碑"时，她站起来大胆地向教师提出了自己的要求，她想请她的两位好朋友一起朗读，教师欣然应允，听得出，孩子们读得很大声、特甜美。听得出，孩子们的声音是从心底里自然流淌出来的，这便是主动学习的魅力。听课后我也一直在想，我们为什么自始至终没有听到我们的学生提出一个问题或疑问呢？是学生没有疑问，还是学生没有时间去疑问呢？抑或是教师压根就没有给孩子们提出疑问的机会或意识呢？至少在现场时我与同学们一起读完课文便产生了一个疑问，我们现在都知道镭是放射性元素，而放射性元素对人体是有辐射的，为什么居里夫妇不惧怕呢？让我们一起来看看居里夫妇是怎么提炼镭元素的。"他们在院子里支起了一口大锅，一锅一锅地进行冶炼。然后再送到化验室溶解、沉淀、分析。而所谓化验室是一个废弃的、曾停放解剖用尸体的破棚子……"难道居里夫妇不知道危险吗？他们知道，事实也说明了这一切，只要我们引导学生去读课文，学生一定能从课文中找到答案："皮埃尔·居里不幸早逝……玛丽·居里 67 岁也离开了人世……"如果有学生对此产生疑问，我们不仅可以渗透科普知识、安全教育，更能让大家体会到正是因为科学家这种献身科学的牺牲精神，对科学研究的执着和刚毅，让居里夫人的美丽跨越了百年。就像化学的置换反应一样，她的青春美丽已换位到了科学教科书里，换位到了人类文化的史册里……这便是我对《跨越百年的美丽》的一个追问，可惜我们的教师只关注到居里夫人的**外在美**，及部分**内在美**——**执着、贡献、淡泊名利**（注：加粗字，另加标题为教师本节课仅有的板书）。

为什么我们的教师不去引导学生慢慢品读课文"关于放射性的发现，居里夫人并不是第一人，但她是关键的一人。在她之前，1896 年 1 月，德国科学家伦琴发现了 X 光，这是人工放射性；1896 年 5 月，法国科学家贝克勒尔发现铀盐可以使胶片感光，这是天然放射性。这都还是偶然的发现，居里夫人却立即提出了新问题，其他物质有没有放射性？物质世界里是不是还有另一块全新的领域？别人在海滩上捡到一块贝壳，她却要研究一下这贝壳是怎样生、怎样长、怎样冲到海滩上来的。别人摸瓜她寻藤，别人摘叶她问根。是她提出了放射性这个词"？我相信只要我们的教师去做，那么我们一定能从孩子的朗读中体会出"提问""质疑"对一个学生的成长及对一个民族实现伟大复兴的意义，这也同样是我对《跨越百年的美丽》的追问……

如此追问，还有且绝不是吹毛求疵。虽然我不懂得 EEPO 有效教育项目的内涵，作为一名数学教师也不敢妄加评价此次活动语文展示课教学设计的优劣，但是关于教学设计与上课的关系，我真的希望我们一线的教师能看到德国教育家克拉夫斯基关于教学计划与教学论的论述："衡量一个教学计划是否具有教学论质量的标准，不是看到实际进行的教学是否能够尽可能与计划一致，而是看这个计划是否能使教师在教学中采取教学论上可以论证的、灵活的行动，使学生创造性地进行学习，借以为发展他们的自觉能力做出贡献——即使是有限贡献。"所以，一个真正把人的发展放在关注中心的教学设计，会为师生教学过程创造性的发挥提供时空余地，会关注学生的个体差异（不仅是认知的），并为每个学生提供主动积极活动的保证，会促使课堂中多向、多种类型信息交流的产生和对及时反馈提出要求，使教学设计脱掉僵硬的外衣显露出生机。

追求心灵感动　引导向上向善

——谈班主任如何上好主题班会课

为了组织并指导我校开展的主题班会课展示及课例评比，最近我有意识地查阅了一些有关主题班会课的资料，尤其对《班主任》杂志从 2010 年第 1 期开始连续六期刊登的上海市晋元高级中学丁如许老师撰写的"打造魅力班会课"系列文章进行了研究。丁老师对如何巧借八方力上好班会课，如何让每个学生都能积极参加班会课，如何精心选择班会课的题材，如何增强班会课的知识性，如何探寻班会课的新形式及如何从研究班会课的结构来提高课的质量等问题的剖析陈述非常到位，具有很强的操作性和指导性。我认为这些文章值得我们中小学一线每一位班主任认真地学习……然而本人在学习之余也陷入了深深的思考，主题班会课能担负起那么多的责任和功能吗？每一节主题班会课是不是都要像我们的文化课一样追求一个完整的知识体系和结构呢？我们组织的主题班会课最根本的目标是什么？

多年前曾经参加的一次清明节组织学生祭奠烈士的活动在我脑海中浮现。

那次活动议程共七项：主持人宣布祭奠活动开始并介绍参加活动的有关领导；全体师生肃立并向烈士默哀三分钟；学生代表发言；教师代表发言；带队学校领导讲话；全体师生围烈士墓绕行一圈并献上自己制作的小白花；主持人总结活动情况并宣布活动结束。初看整个活动似乎安排有序、滴水不漏，而问题恰恰也就出在这里。我在参加活动的过程中注意到在活动开始时学生是非常投入的，尤其是当哀乐响起，师生默哀时人人表情肃穆，学生代表的讲话更是把大家对烈士的崇敬之情激发到最高点，可接下来的教师代表发言，尤其是当带队校领导长篇讲话时，学生心中原本产生的那么一点点心灵感动就荡然无存了。向烈士墓献小白花时开始有学生在绕行中嬉闹，主持人在活动总结时又免不了对此进行批评。活动的最后当然是不欢而散、无功而返。如果我们在活动中少一点说教，多一点体验，始终把学生能否受到心灵的震撼放在首位，那么我们就不会安排那么多人去讲话，就没有必要去赋予活动那么多责任和功能。祭奠烈士活动我认为目的只有一个，那就是向崇敬的烈士表达我们的哀思。类似的活动每年都开展，学生该了解的都已了解了，所以每年我们学校团委组织学生代表去祭奠烈士，我只要求参加活动的师生做到三点：第一，手捧花圈（或拿小白花）列队，集体步行往返（注：南宁沛鸿民族中学桃源校区离烈士碑较近）；第二，在烈士墓前肃立，并在哀乐伴奏下向烈士默哀三分钟；第三，围绕烈士墓缓行一圈并献上自己制作的小白花。剩下时间则任由师生自己去遐想、去反思。我的目的就是尽量不要打扰师生们，让他们在活动中产生的感动能在心中留久些、再久些……

　　一位编辑在编辑出版《我所理解的教育》一书时曾向教育界人士征集自己对教育的理解。当她询问我时，我稍作思考便对她说："我理解的教育就是——感动即教育。"什么意思呢？我想表达的意思是，当我们真正走进学生的心灵，我们的言行让学生的心灵受到震撼，产生感动和共鸣时，学生才真正接受了我们的教育。苏霍姆林斯基曾说："在每个孩子心中最隐秘的一角，都有一根独特的琴弦，拨动它就会发出特有的音响，要使孩子的心同我们讲的话发生共鸣，我们自身就需要同孩子的心弦对准音调。"所以，我认为我们组织的主题班会课最根本的目的就是和每一个孩子的心弦都对准音调，师生齐心演奏心灵中最华美的乐章，去追求心灵的感动。

　　那么，如何才能让学生产生心灵感动呢？或者说我们的主题班会课应如何进行呢？我认为紧紧围绕以下两点即可，无须赋予主题班会课太多的功能、太沉重的负担。

一、引导学生向上，激励学生健康成长

引导学生向上就是要引导学生向自己身边优秀的人、这个时代优秀的人学习，从古今中外感人的事迹中汲取健康成长的营养，奋发向上。所以，我们组织的主题班会课可以把我们学生身边的优秀教师、优秀学生、优秀家长及社会上的成功人士、模范人物请到学校现身说教，用榜样去激励学生。同时，我们更应用从杂志里、报纸上、电视中获知的一些感人事迹、成功故事及社会生活中发生的、能引起学生共鸣的、积极向上的人和事去激励学生认真学习，不断掌握科学本领，立志将来为祖国、为人类多做贡献。

图7　出访美国

二、引导学生向善，教会学生感恩做人

最近，我在网上看到北京新东方教育科技集团董事长俞敏洪在北京大学的一篇演讲稿。俞敏洪在演讲中说，只要有两样东西在心中，我们就能成就自己的人生。第一样叫作理想。我相信大家都会同意这个观点，只要你心中有理想，有志向，并不断付出努力，你终将走向成功。第二样东西叫良心。何谓良心？俞敏洪说就是要做好事，要做对得起自己、对得起别人的事情，要有和别人分享的姿态，要有愿意为别人服务的精神。俞老师这里所说的良心实际上就是我要强调的向善。引导学生向善就是要教会学生知恩、感恩、报恩。我们既要善于从学生的具体生活中去指导学生向善，更应从组织的主题班会活动中去引导学生向善。例如，李镇西老师针对学生"如何与爸爸妈妈相处""如何才

是真正孝敬父母"的困惑，同时针对家长"如何让孩子真正懂事""如何让孩子理解并体谅父母"的疑惑，选择了"要爱你的妈妈"这一感恩题材作为班会的主题。他让学生讲父母的生日，讲自己名字中凝结的父母的期望；他引用古今中外孝敬父母的美德故事，从家长信件中挑选学生孝敬父母的闪光点予以表扬；他还"响鼓敲重锤"地指出部分学生身上存在的不足，给学生心灵以足够的震撼，直到学生泪流满面……知恩是感恩的基础，感恩是知恩的升华，报恩是感恩的必然选择。学生懂知恩、会感恩都是需要我们师长加以引导和培养的。我们就是要引导学生懂得感谢父母给了我们生命，感谢老师给了我们教益，感谢朋友给了我们欢乐，感谢从古到今为人类幸福做出贡献的人们……要教育我们的学生明白，不要认为我们得到的一切都是天经地义的，因为如果没有他人的付出和贡献，我们将一无所有，我们的生活将会失去意义。

华东师范大学陈玉坤教授曾说过："改变一所学校首先要改变一所学校的校园精神。改变一位教师首先要改变教师的价值追求，改变一名学生首先要改变学生的人生目标。"试想，如果我们的每一次主题班会都能以追求学生心灵的感动为目标，积极引导每一位学生向上、向善，那么何愁我们的学生不能健康成长、成人并走向成功呢？

我们要相信，感动的瞬间是教育最精彩的瞬间，而激励人向上、向善的瞬间真的能改变人的一生，创造历史，凝聚永恒……

（本文原发表于《广西教育》2011年第2期，此次结集略有删改）

跨省德育研讨创新　大连廿高教师真行
——在辽宁省大连市第二十高级中学德育研讨会上的讲话

尊敬的大连市第二十高级中学的张启超校长、各位老师们：

大家好！

非常荣幸能有机会那么真切地聆听大连市第二十高级中学教师们宝贵的工作经验，首先请允许我代表南宁沛鸿民族中学的教师们感谢大连市第二十高级中学的领导和教师们不远万里来到广西、来到南宁、来到我们学校传经送宝。

刚才听了四位班主任代表的报告及几位教师对他们发言的点评，说实在的，收获颇丰，感慨良多。因前面我已代表学校向各位介绍了我校的基本情况，我以为没有再讲话的可能，所以我一直在轻松地聆听着、享受着……我今天的心态应该说是非常端正，那就是学习，虚心地向来自东部发达省份、改革开放的前沿城市的同行们学习。但罗晶副校长刚才说请我在张启超校长总结讲话后做最后的总评，我一下子从无比享受的轻松中转入高度紧张的思考之中，虽恭敬不如从命，我不能不说上几句，但又能说什么呢？怎么说呢？

刚才在听报告中，我无意想到了苏联教育家苏霍姆林斯基说过的一句话："在每个孩子心中最隐秘的一角，都有一根独特的琴弦，拨动它就会发出特有的音响，要使孩子的心同我们讲的话发生共鸣，我们自身就需要同孩子的心弦对准音调。"从老师们刚才陈述的报告中我似乎感觉到我们大连市第二十高级中学的老师们同孩子的心弦对准音调了，并且已发出特有的美妙音响。

我曾对我校的教师们说过：刚上中学的学生年龄都在十二三岁左右，他们的性格各异，或沉静，或调皮。在学习上或积极乐观，或消沉慵懒。对于学业遇到困难的学生，要爱得细腻和真挚，发现他们的症结，真心帮助他们，对于特殊需要帮助的问题学生，更要爱得深沉和宽厚，调出他们的优点心弦，鼓励他们勇敢、自信地走向未来。

无论是教师还是家长，我一直以为我们必须要知道孩子心中那一根独特的琴弦并努力与孩子的心弦对准音调。只有这样，我们才有可能与他们一同奏出世上最美的旋律。

受第二十高级中学李玲玲老师发言风格①的启发，今天我也想用几个关键字来谈谈聆听大家半天报告的心得体会。具体地说就是用六个关键字来概括：信、心、行、省、欣、幸。

第一个字是"信"：相信、信念。

教育心理学的一个重要理念就是无限相信教师和学生的潜能，促进学生充分发挥挖掘自己的潜在能力。中国教育学会副会长朱永新教授在一次关于克服教师职业倦怠演讲中说："在经历重重困难之后，成为一个愤世嫉俗者，是很

---

① 大连市第二十高级中学李玲玲老师的发言题目是《Li 的道理，爱的艺术》，内容主要围绕六个声韵母相同的关键字展开。①立：确立目标；②例：学生自拟班规、条例；③力：自我管理体系有力；④理：理性竞赛促进自我管理；⑤厉：要求学生严厉；⑥励：鼓励、鼓舞。

容易的；要成为一个仍然心怀梦想、怀着根本信念的人，则是艰难的。"罗曼·罗兰说："我看透了这个世界，但我仍然热爱它。"这正是教师应该具有的智慧与勇气。一个真正的教师，应该让学生，也让自己，在跨越重重困难以及怀疑之后，仍然能够建立起对于世界、对于人类、对于自我、对于存在的根本信任乃至于信念。这种信任、信念乃至于信仰，是成为一名教师的基石。最近，我校正在申报南宁市新教育实验的样本学校，在材料准备的过程中，我被新教育人的两句流行语深深地打动了。他们说："相信种子、相信岁月。"是的，种子意味着希望和愿景，岁月就意味着坚持，新教育表达对我们世界、对我们生命、对我们教育根本的信任，对我们职业最终的认同，我们要相信自己从事这个事业最终会发展，我们更要相信只要是心智健全的学生，只要我们施以正确的教育方法，教师爱的种子，就一定会在学生心中生根、发芽、开花、结果。只有这样我们才能从容应对。

第二个字是"心"：爱心、用心。

心灵的"心"。爱心献给教育，用心当好教师。

在夏丏尊先生翻译的《爱的教育》的译者序言里，夏先生把办学校比作挖池塘。他说，我国办学校以来，老在制度上、方法上变来变去，好像挖池塘，有人说方的好，有人说圆的好，不断地改来改去，而池塘要成为池塘必须有水，这个关键问题反而没有人注意。他认为办好学校的关键是必须有感情，必须有爱；而当时的学校所短缺的正是感情和爱，因此都成了没有水的池塘，任凭是方的还是圆的，总免不了空虚之感。为此，我们可以说，教育没有情感，没有爱，如同池塘没有水一样。没有水就不能称其为池塘。没有情感，没有爱，也就没有教育。我们有很多教师日复一日、年复一年地在教，但是他从没有在教的过程中找到乐趣，心中也没有涌起一种爱的热情。这样的教师永远不可能获得教育上的成功，永远不可能把握教育的真谛。

生命的目的在于挖掘你生命中的内在魅力，而我们的生活乃至生存和发展的基本的东西是他的职业。你是厌倦它还是喜欢它，对整个心理的发展，对你的幸福感、成就感的获得，都是至关重要的。你不爱教师这个职业，你就不能从教师这个职业中获得乐趣。我曾对我的同事说过："在你还没有找到比教师更好的职业之前，首先学会喜欢它。"教师工作确实是烦心和艰苦的事，每天会遇到各种各样的问题和困境，但是快乐也正是在烦恼之中，你仔细去挖掘教师这个职业，就会发现它实在是美，可以说，世界上没有比教师职业更美的职业。

教师要善于发现教育的乐趣，因为我们每天拥抱的是一个新的太阳，我们每天面对着的都是一些个性迥异的孩子，都是一个个前程不可限量的个体。他们当中可能会有今后的政治领袖，可能会有今后的诺贝尔奖获得者，可能会有各种各样的可能。只要你精心地去照料他们、哺育他们，只要你帮助他们去找回自己的自信，只要你帮助他们去挖掘他们身上的潜力，他们的能量是不可限量的，是会远远超出你想象的。一分耕耘会给你若干倍的回报。

教师是一个能够把人的创造力、想象力和全部能量、智慧发挥到极限的，永远没有止境的事业。这还不值得去爱吗？未来的教育家应该投入全身心的力量去爱学生、爱教育。只有爱，才能赢得爱。你爱教育事业，教育事业也会爱你，你才能获得事业上的乐趣。你爱学生，学生也才会爱你，也才会让你在和他们的交往中忘记了外面的世界，忘记生活的烦恼。是的，教师职业可能永远达不到职业排名榜的最前列，但是我相信，一个优秀的教师，一定会在自己的内心把它排在最前列！所以我觉得，教师应该努力挖掘教师职业的内在美，坚持自己所从事的是一个影响人的一生，并值得为之奋斗一生的事业，这样你才会爱它，才会全身心投入。

第三个字是"行"：行动、试行。

我很欣赏中国教育学会副会长朱永新教授倡导的新教育 LOGO（徽标）的一句话："行动就是收获，坚持就有奇迹。"我非常认同强调教师应把根深深扎在教学，把根深深扎在孩子心里，用行动去改变。教师应勇于去做擦星一族，因为星星太脏了，没有人敢擦星星，我们去把星星擦干净，尽管有点不自量力，但只要我们去做一定会有改变，同样我们也可以改变世界。刚才贵校张启超校长的一句话："'为什么我的眼里常含泪水，因为我对这土地爱得深沉。'同志们，跟我出发！"张校长的话，我的理解便是行动的号角。而曹剑秋老师为了让她所带的班级中 54 名学生都能演好自己的角色，她竟然为学生量身打造设置了 87 个岗位①。听了她的介绍，我们终于明白了她今天的收获缘于她昨

---

① 曹剑秋老师为其学生设置的 87 个岗位分别是：①班委会成员 10 名：男女班长各 1 名；男女生活委员各 1 名；男女体育委员各 1 名；男女学习委员各 1 名；男女文艺委员各 1 名。②团支部成员 10 名：团支书 1 名；组织委员 1 名，下属领导成员 2 名；宣传委员 1 名，下属领导成员 5 名。③课代表 19 名：语数课代表各 3 名；英语及理化生课代表各 2 名；史地政及音乐美术课代表各 1 名。④其他岗位 48 名：资金管理委员会成员 3 名；绿化管理委员会成员 5 名；电脑电视管理委员会成员 2 名；伙食监督管理委员会成员 2 名；抬水爱心委员会成员 3 名；关灯学生 1 名；拉窗帘学生 4 名；关电源管理插排学生 1 名；锁门学生 1 名；关教室和走廊窗及收拖布学生 2 名。再加上值日组长 6 名、收本组长 7 名和寝室长 11 名。

天的行动。此刻我的耳边忽然响起了同志们在报告中转述贵校罗晶副校长对大家曾说过的一句话："不要等老了蜷缩在床上的时候，回忆自己的过往一片苍白……"因此受到启发，今天我要对老师们赠一言：不要犹豫，想到了就要说出来，说出来就要做出来，做了就要有个样。现在就行动，行动就是收获。

第四个字是"省"：反省、反思。

大家的报告还体现出教师们的一个优秀特质，那就是善于反省、善于反思。所谓反思，就是教师把自己作为研究对象研究。反省自己的教育实践、教育观念、教育行为及教育效果，以便对自己的教育观念进行及时的调整。反思源于对现实和自我的不满，其目的是要改变现状、超越自我。

美国教育家玻斯纳总结的教师成长公式："经验＋反思＝教师成长"，是当今全球公认的教师成长的最佳路径。无论是班主任还是一线的教师，反思途径可以概括为三条：一是对自身的经验进行反思——站在自己的肩膀上攀升；二是对他人的经验进行反思——站在大师的肩膀上前行；三是对集体的经验进行反思——站在集体的肩膀上飞翔。朱永新教授也曾告诫我们，教师的发展可以通过专业阅读、专业写作、专业发展的"三专"来实现。从这个意义上讲，今天四位做经验介绍的班主任老师应该说是最大的受益者，我相信你们的职业生涯中不仅有南宁或是南宁沛鸿民族中学这个重要的驿站，更重要的是你们因为准备今天的报告，完成了一次较为系统的专业反思、专业阅读、专业写作，直至今天成功地完成了一次专业的表达。记住：教育经验的表达和分享远比教育经验本身更重要，因为它能使教育经验增值和扩容。

第五个字是"欣"：欣赏、欣慰。

前面的讲话我已毫无掩饰地表达了我本人对大连市第二十高级中学教师们精彩报告的肯定和欣赏，我也为张启超校长有这样一支精英的团队感到无比的欣慰。

第六个字是"幸"：幸福、幸运。

这是我对大家的美好祝福！教育应该始终追求：让师生过一种幸福完整的教育生活。我们不仅要共同营造今天教育的幸福生活，而且我们还应该引导学生用今天（现在）的幸福去赌将来的幸福。祝福我们的教师们！同时也祝福我们的孩子们！

（2012 年 2 月，作者在南宁沛鸿民族中学江南校区参加了与辽宁省大连市第二十高级中学的德育工作研讨会，此为会上的即兴演讲。会后作者根据当时留下的提纲回忆整理成文，此次结集略有删改）

学习不仅在课堂　生活更需有秩序

——在柳江县成团三中"一天五有序"课余德育管理展示活动上的讲话

刚才，我们用近两小时的时间观摩了柳江县"名校长工程"江川工作室"一室一展示"暨成团三中"一天五有序"课余德育管理展示的部分活动，我相信留给大家印象深刻的东西一定很多。柳江县教育局的刘红波局长一直陪着我自始至终参加了成团三中以"责任"为主题的"讲故事明事理"升旗晨会活动和丰富多彩的快乐运动大课间活动。在这两个活动中，相信与会的其他领导和同行们一定会有与我一样的感受，聆听着、感动着、反思着，我参与、我运动、我快乐……

作为柳江县"名校长工程"江川工作室的一员，我想把刚才我们一起聆听廖志阳书记代表学校所做的成团三中"农村初中'一天五有序'课余德育管理模式的实践与研究"课题开展及所取得成效的汇报的一些主要观点再强调一下。成团三中"农村初中'一天五有序'课余德育管理模式的实践与研究"课题的核心内容是：营造有序和谐的五个课余时间段来培养学生的责任意识，养成良好的生活习惯。成团三中的领导和教师们为自己的学生"一天五有序"而营造"书声琅琅的晨间""运动快乐的大课间""文明有序的餐间""恬静安神的午间"和"丰富多彩的第二课堂"等丰富而有意义的课余生活。廖书记在课题进展汇报时说："随着课题研究进展，学校的德育工作似乎找到了突破口，激活了学校德育管理的思路，增加了学校德育管理的多样性，促进了学校德育管理的有效性，拉近了学校师生间的情感距离。可喜的是，它让学校看到了学生的变化：①学生的行为习惯和文明礼貌变得更好；②同学们的团队意识在增强；③师生间的情感也在悄悄地发生改变，变得越来越融洽；④学校和教师也随着"课题"的深入研究而得到发展和提升。"作为江川工作室的一名合作者，廖志阳书记的判断，我是认同的。而且更让我高兴的是，今天的成团三中的同人们已不满足于上面的成效，他们正在想，从"一天五有序"扩展到学校全方位的"序"的研究；从有限"课余"时间的研究扩大到"全天候"的研究。他们的未来目标是：在学校"静"文化上应做到"井然有序"，如校园文化，办公室、班级、宿舍文化的规划和布置，师生的仪容仪表和精神面貌等；在学校"动"文化上应做到"秩序井然"，如人人都自觉遵守规章制度和法律法规，自觉维护班集体和学校荣誉；从对"序"的感性认识上升到理性认知，从而自觉地感受到自身担负的社会责任……

这使我想起苏联伟大的教育家苏霍姆林斯基的一段精辟而又通俗的论述："我们的教育对象的心灵绝不是一块不毛之地，而是一片已经生长着美好思想道德萌芽的肥沃的田地。因此，教师的责任首先在于发现并扶正学生心灵土壤中的每一株幼苗，让它不断壮大，最后排挤掉自己缺点的杂草。"说实在的，此次是我第一次走进柳江县的中学，但短短两天，它让我对柳江县的中学教育有了一个全新的认识。此次来柳江我不仅有收获和启迪，更受影响和教育。

在成团三中，包括昨天市教育局办公室韦林主任陪同我走访的穿山二中、穿山中学、敬德四中、柳江二中等学校，我在与他们这些学校的领导及教师座谈交流中，我深深地感受到我们江川工作室的校长伙伴们都在努力去发现并扶正学生心灵土壤中的每一株幼苗，并努力让它们不断壮大……

说到这里，我想有必要给出我今天讲话的标题——"学习不仅仅在课堂，生活更需要有秩序"。

首先，我想提议大家思考一个教育本源问题——教育是什么？20世纪大教育家杜威从自己的实用主义哲学出发，就教育本质问题提出了他的基本观点，"教育即生活"和"学校即社会"。在杜威看来，教育是儿童现在的生活过程，而不是将来生活的预备，最好的教育是"从生活中学习""从经验中学习"。因此，教育的目的就在教育的过程之中，教育除了他自身以外无目的。但我更认同教育应是将"自然人"转变成"社会人"的过程的观点。教育对学生来说当然是社会生活的准备，但我认为教育更是社会生活本身。所以拔得高些，我认为成团三中"一天五有序"的探索是一种渐入佳境的教育回归。它让教育回归生活，回归学生的常态生活——符合青少年儿童的天性，重视交往；人生有不同的追求、不同的际遇、不同的境界，有丰富多彩的常态生活，教育要帮助学生了解真实性的世界，为成人世界的生活做准备。

什么是秩序？按照《辞海》的解释，"秩，常也；秩序，常度也，指人或事物所在的位置，含有整齐守规则之意。"一般而言，秩序可以分为自然秩序和社会秩序。自然秩序由自然规律所支配，如日出日落，月亏月盈等；社会秩序由社会规则所构建和维系，是指人们在长期社会交往过程中形成相对稳定的关系模式、结构和状态。我们这里讲的秩序，显然是后者。旨在有条理地、有组织地安排各构成部分，以求达到正常的运转或良好的外观的状态。

我们大家都知道"中学阶段德育要培养学生三个意识：一个公民意识，一个爱国意识，还有一个民主意识"。什么是公民意识？公民意识是指公民个人对自己在国家中地位的自我认识，也就是公民自觉地以宪法和法律规定的基本权利和义务为核心内容，以自己在国家政治生活和社会生活中的主体地位为思想来源，把国家主人的责任感、使命感和权利义务观融为一体的自我认识。它围绕公民的权利与义务关系反映公民对待个人与国家、个人与社会、个人与他人之间的道德观念、价值取向、行为规范，等等。它强调的是人在社会生活中的责任意识、公德意识、民主意识等基本道德意识。很显然我们在学校里培养学生的"有序"便是培养学生最基本的公民意识。

有一句话说得好，播种行为，收获习惯；播种习惯，收获性格；播种性格，收获命运。所以时下有一句流行语，"性格决定命运"。形成性格要靠习惯，习惯又是由不断重复的行为而形成的，归根到底在于行为。所以学校的养成教育是让一个人形成良好习惯至关重要的环节。有一本关于家教方面的书《把孩子培养成财富》，书里有一句话我记得特别深，即孩子要养成一个良好的学习习惯或行为习惯，只要坚持 21 天，就可以达成。所以我觉得，养成一个习惯并不难，贵在坚持。

其次，我想提议大家思考一个教育价值取向的问题——教育为了什么？

前一段时间，美国苹果公司掌门人乔布斯病逝振动了全球。当时有人提出一个问题：如果这个社会从没有出现过乔布斯会怎么样？我们是不是一样会好好地生活？回答当然是肯定的。我曾听一位大学教授在做报告时说："时下在北欧谁最有钱？瑞士吗？不，是中国人，而且这些有钱的中国人穷得就剩下钱了。"前几年我们常听说在一些发达国家的公共卫生间里用中文写着这样的一句话："便后请冲水。"这一行字没有德文，也没有英语，只有中文，什么意思？这是专门写给中国人的，让中国人羞愧啊！在一些国际航班的头等舱里也时常发生一些中国富商们大声说笑，甚至聚众打牌，影响他人休息的事情……

有一句话，作为我们教育工作者是必须牢记的，那就是"把人忘了只记住知识，人成为只有知识和技能的工具，这是可悲的。人才是我们的出发点，更是归宿。"所以教育是为了什么？我认为教育不仅仅要让学生增长知识和技能，更要培养学生公民意识，告诉学生如何才能体面而有尊严地生活。

再次，我想提议大家思考一个教育策略的问题——怎么实施教育？这个问题很大，但我们可以就某一种做法或某一个思路去讨论。这使我想起深圳南山前海中学程显栋校长在自己的学校对每个学生提出的"五能"要求（能写一手好字、能作一篇好文章、能说一口流利的英语、能演奏一种乐器、能掌握一种健身技能）。你们说程校长提出的"五能"要求是不是素质教育？作为今天与会的每一位教师、校长、局长，请你们对照程校长的"五能"标准，想想在学校里是否要实施这样的标准？我们认可吗？我们又是否都达标了呢？

相比程校长的"五能"提法，今天我们在柳江县成团三中看到"一天五有序"虽也没什么新意，但也是非常适用的。"一天五有序"看似简单，但实质却涵盖了我们学校育人的重要方面，"一天五有序"可解释为晨诵经典、听故事明事理—健康体魄、快乐心情—有序就餐、习惯养成—文明起居、尊重他人—特长培养、张扬个性。多少年来，我们都在寻找素质教育的实施途径，什么是素质教育？20世纪90年代时任国家教委副主任的柳斌同志曾概括"素质教育三要义"，即"面向全体学生""让学生全面发展""让学生生动活泼地主动发展"。我认为成团三中的"一天五有序"是当下农村初中最草根的实施素质教育的新抓手、新尝试。有一句话说得非常有道理，那就是在教育改革的路上一步实际行动胜过一打纲领。各位与会的农村中学的校长们、教师们，也许我们的条件还不足以像成团三中这样做到"一天五有序"，但我们可不可以做到一天四有序？三有序？甚至一有序？真的，只要我们坚持，只要我们行动，我们就一定能收获学生心灵土壤中一株幼苗的苗壮成长。成团三中开展的"一天五有序"课余德育管理值得我们去关注、去研究、去效仿……

最后，作为柳江县"名校长工程"江川工作室的一名指导教师，我想提几点个人不是很成熟的建议。

第一，成团三中"一天五有序"目前涵盖的是除课堂以外学生在校的学习与生活，但是我们必须清醒地认识到，学生在校大部分时间除了睡觉（因学生是住校的）便是在课堂中，所以从这个意义上说我认为培养学生日常有序的行为习惯最重要也是最根本的途径是课堂，我们应努力去营造"民主、合作、生动、有效"的课堂。

第二，在传承与创新之中探索学校特色发展新路。上海北郊中学原校长郑杰在《给教师的100条新建议》一书中曾这样描述他所在的学校："穿过弯弯的小巷，再越过杂乱不堪的菜市场，终于到达那所学校，那里的孩子在真诚欢笑，那里的教师满脸自豪。人们应该到那里去朝圣。那里，才是中国真正的教育。"正所谓："山不在高有仙则名，水不在深有龙则灵。"什么是一所好学校？

我们不缺各种评估体系和标准。拥有优质的生源固然是令人羡慕的资源，拥有雄厚的师资也是学校最大的底气。而更多的普通学校，在生源与师资上并不占据优势的时候，我们将以什么作为学校的骄傲与发展动力？那就是——走特色办学之路，让校园生活别样精彩。无疑今天的成团三中给我们农村中学做出了榜样。

昨天我走访几所学校时也与随行的几位校长谈到了学校的特色建设问题。这里我们要清楚学校的特色不是一蹴而就的，它是需要我们用较长时间精心培育的。如何打造学校的特色？有两点是需要坚持的：一是用"人无我有、人有我优、人优我特"去用心梳理、挖掘和培育学校特色；二是唯有个性的教师方能培养有个性的学生，所以培育学校特色建设的关键是建设一支有特色的教师团队。

第三，充分利用柳江县"名校长工程"江川工作室这个平台，借助并发挥各成员学校现有特色优势，以进一步提升学校特色、提升教职工整体素质为目标，多层次、多类别加强合作与交流，促进成员学校教育教学质量的提高。

在特色学校建设的过程中，我们要坚持一个最基本的理念，即"最好"是一时的标志，"更好"是永恒的追求。作为校长我们要带领师生努力促进学校"今天比昨天好""明天比今天好""一天比一天好"，让学校做得更好。衷心祝愿柳江县的教育明天会更好！

（2011年12月，作者参与观摩了柳江县成团三中"一天五有序"课余德育管理展示活动，此为参观后在座谈会上的演讲稿，此次结集略有删改）

教师是什么　教师该怎样教

捷克著名教育家夸美纽斯在《大教学论》中有这样一句话："教学是一种教起来使人感到愉快的艺术，它能使教员和学生都得到最大的快乐！"

但很遗憾夸老的这句话不适合我们学校的三位教师。接着通报批评三位教师的教学过失及校长对这三件事处理的感悟。其中两位是因自己的课堂教学不当引发学生不满而被投诉，第三位是因上课无故迟到10分钟被教务处查处。

处理这三件事，校长有很多感慨。同样是面对家长的投诉，同样是违反校纪，但三位教师的态度是有差异的。我也在想，这人和人的差距怎就那么大呢？

同样是通报批评，但我显然欣赏后一位教师面对自己过失的态度。当天晚上我收到她长长的致歉短信（同时汇报了自己在学生中消除影响所采取的一系列补救措施）后，立即回复短信一则"这就是我所尊重的某某应有的风范"。有句话是怎么说的？——不要为失败找借口，只为成功找方法。有些过失本身并不严重，但你再用十个借口去解释，死抱着自己的信念不丢，不调整、不改变，我行我素，这就很危险了。

这几天我也很痛苦，面对家长的再三要求，我是把你换下来，还是让你继续留在原岗位坚守你的错误信念呢？

就今天的通报批评方式，学校领导班子也研究了两次，人人有面，树树有皮。更何况我们批评的还是教师。

大家商量的最后意见是再给这几位教师一次机会，今天的通报也只是不点名批评，目的是让全体教职工受到教育。

其次分享思考：教师是什么？教师该怎样教？

为什么谈这个话题？我们当了几十年的教师，难道我们还不知道教师是什么？教师该怎样教？

最近，我读到了江苏省特级教师吴非老师撰写的教育随笔《不跪着教书》中的几篇文章，读后受益匪浅。吴非老师在书的"序"中说："想要学生成为站直了的人，教师就不能跪着教书。如果教师没有独立思考的精神，他的学生会是什么样的人呢？"这段话发人深省，由此引出一个话题：教师是什么？怎样才能做到"不跪着教书"？

有人把教师比作辛勤的园丁，培育着祖国美丽的花朵；也有人把教师比作无私的春蚕，为学生的成长吐尽最后一口丝；还有人把教师比作人类灵魂的工程师，塑造着学生美好的心灵；更有人把教师比作燃烧的蜡烛，燃烧自己照亮学生人生的道路。

我觉得，教师不仅仅是园丁，他自己本身就应该是一朵美丽无比、赏心悦目的花，吸引着学生；教师也不仅仅是春蚕，他的生命在每一个季节，在奉献的同时也实现了自身的价值；教师还不仅仅是工程师，人类的灵魂不可能用一个固定的工艺流程去塑造（再说，教师自己的灵魂又由谁来塑造呢）；教师更不仅仅是蜡烛，他不应该用"燃烧"自己来"照亮"学生。

那么，教师究竟是什么？其实，教师就是教师，教师和学生是一对相互依赖的生命，是一对相互影响的伙伴，是一对共同成长的朋友；教师就是人，有自己的油盐酱醋，有自己的喜怒哀乐，有自己的生活理想；教师就是一个"站直了"的人，一个大写的人，一个能够影响学生健康发展的人，一个永远让学生铭记在心并学习的人。而要做到这样，教师就不能"跪着教书"。

说实在的，当我看到《不跪着教书》这个书名的时候，我的心里怦然而动，直觉告诉我，这应该是一本好书。"想要学生成为站直了的人，教师就不能跪着教书。如果教师没有独立思考的精神，他的学生会是什么样的人？"封面上的这句话深深地触动了我。是的，吴非老师说出了我久积胸间想说却又不会表达的感觉。可以说跪着教书是我们教师中普遍存在着的一种不自由的状态，我们常常不自觉地成了照本宣科的机器，成了书本的奴隶、考试的奴隶。我们曾经有过千百年下跪的历史，我们身上或多或少的透着些奴性，我们自己还在以各种各样的形式跪着生活。想要学生成为站直了的人，教师就不能跪着教书。

人的本质是什么？教育的本质是什么？在《不跪着教书》里，我们看到了作者对人和生命本质的全面的关注。对那些反人性的愚昧残酷的教育，对扼杀生命的专制落后的教育，作者或扼腕长叹，或抑郁愤慨，或无情讥刺……如果说人的本质，是由精神灌注出来的，那么，作者提倡的人性教育、生命教育，以及善良、爱、感恩、独立，等等的教育理想，无疑都涉及生命本质的教育，也就是教育本质的阐释。把"人的教育"写在我们的旗帜上，让学生既成为具有人文精神的人，又成为有科学精神的人，也许，这就是作者教育的理想。

吴非老师在书中说："如果教师是跪着教的，他的学生就只能趴在地上了。"由此引出一个话题：教师该怎样教书？怎样才能做到"不跪着教书"？看看现实，可以说跪着教书是我们教师中普遍存在着的一种不自由的状态。我们常常不自觉地成了照本宣科的机器，成了书本的奴隶，考试的奴隶。想要学生成为站直了的人，看来只能依吴非老师的观点先从教师不能跪着教书做起。跪着，意为没有自己独立的思考，意为人云亦云，意为趋炎附势，意为为生存而失去教师的责任。吴非老师几十年教育教学工作的信条是："不跪着教书。"也就是说教师首先必须成为一个思想者，具有独立思考能力和怀疑精神。一个具有独立思考精神的教师人格独立了，才能给学生良好的示范；思想独立了，才能教会学生用智慧去怀疑，去判断，去立论，去创新！"如果一个教师自身都缺乏批判意识和怀疑精神，很难想象他所教出的学生会是什么样子"，真的就如吴老师说的"学校只能教出一群精神侏儒，只能培养顺服的思想奴隶"。只有用思想才能滋养丰富的心灵和厚重的人格。只有教师的思想光明才能烛照出学生的精神灿烂，只有教师的情感高尚才能熏陶出学生的高尚情感，只有教师的心理健康才能培育出学生的健康心理，只有教师的人格伟岸与厚重，才不会导致学生的人格猥琐与浅薄。不跪着教书，必须要有站起来的勇气，要有视野的宽度、知识的厚度、思想的深度。最重要的是有自己的独立的思考。深记自己作为教师的责任。开启学生的智慧，完善学生的品格，激发学生的求知欲，要把学生培养成有道德、有理想、有知识、有能力的人。作为教师还要有高超的教育智慧。北京师范大学教授肖川博士指出，"教育智慧只能从我们内心深处长出来，其长势取决于土壤的肥沃程度：我们的文化底蕴、我们的学识修养，心性修养，精神修养。"也就是说要想拥有并不断提升自己的教育智慧，必须从丰厚自己的文化底蕴、渊博自己的学识水平、陶冶自己的心性修养、升华自己的教育追求来入手，才能不断地积淀自己的教育智慧，舍此，别无他径可寻。针对目前教育界很多教师"跪着教书"的现实，吴非老师给出了一个良方，就是读书。"教师要学会教书，首先应该学会读书，学会思考。"但现实是怎样的呢？我在中国教育报《读书周刊》上看过一篇文章，题目是《我国中小学教师专业素养阅读大面积空白》。文章说，记者在多所学校问同样一个多余的问题："您了解陶行知吗？"但回答"好像听说过"的只占58%。足见陶行知已被教育界，尤其是新一代的教师大面积遗忘。抛弃了陶行知，何谈了解中国教育的过去和现实？何谈理解中国教育的血脉？又怎能做到"不跪着教书"？

造成教师的专业素养阅读存在大面积空白的原因是多方面的。一是社会氛围不利于教师读书。社会、家长对学校的最直接的要求就是考试能得高分，能考上重点中学或重点大学。在社会、家长的巨大压力下，学校也不得不以分数来衡量教师工作的优劣，学校不敢放手让教师读书，把教师的读书放在可有可无的地位，也就成了情理之中了。二是学校不提倡教师读书。有的学校把教师读书当作是业余时间干的事，上班时间看书被看成是"不务正业"，于是，教师读书就成了"以后"的事了。三是教师觉得没时间读书。一些教师一天忙到晚，既上课，又当班主任，还要兼任其他工作，晚上还要备课、批改作业，有些教师连双休日都要给学生补课，真所谓"眼睛一睁，忙到熄灯"，的确很辛苦，没有时间看书学习。四是教师觉得没有必要读书。有些教师曾经有过辉煌的业绩，也有一定的知名度，躺在以往的功劳簿上沾沾自喜，满足于过去的成绩，认为凭自己多年的经验应付考试已经绰绰有余，处于一种职业自满和懈怠状态。

其实，我认为教师读书，没有任何借口。一所学校有没有发展前途，有没有发展后劲，很大程度上取决于这所学校师生的读书气氛是否养成，取决于教师是否有开放的心态、开阔的视野、创新的意识，取决于是否构建了学习型的校园。而永不停顿的教师专业素养的阅读，就像人的一日三餐，是补充学校、教师精神生命元气所必不可少的。学校不是工厂，不是生产流水线；教师不是工人，不是机械操作工。学校没有琅琅书声，何以称为"学校"？教师不读书，何以丰富学生的心灵？

由此可见，教师读书是关系教育成败的大事。教师不读书，就没有教育理想，就没有教育信念，就没有教育思考，就没有教育智慧，就没有教育活力，就没有教育创新，一句话：就没有了教育生命。教师是天生的职业学习者，职业读书人。教师只有活到老学到老，才能一辈子"站直了"教书！

此外，吴非老师在书中还有一个鲜明的观点，那就是教育首先要培养有善心、有同情心的人。教师要有爱心、善良的心、同情心、感恩的心、纯洁的心。要教会学生拥有善良，懂得感恩，懂得同情，懂得珍爱一切生命，懂得宽容理解，懂得真善美；要用情感沟通情感，用智慧启迪智慧，用心灵触摸心灵！这实质上是教育之本，是教育的大目标。

我们要学习吴非老师做站直了的教师，就要不断地学习，使自己思想深刻，追求高远、底蕴和智慧。要时时了解学生、关心学生，给学生以真爱，要从细小的事情中去了解学生的真实的思想，让他们不断地发现人性美，做一个正直的、真诚的、宽容的、有爱心的、对生活充满热情和希望的人。这样我们的学生才可能成为站直了的人。还有吴非老师在《这不是尊重，是歧视》一文中写到学生、家长对教师的不尊重，一味强调自己的个人利益，似乎教师应该多做牺牲，完全服从于学生的需要。社会上的类似报道也不少，教师对学生稍做批评，学生就受不了，不但不自省，反而做出种种不理智的举动来，结果责任全在教师身上。因此，"班主任可以适当批评学生"的条文出台，引来社会的热议。"教师要严守师德，正身为范，但是教师也要捍卫职业尊严""如果把教师当作可以随意使唤的仆役，不仅是对教师这一职业的侮辱，也是对文明的亵渎"。作为教师，对于书中披露的许多中小学教育的问题和造成这些现象的社会根源，感同身受。吴非老师直面现实，直逼人生，洞烛幽微，鞭辟入里地揭开种种的疮疤并剖析个中的原因，字里行间，始终流淌着作者对祖国、对民族所倾注的一片真情。我想，如果每个教育者，在琐碎劳顿的教育工作中都能这样思考，敢于质疑，敢于创新，那么我们就能不跪着教书，学生就能站直腰杆，我们的国家和民族就有更辉煌的明天。就让我们一起共勉吧！

最后，我想在吴非老师开出处方的基础上再给大家增加两味。一是勤反思。教师自我反思即自我反省、思考、探索和解决教育教学过程中存在的问题，美国学者舍恩 1987 年在美国教育研究学会召开的"21 世纪教育管理与教师大会"上做了题为《促进反思性教学》的报告，提出"教师即反思性实践者"的口号，1989 年波斯纳将之概括为"成长＝实践＋反思"。可以说实践和反思是全世界公认的教师专业成长的基本途径。二是爱学生。浙江杭州年仅 32 岁的特级教师闫学说过一句话，我希望大家都要记牢。他说："如果你不爱孩子，不爱教育，不爱教师这个职业，做教师就太苦了。"我坚定地认为，只要你爱学生，只要你会反思、勤读书，你就一定能找到任何教育教学疑难问题的有效解决办法。

至此，我相信您一定对教师是什么以及教师该怎样教有了自己的理解和感悟。德国哲学家、教育家雅斯贝尔斯在其论著《什么是教育》中说："教育的本质就是一棵树摇动另一棵树，一朵云推动另一朵云，一个灵魂唤醒另一个灵魂。"中国教育学会副会长朱永新先生又说："教师是一个冒险，甚至是危险的职业，伟人与罪人都可能在他的手中形成，因此教师必须如履薄冰，尽最大的努力让自己和自己的学生联合走向崇高。"真诚地希望今天的分享能帮助受到通报批评的三位教师及所有的同事都能明白我的一片苦心。期待大家通过自身的努力能享受到教学的愉快，更期待大家都能尽最大的努力让自己和自己的学生联合走向崇高。

（2010 年 10 月，作者在南宁沛鸿民族中学全校教职工大会上的演讲与读书分享，本文是由演讲提纲整理而成，此次结集略有删改）

对育人的思考

今天我们相聚在世界人寿之乡——河池市巴马县，召开每年一度的"德育年会"。德育年会的功能是什么？我们应该把德育年会召开成怎样的一个会议？

说实在的，在来巴马之前的几天时间里我一直在思考。当然常规的做法是对全年学校德育工作尤其是班级管理、年级管理工作进行总结和表彰，今天我们的会议议程也体现了这么一个传统。会议进行到这里，我们似乎也可以说今年的德育年会是一次总结德育工作经验的大会，是一次树立德育工作先进的大会，是一次统一班级管理思想展示的大会，也是一次实现与会人员心灵放松的大会；但我感觉似乎还缺少一点什么。缺什么呢？那就是对德育、对育人最深层次的反思。

图8 2006年4月在西双版纳参加全国民族教育学会德育研讨会

德，一种解释为"道德、品行"，如公德、美德；另一种解释为"信念"，如同心同德。育，乃教育、培养之意。德育，词典中的解释是指政治思想和道德品质方面的教育。不过我认为解释为培养人具有某种品行和教育大众具有某种道德更恰当。当然德育的行为指向是育人。那么现在的问题是：如何育人呢？对此我想把最近自己的三点学习心得和肤浅的思考与大家分享。

一、知识育人

对于我们从事教育事业的人来说，"知识育人"是大家形成已久的共识！我们每天都在三尺讲坛上践行这一理念。古人云："最是书香能致远，腹有诗书气自华。"正所谓腹有诗书，其品自高；腹有诗书，其德自美；腹有诗书，其身自正。一直以来，我认可一句话：一个爱读书的孩子即便再坏也不至于会坏到哪儿。但最近我读了浙江省衢州第二中学徐建平校长发表在《中国教育报》的文章《知识育人与文化育人》，让我对知识育人有了新的认识，文中的一些观点值得我们借鉴。

"知识就是力量！"弗兰西斯·培根吹响的号角，穿越四百多年的漫漫时空，今天更加清冽嘹亮了！21世纪知识更新一日千里，知识的重要性已不再是一句高高在上的口号，而是已成为维系个人的生存，甚至决定一个国家与民族命运的关键了。

但是，在对知识孜孜以求的同时，又极容易陷入一个新的误区，产生一种新的"营养不良症"，即求"知识"而乏"文化"。

在平时的阐述中，我们习惯于将知识和文化连在一起。其实，二者有着质的区别。知识是人们在社会实践中积累起来的经验，如"科学知识""知识经济"等；文化则包含着更丰富的内容，如体育、美术、地方风俗，以及人的修养、气质等。"文化"是在"知识"的前提下升华而成的一种智慧、一种人文素养、一种精神气度。无"知识"之"文化"，形同无本之木；无"文化"之"知识"，如同无舵之舟！

学习知识的本质意义应是为了完善和提升自我，为了人与世界的和谐发展，是一种文化的养成。但是，由于应试教育等多方面因素的影响，在学校教育的视界中，塑造"知识人"早已成为一个根深蒂固的信条，知识被看成是人的唯一规定性和人之本质，并被片面扩张为人性的全部。雅斯贝尔斯（注：在西方哲学史上，有三个人物，是西方思想史上的三个伟大的高峰，第一个是康德，德国人；第二个是黑格尔，德国人；第三个就是雅斯贝尔斯，德国人）说过："教育是人的灵魂的教育，而非理性知识和认识的堆积，否则，教育出来的学生就有可能像一架安装了坏发动机而又起飞了的飞机一样，不但会自身毁灭，而且也给别人带来牺牲。"所以，教育回归人的自身，回归人的生活，已是中国教育迫在眉睫的选择。培育校园文化、班级文化，是中国教育均衡发展、健康发展的必由之路。

有位哲人说过，一个人对社会的贡献并不是完全取决于其拥有的知识量的多少！一个民族的未来走势，关键看这个民族是否有一种独特的国民精神、一种博大精深且充满活力的文化。的确，营造一种文化育人的氛围，是我们何等迫切的重任啊！

二、文化育人

古希腊哲学家、物理学家阿基米德有一句名言："给我一个支点，我可以撬动整个地球。"作为校长，我就一直试图在寻找这样一个支点，利用这个支点去拓宽学生的成长空间，启迪教师群体智慧，审视学校发展的定位。今天我可以告诉大家，这个支点我找到了，那就是学校文化。

一所学校办得好坏，与其硬件条件固然有着十分重要的关系，但是和学校的管理模式、文化氛围、学校的传统、学校的风气、学校的社会形象和社会评价同样有着极大的关系，甚至后者的影响更强于前者。

文化是一个复杂整体，它所包括的内容遍及人类的每一个角落，但其实质内涵就是价值观问题。将文化的内涵折射到学校的环境和活动之中，我们可以发现，学校就是一个文化场，它是由学校的环境、学风、教风和校风，校园文化活动，学校师生员工的精神面貌和社会舆论氛围等形成的，是学校特定的文化环境和氛围，是教师和学生的主体精神和学校精神的集中体现。学校文化建设的一个重要特点就是学校文化的主体有意识地构建一个人工的文化环境，形成"学校文化场"，并使其发挥它的独特功能——在创建"学校文化场"的过程中达到教育的目的。

学校文化建设是教育与文化的一个很好的结合点。学校各个部门、各个班级、各位师生员工，都是一个个文化环境和文化要素，都有其自身特殊的文化现象，不论你是否意识到或承认它的存在，关键在于我们如何把握住它，并给予正确的引导。当前，我们马上可以做的两项工作是：第一，加强传统文化建设。传统文化本身就是一个浓重的文化氛围，学校业已形成的校风、学风也会强烈地影响和感染着每一个学生；所以我们要加强校风和学风的建设，加强校史的挖掘和整理，江南校区也要新建一个校史室，让学校的传统文化在江南校区得到传承和弘扬。第二，加强环境文化建设，尤其是把民族文化植入校园。江南校区虽已全面建成，但给人的感觉是现代钢筋混凝土的堆砌。尽管没有黄土裸露，绿草茵茵，但还是给人一种缺少文化的感觉；所以我们将从整个校区总体的规划出发，具体到每一栋建筑、每一块绿地以及各类学习、生活、活动场所，让一砖一墙、一草一木，每个角落、每寸土地都能"说话"，都能起到教育、激励学生的作用，我的理想是在自己的下一个任期内努力把校园环境建设成为学校的"第二支教师队伍"，希望大家在这方面为我们出谋划策。

三、以人育人

"以人育人"具体可以概括和表现为"以行为影响行为，以品德培养品德，以能力提高能力，以理想树立理想，以情操陶冶情操，以境界提升境界，以人

图9 在南宁沛鸿民族中学江南校区古壮字石刻前留影（学会感恩，不忘勤奋）

格塑造人格"。"以人育人"这四个字，看上去浅显而质朴，但意义深刻。今天，我们正处在一个教育快速发展的时代，新的名词和理念层出不穷。但我认为，我们常常淡忘或忽视一个最基本的规律或原则，即教育归根到底是人与人之间的活动，是人对人的影响。在高度重视教师传授知识专业技能的同时，我们常常忽视教师作为一个鲜活的具有社会属性和文化特质的生命个体对学生潜移默化的深刻影响。教师对学生的影响首先来自于教师的外在魅力——教师的外表、气质、谈吐、举止、机敏、幽默等，进而是教师的内在魅力——渊博的学识、善良的人性、专注严谨的治学态度、积极乐观的生活情趣、崇高的人格精神等。说到底，学校教育实际上就是学生认识教师的过程。当学生完全认识和理解教师之后，教师的精神特质也就会显现在学生身上，这是一个客观规律。不论你承认与否，教师的言行举止都在时刻影响着学生，都在对学生产生"育"的效果，不论是向好的方向"育"，还是像不良的方向"育"，这种影响是客观存在的。北京四中刘长铭校长在他的博客中还记述了这样一件亲身经历的事："我曾在国外遇到过一群我国的中学生，说实在话，我真为他们的行为举止感到难为情。后来我在大堂中遇见几个成年人——斜靠在椅子上，腿劈开着，脚蹬在椅子上，嘴里叼着香烟，正在大声调侃，如入无人之境——从他们的谈话中我判断出，他们就是这群学生的老师。学生一个个从他们面前经过，这幅场景我久久不能忘掉。我不知道这几位教师是不是这所学校教师群体风貌的一个缩影，更不能想象在这样一个环境中学生能养成高雅的举止。"同样，家庭教育就是孩子认识家长的过程。当孩子完全认识和理解家长之后，家长的精神特质也就会显现在孩子身上，这也是一个客观规律。多年来，许多人在思考为什么我们的德育的实效性差，我们常常归咎于社会不良风气的影响，这的确是一个重要的原因；但我们常常忽视了一个更为重要的事实。实际上，优秀的道德品质不是在教科书里，而是体现在每一个教育者身上。德育不仅需要课堂的灌输和活动的体验，更需要教育者自身言行举止潜移默化的影响。教育的过程是学生认识或学习教师的过程，"以人育人"的教育理念，就是时时提醒和叩问我们自己，我们希望学生所具有的行为、品德、能力、理想、情操、境界、人格，在我们的身上都具有了吗？教师的职业要求我们成为一个不断提高修养的人，成为一个完人，尽管这个目标可能永远不能达到，但却值得我们永远追求。当教师成为一个人格健全的人时，他带给学生的教育自然就是全面的教育。只有当教师不断追求和进取时，学生才能获得终身学习和发展的优秀品质；只有当理性精神的光芒在教师身上闪耀时，学生才能具有不断开拓创新的能力和品格。

我们必须认识到，教育的艺术就是教师与学生相处的艺术，教育的智慧就是教师与学生相处的智慧。学会如何与学生相处，远比一个具体的教学方法重要得多；激发出学生的主动精神，远比教给学生一个具体的知识点或学习方法重要得多。如何构建和谐的师生关系，如何形成师生之间愉悦的交往，是进一步提高教育教学效果和学生学业水平乃至师生生活与生命质量的重要突破口，坦率地讲，在这一方面，今天的教育有着巨大的研究拓展空间。对于许多教师来说，这还是一个很少思考甚至从未思考过的领域。

总之，希望大家能把这次德育年会上提出的一些问题带回去，加强理论学习，注重实践探索，认真反思与总结，力争在明年的德育年会上有更多、更新、更好的经验互相分享。

（2008 年 12 月，作者在南宁沛鸿民族中学德育年会上进行了总结发言，本文由当时的演讲稿整理而成，此次结集略有删改）

由"木桶理论"及其演变思考学校综合竞争力

随着市场经济的推进，中国人在继承和摸索中积累了一大批市场运营的新理论，其中影响较广且普遍应用于各行各业管理领域的，当属"木桶理论"。

其实，就"木桶理论"在中国，特别是在管理领域，也已经发生了深刻的变革，其内涵已经超过当时最原始的定义了。笔者是一名教育工作者，长期以来一直从事学校的管理，本文旨在以"木桶理论"及其演变来思考学校综合竞争力，期待读者能从中获得一些启发。

"木桶理论"的最初含义是指，木桶的储水量取决于最短木板的长度。

相信大家过去也从一些教育专家的报告中了解到学校管理引进"木桶理论"的初始含义：一所学校的综合竞争力好比一只木桶存储的水，而木桶的最高储水量取决于木桶最短木板的长度，也就是说学校的综合竞争力取决于办学行为过程中最薄弱的一环。当然，它是设置在这样的一个前提之下：水就好比是学校的竞争能力，能储多少水，代表的就是有多少竞争能力，而不管这水是怎么来的，如何保持储存，如何使用，等等。

我首次从一位专家的报告中听到"木桶理论"时，不由自主地进行了这样的反省：我是不是那最短的一块"木板"？如何才能避免成为那最短的一块"木板"？相信诸位同行一定也感同身受。于是每一位受过"木桶理论"影响的教育工作者都自觉或不自觉地做同样一件事，那就是加强学习，不断提高自己的整体素质，认真履行岗位职责，不断提高自己的教育教学质量。据此，"木桶理论"对学校综合竞争力的提高是起促进作用的。

然而，由于办学竞争的加剧，"木桶理论"越来越显示出其深度上的苍白，越来越多的人开始真正理解并思考该理论的实际作用，而不是作为体现个人观念及素质上层次的一个标签。于是"木桶理论"也经过了众多的补充和演变，其内涵也越来越丰满了。

演变一：一个木桶的储水量，还取决于木桶的直径大小。

这就好比每个学校都是一个不同的木桶，因此，木桶的大小也不可能完全一致。直径大的木桶，其储水量自然要大于其他木桶，也就是说，一个学校的综合竞争力还取决于这所学校的规模和所拥有的资源。

演变二：在每块木板都相同的情况下，木桶的储水量还取决于木桶的形状。

学过物理的人都知道（可以用数学公式证明），在周长相同的条件下，圆形的面积大于方形的面积。因此，圆形木桶是所有形状的木桶中储水量最大的，它强调组织结构的运作协调性和向心力，围绕一个圆心，形成一个最适合自己的圆。

因此，学校的综合竞争力还在于它的每一块资源都要围绕一个核心，每一个部门、每一位教职工都要围绕这个核心目标而用力，作为学校的主要管理者（校长）来说，偏颇任何一个部门或教职工都会对木桶的最后储水量带来影响。

有一句话说得好，结构决定力量，结构也决定着木桶储水量。

换言之，学校的综合竞争力还体现在学校的管理模式能否实现人尽其才，才尽其用，真正做到让想干事的人有机会，能干事的人有平台，干成事的人有地位。

演变三：木桶的最终储水量，还取决于木桶的使用状态和相互配合。

每个木桶总会有最短的一块木板，最初的"木桶理论"告诉我们，木桶的储水量取决于最短木板的高度。不过，在特定的使用状态下，通过相互配合，可增加一定的储水量，如有意识地把木桶向长板方向倾斜，其储水量就比正立时的木桶多得多；或为了暂时地提升储水量，可以将长板截下补到短板处，从而提高储水量。

木桶的长久储水量，还取决于木桶各木板的配合紧密性，配合要有衔接，没有空隙，每一块木板都有其特定的位置和顺序，不能出错。如果每块木板间的配合不好，出现缝隙，最终只能导致漏水。

一个团队，如果没有良好的配合意识，不能做好互相的补位和衔接，最终储水量也不能提高。单个的木板再长也没用，这样的木板组合只能说是一堆木板，而不是一个完整的木桶、一个团队。

换句话说，学校的综合竞争力，不仅体现在其拥有的人才及各种办学资源的优化组合、高效使用，尤其体现在教职工的真诚协作、相互配合。

如果把木桶比作学校竞争力的支持元素，那么储多少水就是学校的真正竞争力，但是，所有的这一切，都是以静止的并且是理想的一种假设为前提，即所有木桶都是放在同等的取水状态。比如，下雨的天气，所有木桶都在接收落下来的雨水，并且不管接住的雨水用于何处，如何使用，等等。

因此，这样一种学术平台，本身就缺少实践的土壤。

其实，储水本身是一个动态过程，办学校、做品牌，也并不仅仅是一个储水的过程，不是储水越多越好。其实最重要的还在于如何更有效率地储水和如何使用所储之水。

"木桶理论"的动态演变：

首先，在储水前要清楚这样一个疑问，是先有水还是先有桶？先有大木桶还是先有小木桶？按照"木桶理论"，必然是先有木桶，再有水，然后不断调整，从小木桶到大木桶，从短木桶到长木桶，没有哪只木桶一开始就非常大非常深的。然而在实践上，也许是先有水再有木桶，或者是先有不成形的木桶，甚至只有几块木板，而不是桶，然后通过这几块紧缺的垄断的木板资源，赚到第一桶金，然后才做出第一个木桶。

其次，储水量的多少是动态的，目标设定储多少水，决定于做多长的木板，而不是越多越好。多了是浪费投资，少了是不求进取。

储水量的多少，有时并不是学校竞争力的全部，学校之间的竞争并不是所有"木板"都要超过竞争对手，也并不是非要把自己的竞争对手打败。我们不仅要学会"田忌赛马"，要善于挖掘并打造自己的办学特色，用"人无我有，人有我优，人优我精，人精我特，人特我绝"来保持自己的相对竞争优势，更应通过合作共赢，在与自己竞争对手的真诚合作中，树立自己的良好社会形象，从而提升自己的综合竞争力。

"木桶理论"中水的使用演变：

所有的储水过程，还在于都是为了让水得到最大的使用价值，是可资使用的水。

一个木桶，首先它至少要有两块最牢固的木板装成提柄，这样才能轻松提取，这两块木板必须能负荷起整个木桶的重量，这就是板块的明星效应。如果这木桶的板都一样长，只是说明你有这个储水潜力，如何发挥潜力并把它运用出来，必须要有一定的借力，运用提或拉的动作操作起来。

从木桶本身来说，一个木桶至少要有两块木板比其他木板更长更牢固，才可以在上面装上借力的提柄，在装提柄位置的木块要特别经得起提拉，所谓提纲挈领就是此意。作为学校，必须要培养其核心竞争优势，以这一两点核心竞争优势能够统领整个学校的发展。那么学校的核心竞争优势在哪儿呢？笔者以为，正确的办学方向、先进的办学理念、科学的管理制度、现代化的办学条件及践行并使用这些软、硬件的人都可以成为学校的核心竞争优势。当然，我们也可以简单地归纳为办学的规则及执行规则的人，尤其是驾驭全局的学校主要领导者。不是有一句话吗？一名好校长就是一所好学校。因为校长之所以好一定表现在他有好的学校管理思路和好的学校管理能力。缺少了这个核心竞争优势，那只能是作为一个光溜溜的木桶，实在是难以将它提起。

最后，笔者以为，世界上不存在所有木板都一样长的完美木桶。这样的木桶，只有存在于理论当中。当然，办学校，也不仅仅是做一只木桶这么简单，要不然，所有的木工就都可以成为优秀的校长了。

（本文原发表于《广西教育》2006 年，第 Z5 期，此次结集略有删改）

学校发展的终极目标是回归社会

论及学校发展的终极目标，不得不对构成主题的四个关键词"学校、发展、终极、目标"进行探究并思考四个问题：何谓学校？何谓学校发展？何谓学校发展的目标？何谓学校发展的终极目标？说实话，对于这四个问题，笔者从教 27 年，从事学校管理 20 年，我没有集中认真地思考过。为此，在演讲前首先请允许我感谢主题的设计者，是你们的命题引发我的探究与思索。

一、何谓学校

根据比较权威的解释，学校是有计划、有组织地进行系统教育的组织机构，名称起源于民国。学校定义历史源自夏商的"庠、序"（就是学校）。孟子曰："庠者养也，校者教也，序者射也。"作为一个特殊的社会组织，学校一出现，便以培养社会所需要的人为己任，进而出现为培养人才所采取的因材施教等教育之法。两千多年齐国的稷下学宫引发了百家争鸣，孔子在大成殿的甬道开设杏坛以六艺而教众贤，宋朝的六大书院承担着选俊功能；19 世纪末 20 世纪初，辛亥革命元老何子渊、丘逢甲等先贤成功创办新式学校，黄宗羲提出"公其非是于学校"，他认为学校不仅具有培养人才、改进社会风俗的职能，而且还应该具有议论国家政事之能……直至如今现代化的学校，培养人这一性质也没有变化，因为这才是学校应有之义。只不过"培养人才"之内涵更为丰富、更顺应人之个性发展，也使学校更显生命与活力。由此可见，学校这一组织之特殊，承载了太多的历史使命，自古至今，教书育人成了这一组织所特有的使命。多少千古伟人，便是从学校走向更广阔的历史空间，于是便有了"滚滚长江东逝水，浪花淘尽英雄……"

二、何谓学校发展

据查《现代汉语词典》（第6版），"发展"一词的释义有三个：①事物由小到大、由简单到复杂、由低级到高级的变化；②扩大（组织、规模等）；③为扩大组织而吸收新的成员。很显然，学校发展中的发展应是一个哲学术语，指事物由小到大，由简到繁，由低级到高级，由旧物质到新物质的运动变化过程。我们知道事物的发展原因是事物联系的普遍性，事物发展的根源是事物的内部矛盾，即事物的内因。唯物辩证法认为，物质是运动的物质，运动是物质的根本属性，而向前的、上升的、进步的运动即发展。发展的本质是新事物的产生和旧事物的灭亡，即新事物代替旧事物。有了这样的哲学理解，我斗胆给学校发展下一定义：学校发展就是发现、分析、研究、解决学校内部矛盾及为了适应社会发展而引发的各种问题，学校由低级到高级向前、上升、进步的过程。

三、何谓学校发展的目标

目标是个人、部门或整个组织所期望的成果。与目标相关的有梦想和理想，应该说它们是大目标的另一称呼。那么，什么是学校发展的目标呢？

学校依学段不同，可分为小学、初中、大学、研究生院、博士后流动站等；依其性质差异，可分为初等学校、中等学校、高等学校等；依办学特点又可分为文科学校、理工科学校、医科学校、军事学校、艺术学校、体育学校等；依受教育者的年龄还可分为幼儿园、义务教育学校、中等学校、高等学校、成人大学、老年大学等。显然，不同类别的学校因其所处学段、办学性质、受教育者的年龄特征，其发展目标肯定是有所区别的。

学校发展目标还可以细分为管理目标、队伍建设目标、课程改革目标、校园建设规划达成目标等，依学校发展目标达成的远近还可以分为短期目标、中期目标、远期目标和终极目标。

2010年12月10日，钦州市第一中学建校120周年之际，该校举行"特色与品牌——新时期学校发展策略全国中学校长论坛"，我在该论坛上发表了题为《今天我们要教给学生什么》的演讲，谈及学校发展为了什么，我认为有三点，一是培养出优秀的毕业生，二是造就出优秀的教师，三是创造出先进的办学经验和理论。也就是说"把学生的成长、成人，教师的成才、成家，学校的成功、成名三者有机地结合起来，并谋求三者协调可持续地发展"。而其中"促进学生发展，使其成长、成人"是学校发展的最根本的目标，这是我当时的观点。

此次参加广西基础教育名校长培养工程首次培训来到桂林学习，相比我生活的城市南宁，我最大的感受就是桂林春天的气息非常浓，小草吐露嫩芽，花儿争相开放，路两边的行道树樟树和桂花树的叶子是那么嫩，那么绿，那么清……可联想到我们的教育，心情一下子沉重起来。现在大家习惯的做法就是不管你是花还是树，反正都要把你弄成参天大树。明明是一枝花，非要给它弄成一棵树，它会很痛苦。人也是一样，大家都是每天八节课，一模一样的，学生的成长是痛苦的。

因此，我认同的学校发展目标应该是让生活在这所学校里的每一株草、每一枝花、每一棵树都能在阳光雨露下尽情展示草的绵密青绿、花的娇艳绚烂、树的挺拔苍翠。我们现在能做的是不要因为它们不是树就把它们拔掉、除掉，而是尽可能让它们还有草的欢乐、花的芬芳。

我们南宁沛鸿民族中学的发展目标就是努力办师生向往、家长放心、社会满意的学校；或是说把乔木培养成最好的乔木，把花儿培养成最美的鲜花，把小草培养成最好的小草。

四、何谓学校发展的终极目标

何谓终极？"终极"的释义是"最终，最后"。这就是说学校发展的终极目标便是学校发展的最后或最终目标，也可以说是学校发展的最高境界。这个话题是极富挑战性的，也是非常需要想象力的一个问题。就此主题，我与我的室友进行了比较深入的探讨和交流，他的很多观点对我有启发。我的这篇小论文也是在他的鼓励下才完成的。在此，我要首先感谢我的室友——南宁市天桃实验学校的徐元生校长！

讨论学校发展的终极目标，我能查到的比较有代表性的观点主要有：人的培养、学生发展、人的全面发展、师生科学发展、传承文明、建特色现代学校、素质教育、和谐校园。开始我也是想到了促进学生健康发展，促进学生富有个性的发展。为什么呢？因为学校的发展基于学校的存在，学校发展的目标应源于学校存在的目的。那么学校存在的目的是什么呢？我非常同意这样的观点，即学校存在的目的应该是，给每一个一无所知的孩子进入社会之前的喘息时间。毫无疑问，6岁或者16岁就进入社会的人，必定没有一个22岁的人对社会"准备充分"，太年轻的人步入一个未知的世界，一定是会四处碰壁的。于是，学校就被发明了，人们用"学校"这个简化了的社会，来给人们提供关于社会的信息，告诉人们，有朝一日，在这个世界里，你应该期待什么，你会面对什么，你要怎样去追求，你要怎样去梦想。当然我们今天的学校，有没有达到这个目的，那是另一个话题。据此认识，我在很长一段时间一直认为学校发展的目标及终极目标都应该是促进学生的健康而有个性的发展，让人成为人，让一个自然人成为社会人，抑或是让一个自然人，成为社会需要的合格公民，进而让一部分人成为社会需要的各行业的专门人才，其少部分可能会成为行业的精英人才（比如在座的各位名校长培养对象）。这便是学校存在的意义，学校发展的终极目标。

后来我想起了自己读过的一本书——山东省潍坊市教育局原局长李希贵撰写的随笔《学生第二》，当时我是接受学生第二的观点的，在学校里，校长应将教育者的利益和需求优先于学生的利益和需求加以考虑。"教师第一"这一观点的意义和价值在于，在我们学校管理中，长期以来忽略了教师专业的成长和他们的各项权益，作为管理者如果不能很好地满足教师的个人发展需求，却去关注学生的所谓需求，那是根本做不到的；如果要广大教师牺牲自己的利益和需求去满足学生的利益和需求，那么我们作为管理者就是犯了一个大错误。这个错误是有专用名词的，上海市的自由教育者和撰稿人郑杰称之为"将教师'工具化'"。所以有观点说，没有教师的发展，哪来的学生发展。据此认识，将学校发展的终极目标界定为促进教师的发展可能更妥。

到此，我又产生了一个问题：学生的发展、教师的发展又是为了什么呢？我们知道从组成学校人员构成来讲，学生和教师组成学校重要的且是不能分割的两个部分，促进学生发展或是促进教师发展，其实都是为了学校的发展，所以我也曾一度认为学校发展的终极目标就是为了学校的和谐发展，即促进教师特色发展，促进学生个性发展。

于是，我一度陷入迷茫，我不知道学校发展的终极目标究竟是什么。徐元生校长的一句话给我启发，他说学校发展的终极目标应是没有学校。这个想法真是吓人，但静下心来想似乎也有一定的道理。于是我又回到了发展的原点去思考下面的三个问题，试图去探寻徐校长答案的合理成分。什么是发展？什么是学生的发展？什么是教师的发展？

发展首先是个哲学概念，马列主义哲学视角下的发展是指事物由小到大、由简到繁、由低级到高级、由旧质到新质的运动变化过程。因为把变化的趋势固定在一种向上的方面，显然如此理解是典型的线性思维的结果。

德国近代客观唯心主义哲学的代表黑格尔认为发展有两种含义，一是潜能，二是自在。在黑格尔看来，潜能变为自为自在的过程就是发展。黑格尔强调事物发展的基本条件是"潜能"，而发展的目的在于"自由"，这一观点至今看来还是很有见地的。为此可以认为"发展可以被看作扩展人们享有真实自由的一个过程。"

此外，财富、收入、技术进步、质量和效率等固然可以是人们追求的目标，但它们最终只属于工具性范畴，是为人的发展、人的福利服务的。如果学校是以人为中心的，人的最高价值标准就是自由。因为人的最高价值是自由，所以学校发展就是一个扩展人们自由的过程了。

可见，自由是发展的核心，更是学校发展的核心；自由有超越效率、经济利益的意义，发展就是自由的扩展。

为了避免误会，这里我们有必要讨论一个概念，什么是自由？自由是一个法律名词，也是一个哲学名词，但它的本意应是由自己做主，不受限制和约束。自由有"消极自由"和"积极自由"之分，消极自由认为自由就是"不被他人强制"，积极自由认为自由就是"自我实现"。我同意这样的一个观点，即自由就是享有人们有理由珍视的那种生活的可行能力。具体地说，自由就是人都希望此生幸福，而人们有自己对幸福的理解，他们希望过由他们选择的生活。这使我想起苏霍姆林斯基说过的一句话："教育的目的是为了人的生活，人生活的目的就是幸福。"因此，我认为，学校应创造更多的条件使他们具备这种能够过自己愿意过的那种生活的可行能力。当学校越是给师生自由时，那么他们过自己愿意过的那种生活的可行能力就越能增长。当然，一个人在享受自己所选择生活的进程中是不能伤及他人自由的。

谈到此，我们有必要下一个阶段性的结论：如果学校发展的终极目标是促进师生的发展，那么无论是教师的发展，还是学生的发展，都可以理解为学校发展的终极目标就应是创造更多的条件使师生具备这种能够过自己愿意过的那种生活的可行能力。

如果认同这样的理解，那么我们就可以下结论：找到获得这种"能够过自己愿意过的那种生活的可行能力"的途径便是学校发展的终极目标。为此,我认为学校发展的终极目标应该是回归社会。为什么呢?

《国家中长期教育改革与发展规划纲要(2010—2020年)》指出,面对前所未有的机遇和挑战,必须清醒认识到,我国教育还不完全适应国家经济社会发展和人民群众接受良好教育的要求。这种不完全适应的症结何在?教育观念相对落后,内容方法比较陈旧,中小学生课业负担过重,学生适应社会和就业创业能力不强,教育体制机制不完善,学校办学活力不足,等等。但最根本的问题在于,当今学校将学生圈在狭小的空间里,不接触、不了解社会,教育与社会生活严重脱节。"就好像把一只活泼的小鸟从天空里捉来关在笼子里一样。""在学校与社会中间是造了一道高墙。"(陶行知语)我们应该倡导把墙拆去,把笼中的小鸟放到天空中使它能任意翱翔,把学校的一切伸张到大自然里去。

有人说,学校教育的终极目标并非是做升入高一级学校的助推器,而是帮助学生实现有他育到自育的转变,让学生脱离学校的他育能够实现"自我发展"的自育,最终让学生获得"能够过自己愿意过的那种生活的可行能力"。前一段时间,某大学有传言说,该校大学生若干年后可以免费"回炉"。我宁可相信这个传言只是这个高校的一个噱头,人需要不断地学习来适应社会的发展,但是否都要通过他育的手段呢?现在网络等新媒体的普及,让人自我学习、自我发展的门槛降低,不用说是未来的社会,就是当今社会我们也完全有条件通过自育来实现知识更新和能力提高,当然也就没有了"回炉"重新接受他育的必要。如果一个人的自我发展始终不能摆脱他育,那只能说明教育的失败。当然,也只能说明学校发展还远未达到终极。一句话:学校发展的终极目标是让学校回归社会。

(2012年4月,作者参加了广西基础教育名校长培养工程培训的校长学术论坛,本文是由当时演讲稿整理而成,此次结集略有删改)

从专门人才走向行业精英

——谈名校长的素养及养成

今天我们讨论的话题——人的素养、公民素养、校长素养、名校长素养，这里实质上隐含着人的进化路径：自然人（人）—社会人（公民）—专门人才（校长）—行业精英（名校长）。可以说在座的各位应为努力成为我们广西基础教育行业的精英而努力，但我在聆听前面各位校长的发言中，有一个问题我似乎有点糊涂，那就是校长（合格校长）与名校长的区别。尽管已有几位校长谈及校长（合格校长）和名校长的素养，但我还没有找到合格校长与名校长的区别和分界。作为今天论坛的最后一名发言者，我有很大的压力，因为我们组讨论达成的共识或自己想表达的观点，前面的校长大多已提及。当校长都有体会，面对教师发言是有难度的，当然面对各位名校长就更难了，无疑最后一个发言就是难上加难。

因此，为了给大家留下深刻的印象，我想首先帮助大家梳理一下什么是合格校长，什么是名校长，以及它们之间有什么区别与联系。

就这个话题，我们高五组在王彦老师的指导下开展了热烈的讨论。南宁市第二中学农光学校长认为："名校长与合格校长应是不一样的。"如果我们与其他的校长做一样的事，干一样的活，那么只能是徒有虚名。

大家今天作为广西基础教育名校长培养工程的一员，我相信都已完成了成为合格校长的积累。从 2012 年 4 月 8 日起便开始了自己的名校长成长之旅。至于终点怎样，我相信 100 名学员肯定有 100 个终点。

我们组在讨论"名校长应该具有什么样的素养？如何养成？"时，认为合格校长的素养真的很难去罗列，因为实在是太多了。例如，要成为教育领域的专门人才，熟悉教育的规律，懂得国家教育的方针，知晓国家的教育法律法规，具有一定的学校行政与管理的经验，有足够的专业知识、技能与能力去完成自己所承担的教育或管理工作，所承担的工作能使学生、同事、社会各界与政府领导满意，等等。这些都是校长（合格校长）应该具备的素养。

那么，有了对合格校长的理解后，如何才能成为名校长？

　　当一位校长成为合格校长后，基于其对教育事业的热爱、专注和付出，凭借着独特的人格魅力与教育智慧，校长有可能获得良好的办学绩效，在同行内和社会上享有广泛的声誉，为他人所敬仰。与此同时，社会各界对他办学成效的逐渐认可，也使他顺理成章且当之无愧地成为当地的"名校长"。我们通过讨论与交流认为：在大多数情况下，"名校长"的称号不是来自上级行政部门的加封，也不是学术职务评定的结果，这些称号来自社会的认可以及同行的认可，"名校长"的称号具有较强的民间色彩。然而，这种民间的认可要比官方的承认更具权威性和影响力。

图 10　2010 年 9 月参加中外名校长论坛

　　具体地说，名校长的素养至少有如下几点，我们应努力去养成。

　　第一，教育家的情怀。

　　南昌市铁路第一中学黄强校长认为："名校长要有教育家的情怀。"名校长必须高瞻远瞩，而不只关注当下，更要关注教育的终极目标。河池市第二高级中学罗尔波校长认为："名校长应当自觉承担起师生健康成长的引路人、促进者角色。"他不只是在办一所学校，而是通过一所学校带动一个地区甚或一个时代的教育。我们一致相信这便是我们广西启动基础教育名校长培养工程的初衷。

　　第二，个性鲜明的教育思想。

　　北海市北海中学苦佑文校长认为："名校长最重要的特征是有个性鲜明而独特的教育思想。"名校长应能发现教育存在的问题，能破解教育难题，有自己独特的办法。名校长要具有先进的、科学的办学思想，即应对学校中的教育现象、规律、问题有系统全面而深刻的看法和认识；要有超前的思想、敏锐的洞察力。这就要求校长要不断地学习，用知识武装自己。平南县环城高级中学林发枝校长认为："这些思想是能够示范与迁移的。"说得大一点，便是能够带动、引领一个地区，甚至一个时代的教育发展。

第三，卓有成效的办学实践。

我们的组长桂林市第八中学王荣林校长说："名校长要有卓有成效的办学实践。"我们认为虽然不能将名校长与名学校画等号，但是一位名校长如果没有让人认可的管理实践、出色的办学业绩，这样的名校长是不会让人信服的，所以说名校长注定是要和名学校联系在一起的。

第四，独具特色的人格魅力。

名校长还应具有高尚的人格魅力。林发枝校长说："校长的人格魅力，文化是其最重的元素。"我们认为人文素养是名校长不可或缺的素质，要自觉提高自己的文化素养，用文化引领师生成长。如何养成？孙杰远教授在给我们上课时道出了名校长文化滋养成长的路径，在此不再赘述。

然而广西隆安中学刘虎校长的观点无疑给我以启示，他说："名校长的文化气质应在学习、实践、交流、反思、内化及其循环往复中形成提升。"

"魅力"一词据查《现代汉语词典》解释为"很能吸引人的力量"。"人格魅力"我的理解就是指人在性格、气质、能力等特征及品德方面所表现出来的吸引人的力量。有道是："为师之道，端品为先。"我们知道正直、善良、谦恭、豁达是教师良好品质的重要组成部分，那么作为一校之长，理应成为广大教师的楷模。因此，校长只有不断增强自身素养，谦虚谨慎，诚实豁达，待人处事公平、公正，关心群众疾苦，才能不负众望，成为一名让师生拥戴的好校长，工作起来才会更加底气十足。校长，切忌"官气"满身，趾高气扬！我们要牢记明朝知县郭允礼所书《官箴》："吏不畏吾严而畏我廉，民不服我能而服我公；公则民不敢慢，廉则吏不敢欺。公生明，廉生威！"或者说，只要校长坚持做到情为师生所系，权为师生所用，利为师生所谋，那么，校长对师生就一定会有无穷的魅力。

第五，与时俱进的资源意识。

我们认为名校长要有与时俱进的资源意识。我们的班主任王彦教授在参与我们组讨论时也给我们以启示，她说："名校长还应有资源意识（除传统意义上的人、财、物外，还应有信息等）并开发、整合、利用各种资源。"

第六，恰到好处的传播方式。

我们组的同学们一致认为：名校长之名是需要传播的。名校长要敢于，更要善于与媒体打交道，没有宣传，没有传播就不可能谓之为名，当然也就没有名校长之说。

这里有必要提及北京一零一中学严寅贤老师的一句话："名校长之'名'，非名气之盛，乃名副其实、名至实归者也。"

此外值得提醒各位同学的是，木秀于林，风必"吹"之。名校长和其他领域的名人一样，总会遭遇一些争议或非议，这很正常。只是，我们希望这种争议或非议能降至最低，尤其希望名校长能宽容大度，宽容这微风轻"吹"，因为吹者意善。

图 11　参加中国教育学会第二十五次学术年会留影

当然，今天我们在这里讨论的名校长的素养及养成话题，应该思考的问题应是很多的，我们组在这儿能列举的也只是其一、其二，但我们想，不管提及多少问题，它都离不开对三个教育本源的追问：教育是什么？教育为什么？教育工作者的使命在哪里？只有搞清这些问题，我们工作的目标、价值和意义才能更加明确，作为广西基础教育名校长培养工程的一员才能较好、较快地由专门人才（合格校长）走向行业精英（名校长）。

最后，我谨以唐山市开滦第一中学张丽钧校长的一段话来与已开启走向名校长之旅的各位同学共勉，并结束我今天的发言——让我们都来"做一个美的

'布道者'。懂得教育之美，理解教育之美，并执着于教育之美。追求美的教育就是要以对教育美的理解，实现教育对美的追求；以教育对美的追求丰富与完善教育之美。"

（2012 年 4 月，作者在广西基础教育名校长培养工程培训中，作为小组代表在分组讨论后进行了汇报演讲，本文是根据汇报提纲撰写而成）

分享篇

当学生喜爱的教师　做师生拥戴的校长
办人民满意的学校

——在南宁市庆祝第22个教师节暨优秀教师表彰大会上的倡议书

尊敬的全市教育工作者：

秋风送爽，丹桂飘香。值此第22个教师节到来之际，我谨代表南宁市全体中小学校长向全市同人致以节日的诚挚问候，并衷心地祝愿大家身体健康、家庭幸福、工作顺利！

年年岁岁花相似，今年花胜去年红。今年的教师节，与往年不同，具有特别的意义。

8月29日，胡锦涛总书记在中共中央政治局第三十四次集体学习时强调："坚持把教育摆在优先发展的战略地位，努力办好让人民群众满意的教育。"自治区党委刘奇葆书记做出重要批示："绝不能让一个学生因贫困而失学。"近日，自治区党委常委、南宁市委马飚书记，市人民政府林国强市长等领导又带着对教育事业的关心和对贫困学生的关爱，到市教育局现场办公，对我市教育为全市经济社会发展所做出的重要贡献给予了充分的肯定。市教育局认真贯彻各级领导讲话精神，结合实施新修订的《中华人民共和国义务教育法》，通过抓教师培训，促进教职工整体素质的提升；抓学校常规管理，促进学校教育质量的提高；抓规范办学行为，办人民群众满意的教育；在全市形成重教、兴教、爱教的氛围。为大力推进首府教育全面、健康、持续发展，把我市建设成为区域性国际城市，在此，我代表全市中小学校长向全市教育工作者发出以下倡议。

一、依法办学、以德立校，办人民群众满意的学校

"教育涉及千家万户，惠及子孙后代，是体现发展为了人民、发展依靠人民、发展成果由人民共享的重要方面。保证人民享有接受教育的机会，是党和政府义不容辞的职责，也是促进社会公平正义、构建社会主义和谐社会的客观要求。"作为教育管理工作者，我们要牢固树立依法办学、以德立校的理念，坚持党的教育方针，坚持以科学发展观统领我们的办学行为，坚持教育为社会主义现代化建设服务、为人民服务的思想，全面推进素质教育，把学校建成学生学习文化科学知识的学园、发展学生良好个性特长的乐园、陶冶学生高尚情操的花园。

二、用心做事、真诚待人，当师生家长拥戴的校长

校长在办学过程中扮演着极其重要的角色，起着关键的作用。作为校长，我们必须本着对党的事业负责、对国家发展大局负责、对人民群众负责的态度，严格规范自己的行为，加强学习、科学办校、用心管理、关爱教师、爱生如子，为教师发展搭桥，为学生成长铺路，用自己卓有成效的办学实践和高尚的人格魅力去赢得广大师生和家长的拥戴。

图 12　2013 年 10 月到中央党校学习

三、爱岗敬业、教书育人，做学生喜爱的教师

教师承载着传播先进文化的历史重任，应该具有事业动力、人格魅力和教育能力，这是时代赋予教师职业的真正内涵。教师的事业动力源于"爱岗"，教师的人格魅力在于"修养"，教师的教育能力体现在"爱生、学习、实践、创新"之中，教师的追求应从乐业走向敬业，进而走向专业，努力成为受学生欢迎的教师。为了学生、为了事业，每一位教师都要不断提高自身素质，不辜负人民的重托，不辜负"太阳底下最光辉的职业"这一光荣称号。

百年大计，教育为本。让我们携起手来，共同营造一个文明和谐、积极向上的教育环境，促进青少年儿童健康成长，为全面建设小康社会做出新贡献！

（2006 年 9 月，作者被评为南宁市优秀教育工作者，本文是表彰大会上作者代表全市中小学校长向全市教育工作者发出的倡议书，此次结集略有删改）

坚持人本管理　建设一流学校

——在南宁市中小学"文化立校"之学校
管理文化展示日论坛上的演讲

尊敬的杨捷副局长、各位兄弟学校的校长、主任、老师们、中央电视台中学生频道、《广西教育》杂志社、南宁电视台校园在线栏目等媒体的朋友们：

大家下午好！

今天上午我们一起在南宁三中参加南宁市中小学"文化立校、特色兴校、质量强校"工作暨学校特色开放周启动会，在会上多位领导论及学校文化都有独到见解，尤其是施日全局长的讲话更给我们全市中小学认识、把握、发展学校文化统一了思想、厘清了思路、明确了内涵。我深信，南宁市中小学文化建设的热潮必将掀起，学校文化大发展的局面必将形成……也许这就是文化的魅力！

各位领导、各位同人！作为校长，我相信大家一定有着把学校办成一流学校的期望，本人也不例外。然而对构建怎样的学校管理文化以建设一流的学

校，不同的校长却有不同的选择。今天有幸借南宁市教育局在我校举办的"文化立校、特色兴校、质量强校"工作启动暨学校特色开放周之学校管理文化开放日论坛之平台，不揣浅陋以《坚持人本管理，建设一流学校》为题抒一己之见，意在抛砖引玉，恳请各位领导及兄弟学校的校长们不吝赐教。

学校管理文化的建立，其核心是学校教育核心价值观的确立。学校教育核心价值观就如同是学校管理文化的"魂"，如果没有这个魂，学校管理文化便很容易变成行为艺术，变成装修工程。每当新学期开学，我校都会开展全体教职工向校长提交"我为学校发展献一策"的活动，这一活动我们已坚持了六年。我的一位同事在《我为学校发展献一策》中曾这样写道："教育价值观是学校的生命与灵魂。确立学校的教育价值观是校长的使命。我们常说，有思路才会有出路，有作为才会有地位。但如果没有教育价值观的定位又何谈办学的作为呢？学校的教育价值观实质上就是学校向社会、向家长做出的承诺，即以什么思想为指导，通过什么途径，以及将学生培养成怎样的人。无论是等级学校也好，示范性学校也好，'百强'学校也好，国家名校也好，那都是学校形象的一种标识，育什么人，怎样育人才是最根本的内核。学校的办学理念一定要凸显这一内核，因此可以说，确立学校教育核心价值观与确立学校办学理念是同一事物的两个侧面。办学校不可能回避教育的效果，但我们应该追求什么样的效果呢？教育的效果体现在人的身上，可以分为短期的和长期的。教育的短期效果，如技能的提高，可以通过训练习得，也可以通过考试检测，其效果取决于训练的时间与强度。但是，人的技能的提高一定能为社会和人类带来美好么？教育的长期效果，体现在人心灵的陶冶、精神境界的提升，这些是要通过熏陶的方式来获得的，而这才是关乎其个人乃至整个社会美好未来的决定因素。心灵的陶冶与精神的养育需要良好的外部环境，其中最重要的环境因素就是学校和社会的文化。"

教职工们想到的，也正是校长所追求的。历经六十年办学沧桑的"沛鸿人"，最终选择的教育核心价值观是："真心爱生，用心育人，让壮乡的孩子自信地走向未来。"我们将率领"沛鸿人"一如既往地践行"自强、厚德、和谐"的办学理念，坚持人本管理，在传承中创新，在改革中发展，努力把沛鸿民族中学建设成校风好、校园美、质量高、特色显的自治区示范性高中及民族教育的窗口学校，办成全国有知名度的现代化一流学校。

提及人本管理，大家应该是不陌生的，用百度搜索我找到与之相关的结果约 2 010 000 个。从对人本管理的研读、实践及思考中，我认为人本管理应是

图 13　2011 年 12 月 10 日时任南宁沛鸿民族中学校长在全市学校管理文化论坛上做主题演讲

把教职工作为学校最重要的资源，以教职工的能力、特长、兴趣、心理状况等综合性情况来科学地安排最适合他们的工作，并在工作中充分考虑到教职员工的成长和价值，使用科学的管理方法，通过全面的人力资源开发计划和学校文化建设，使教职员工能够在工作中充分地调动和发挥工作积极性、主动性和创造性，从而提高工作效率，增加工作业绩，为达成学校发展目标做出最大的贡献。

同时，我认为在学校坚持人本管理，建设一流学校应把握好三个要素——师生发展、环境熏染、价值观引领，并力求实现三者利益的最大化。

我在一本杂志上曾看到一则叫《香泥》的故事。说的是有一天，有个人发现路旁有一堆散发出芬芳香味的泥土，就把它带回家去，他的家竟然立刻满室香气。他好奇地问这堆土："你是从大城市来的珍宝，还是一种稀有的香料，或是其他昂贵的材料？"泥土说："都不是，我只是一块普通的泥土。""那你身上的香味是从哪里来的？"泥土说："我只是曾在玫瑰园和玫瑰相处了很长一段时间。"香泥的故事，实质上也在揭示学校文化对建设一流学校的意义。

那么作为校长的我，在学校管理方面，我想将师生置身在怎样的一个"玫瑰园"中呢？

一、讲秩序

按照《辞海》的解释："秩，常也；秩序，常度也，指人或事物所在的位置，含有整齐守规则之意。"一般而言，秩序可以分为自然秩序和社会秩序。自然秩序由自然规律所支配，如日出日落、月亏月盈等；社会秩序由社会规则所构建和维系，是指人们在长期社会交往过程中形成相对稳定的关系模式、结构和状态。我们这里讲的秩序，显然是后者。旨在有条理地、有组织地安排各构成部分，以求达到正常的运转或良好的外观状态。

对"秩序"一词的认识最早可见孔子的思想。山东曲阜孔庙大成殿悬挂着"中和位育"的牌匾。"中和位育"最先出自《中庸》，是儒家的核心口号。其中"位"可引申理解为"秩序"，"育"可引申理解为"发展"。因此，将遵循客观自然规律与经济和社会可持续发展作为人类处理人与自然关系的准则，正是体现了安其"位"而遵其秩序。根据孔子的思想，万物处在其应当在的位置上或使万物处在一个合理的本来的位置上，才会井然有序，才会生化长养，各随其生，最终求得万物的和谐共生、同步发展。

近代对西方人思想影响比较深远的莫过于英国自由主义经济学家 F. A. 哈耶克，哈耶克在其代表作《自由秩序原理》（*The Constitution of Liberty*，另译为《自由宪章》）一书中指出："在一个自由经济中，游戏规则是公平的，所以强制执行游戏规则就会十分有效，输了的人无法不认输，因为市场是只看不见的手，没法与之辩论，也无法抗拒它的惩罚，受罚人也无法责怪任何他人……"

早在 1991 年，时任南宁沛鸿学校校长的刘业伦先生提出"健全机构、分级授权、民主参与、集中决策、依法管理"的学校管理方法，并在其任上为学校管理建立了完善的规章制度和合理的执行机构。20 年来，学校的校长换了三茬，校区增加了一个，办学规模也随之大幅度扩大，但老校长的管理思想却始终根植于"沛鸿"。

记得六年前，我初任沛鸿民族中学校长时，我经常就学校管理中的事务咨询副校长："学校原来是怎么规定的？执行的情况怎么样？"毫无疑问，学校的规章制度应该根据校情的变化及社会的发展而修改完善，但修改完善的过程一定要让教职工充分参与，履行合法的程序。我们当校长不可能保证自己的每一次决策都是正确的，但我们一定要建立并严格执行诸如学校重大事项需经教职工代表大会讨论表决的议事程序和制度。说实在的，无论在哪所学校当校长，我想得最多的都是如何传承学校的优秀文化,如何弘扬我的前任留下的优良传统,然后才是完善和改进。在我们市教育局直属学校校级领导班子换届总结报告中,我基本会保留这样一段话:"学校行政管理坚持以人为本、依法办学、民主治校的优良传统,能较好执行'计划—实施—检查—总结'的管理程序。各项工作运转正常,富有成效。广大教职工能通过教职工代表大会,离退休教职工、民主党派教职工、青年教职工代表座谈会,干部年终述职制,定期召开的各类别教职工代表座谈会,学校重大事件实行的公示制及校长信箱等多种形式参与学校民主管理。积极鼓励教职工和全体学生关心学校发展并参与学校不同层次的管理,努力当公平、公正的校长。"

校长都会十分关注学校教职工的工作积极性和创造性,这是因为学校办学目标的达成依赖于教职工对工作的全身心投入。但值得注意的是在学校办学目标达成的过程中,教职工的工作积极性和创造性不会自发存在。美国著名管理学家巴纳德曾经说过:"若要将那些组织内认为有潜能的组织成员按其服务的自愿程度来排列,从最高的自愿渐渐减到中间或零,然后渐渐地到最高的不自愿或反对或厌恶,那么在现代组织中,大多数人都落在负的一边。"由此可见,校长的重要任务就是要最大限度地激发教职工的工作潜能,并将他们的行为引向学校目标之途。但问题在于,校长何以最大限度地激发其教职工的工作潜能呢?

俗话说:"没有规矩,不成方圆。"法律和规则是社会运行的基石,是社会有序运转、人与人和谐共处的基本元素。同样,严格执行学校的规章制度也是校长树立威信、实现学校有序运转、建设和谐校园的基本因素。如果规章制度形同虚设,学校必定人心浮动、混乱无序。衡量一个国家、一座学校的文明程度的一个重要标志就是政府和每一个公民的规则意识、法律意识。如果个人意志高于社会规则之上,个体行为凌驾于制度约束之上,这是一件非常可怕的事情。所以我一直认为,坚持人本管理,尤其是构建在公平游戏规则下的良好秩序是最大限度地激发广大教职员工工作潜能的基础。文化管理固然是有境界的管理,但必须以严格执行精准化的制度来确保学校各方面工作的精致化、精细化。比如,我们在继承学校多年形成的《南宁沛鸿民族中学规章制度汇编》的基础上,近几年学校实施的班级量化管理、青年教师五年成长规划评估、教研组建设"三个一"(集中学习一篇学科教学论文、听评一节学科教学研究课、分年级集体研讨一周学科教学内容)活动及学科课堂教学常规抽检,便是我们学校在班级管理、教学管理中一直坚持的"游戏规则",并获得了教育教学的良好秩序和令人满意的效果。

二、顺人性

学校制度虽然是刚性的，但制度执行是可以体现人文性的，这就是刚柔相济。为此，坚持人本管理还必须"顺人性"。人本管理是相对于"人性化管理"的一种完善和修正，纯粹的人性化管理过于关注正向激励的作用，甚至会变形为一种变相通过"贿赂"教职工来达到管理目的的方式。人性中"趋利避害"的消极面不应被管理者所忽视。一方面，在"物质"不再成为问题，不再威胁大多数教职工生活的今天或者明天，物质激励的作用已很有限；另一方面，作为学校管理者的我们有时很难适时适度地给予符合教职工意愿的精神激励。比如，有些人踏踏实实地干，不图名利，只因为那工作是他的生活需要，精神激励对他来说可有可无；而另一些人总觉得自己的工作没有得到充分的肯定而失去向上的动力。所以社会快速发展到今天，在绩效工资发放和岗位设置工作实施都存有较大缺憾的今天，作为学校的管理者，我们就应该思考人的本质需要，这里我们当然会想起马斯洛的需求层次理论。现当代全世界最有影响力的美国心理学家马斯洛在其心理学理论中指出："人在满足了生存、安全的需求之后，就渴望被尊重，希望人格与自身价值被承认。"马斯洛和其他的行为心理学家都认为，一个国家多数人的需要层次结构，是同这个国家的经济发展水平、科技发展水平、文化和人民受教育的程度直接相关的。在不发达国家，生理需要和安全需要占主导的人数比例较大，而高级需要占主导的人数比例较小；在发达国家，则刚好相反。大至国家如此，小到学校也不例外。人本管理为师生员工生命成长提供了基础和外在支持。人都会有做主人翁的欲望，谁也不愿意自己被操纵，而且从一定程度上说，担负一定的责任，对学校做出一定的贡献，会让教职工有得到认可的心理满足感。关怀和尊重每位教职工和他们每个人的成就，尊重教职工的尊严和价值，是学校人本管理的实质和精髓所在。

教师都是有感情的生命体，一旦选择了教师这种职业，这种生命的生存方式，许多时候便不再是自由地选择了。教师生活在各种形式的规范中，习惯于循规蹈矩和按部就班地工作。既要遵守一定的职业道德规范，又要遵守一定的制度规范，教师生活中个人的热忱、兴奋、喜悦以及苦痛、伤感、失意、无助等，在刚性的规范面前只能自动隐退。生活空间的狭小和来自各方面的教学压力，使我们的教师少了一份应有的从容和闲情。相同的教材、相近的教法、相似的学生，日复一日、年复一年，消融了教学生活原本别开生面的新鲜光彩，使之失去应有的新意和情趣；重复的生活消磨了教师的生命感受、生命动力，产生职业的倦怠。教师从教生活中的喜怒哀乐、内心需求和生命体验都被轻易放逐，所以教师生命的成长需要有一个良好的外部环境，从教师生存方式的角度来看，这种良好的外在环境就是有效的人本管理。

六年前，在我调任南宁沛鸿民族中学校长之前，我一直兼上一个班的数学课，每周六节。20年的一线教学，让我深刻体验到做教师的快乐，那种快乐，是和学生"心有灵犀一点通"的心领神会，是"相看两不厌"的彼此欣赏，是一种和谐之乐。当校长后，我希望自己能够与师生建立平等和谐的朋友关系，享受同事情、师生情之快乐。因为管理不是改造人，而是唤醒人；制度不是约束人，而是激励人；管理的秘诀是尊重，制度的核心是真爱，只有做到尊重和真爱，自己才能享受管理之乐。坚持人本管理，关键是校长，因为从某种意义上说，校长是教师的教师，教师对校长寄予厚望。校长不仅要把学校利益、学校发展放在至高无上的地位，同时也要把学生的发展、教师的发展放在至高无上的地位。校长的使命是什么？我个人认为校长的使命就是要运用好国家、教育行政部门赋予的权力，创造性地搭建促进教师生命成长、专业发展和学生成长的平台，让每一个角色都表演到位，让每一位教师、学生走向成功。

坚持人本管理，要求校长在工作和生活中应加强"感情投入"，海纳百川。真正有宽广胸襟的校长，也一定是善于虚心向教师学习的校长。学会热情关心人、充分信任人、诚恳对待人、善于激励人，一旦教职工把校长视为了知己，他们往往会为那份用金钱买不到的情感，情有独钟地工作。有一句话是我经常告诫自己的，不能给教职工们幸福，那就给他们自由。所以在我们学校，自我任校长以来，教师一直实行弹性坐班制，给教师必要的自由活动空间，只要大家守住上课必须准时走进课堂并努力做到让师生满意，学校规定的活动必须准时参加并认真履行职责这"两条底线"，经自己主管领导默许，校长是不会管你上下班时间的。而且，学校坚持在第一时间给有困难的教职工（生病住院等）以慰问，尽可能按教师个人意愿给家离校较远的教师排课，给因病不能坚持工作但又不符合病退的教职工以长达近十年的病假全休（一个月批一次假单）照顾，给因个人原因调离、辞职或出国的教职工重返"沛鸿"敞开大门并委以重任，等等。如果说以往的人性化管理只能算是被动的响应人性化的管理，那么今天我们坚持的人本管理则是主动地管理人性以达到学生成长、教师发展、学校价值提升之多赢目标。

　　首先，顺人性要做的就是顺应师生成长发展的客观规律和需求，精心搭建舞台让学生尽情展示才艺、体验成功、获得激励。我校创设的德育活动工程，德育"五大名片"工程（红色名片——"国旗班"、橙色名片——"三月三"校园歌圩文化艺术节、绿色名片——"全员军训"、紫色名片——"民族歌舞迎客队"、金色名片——"育人之星"），学生自主管理工程及21个学生社团组织便是师生发展的全新舞台。

图 14　我们也要与校长合影

　　其次，顺人性要求校长在师生成长的过程中要善待师生、学会等待。善待师生，就要站在教师与学生的立场去考虑；就要从师生的需要出发，从他们身心发展的客观规律出发，使学校成为他们享受工作、享受学习、享受生活的精神乐园。

　　当然，优秀学生的成长及优秀教师的发展，无一不是在学习和工作中，不断地积累，不断地丰富自己，自身的人生价值才得以真正地实现。作为校长，我们同时要有等待"水到渠成、瓜熟蒂落"的耐心。我校后勤服务管理工作以创新"113"（"1"——坚守一个承诺，即实行后勤管理工作三天答复制；"1"——树立一心一意主动服务师生的意识；"3"——劳动锻炼育人、校园环境育人、食堂文化育人）为抓手，努力为建设一流学校增光添彩便是善待师生的有力证明。

　　最后，顺人性，要求校长要宽容大度、善于妥协。

　　宽容的基础就是大度，宽容的结果是和谐，是团结。如果我们的教职员工都斤斤计较，整天沉迷于个人的一些私利，无原则地内耗，我想，这个校园就其精神层面而言，是没有美可言的，在这样的校园里生活实在是在受罪。

讲宽容就要讲理解。每个人的生活习惯、工作方式各不一样，在大多数情况下，这种不同的生活习惯与工作方式并没有原则性的问题。理解了这点，理解了别人，也就容易在与人相处的过程中形成宽容的氛围。

善于妥协。因为我们崇尚宽容，所以就会有另一个命题——善于妥协。现在社会，每个人都有着追求自己名、追求自己利的合理性和合法性，所以个人和个人之间、个人和组织之间、组织和组织之间，都有可能产生各种矛盾和冲突。矛盾和冲突的存在是客观的现实，矛盾和冲突的存在，也是事物发展的必然。所以，在这个意义上讲，我们没必要害怕，或者并不需要过多地在意学校存在的矛盾和冲突。但是，我们提倡冲突的各方要善于妥协，人们说"退一步海阔天空"。学会妥协，事实上就是学会了和谐，学会了团结，学会了创造一种宽容的、宽松的环境，为自己愉悦地享受生活、享受工作创造最好的条件。

此外，"善于妥协"的一个重要方面就是得理也要让人，是给别人以时间，给自己留余地的重要做法。即便在你掌握了百分之百真理的情况下，你也应该懂得人们接受真理是需要过程和时间的，给别人时间以接受真理，是避免矛盾激化、避免因情感对立而使对方死不认理的需要。更何况，有很多时候，你自以为是认定的真理，其实并不一定是真理，这时候的妥协就是给自己挽回错误留下余地。2011 年下半年学校岗位设置工作实施虽"一波三折"，但学校领导坚持以人为本，积极争取上级管理部门的政策支持，以最大的耐心和诚意面对每一名教职工的正当诉求，尤其是来自桃源校区初中部 26 位教师联名给局领导的书面诉求，经过我们近三个月细致而有成效的工作，最终以全面履行《南宁沛鸿民族中学教职工岗位设置实施工作方案》（2011 年 1 月 6 日学校召开的第三届教代会第三次会议审议以 72 票赞成，4 票反对高票通过），全体教职工自愿与学校签订上岗合同，为学校岗位设置实施工作画上一个圆满的句号，为学校坚持人本管理留下又一个成功的案例。

当然，说崇尚宽容、善于妥协，并不是要我们不讲原则、安于现状，而是强调人和人之间如何相处的一般道理，是顺应人性的一种境界。

三、求更好

一流学校的建设本来就是一个动态的过程。在当前这样一个充满变动的时代，任何一个自以为是、满足于眼前"第一"的学校，落伍是必然的，不进则退是必然规律。为此，在一流学校建设的过程中，我们要坚持一个最基本的理念——"最好"是一时的标志，"更好"是永恒的追求。努力促进学校"今天比昨天好""明天比今天好""一天比一天好"，"让学校做得更好"应当是建设一流学校过程中，学校全体师生员工的自觉追求。最近的六年，应该是南宁沛鸿民族中学又好又快发展的六年。学校新校区的基础建设终于画上圆满句号，新校区的绿化、美化、文化工作也上了一个新台阶。尽管这么多年学校一边建设，一边教学，但是学校各项工作管理到位，办学质量逐年提高，社会声誉及学校美誉度不断提升，学校连续 14 年捧回了南宁市高三毕业班工作评估优秀奖（或卓越奖），此均为同类学校最高奖。仅据近三年的统计，学校荣获的国家级、自治区级、市级、县区级集体荣誉称号就有近 50 项。可以说我校正朝着"坚持科学发展，精心打造自治区示范性普通高中名校和全国民族教育窗口学校，努力办师生向往、家长放心、社会满意学校"的办学总目标迈出非常坚实的脚步。

随着学校领导班子本届任期的终结，我校将全面完成桃源校区高中部移师江南校区办学格局的调整，未来教育教学发展趋势决定了桃源校区初中部办学逐步走向优质化，江南校区高中部办学逐步走向特色化，这是沛鸿民族中学要实现可持续又好又快发展必须坚持的目标和方向，基于这样的发展方向，我们定位了沛鸿民族中学未来五年发展规划，就是"围绕一个中心，搭建两个平台，实施三大工程，实现四大目标"。"一个中心"就是以建设"民主、合作、生动、有效"的课堂文化为中心；"两个平台"，一是教师学科教学研讨平台，二是学生个性特长展示平台；"三大工程"，一是学校精细化管理工程，二是教师专业发展工程，三是学校文化建设工程；"四大目标"，一是有效德育，二是高效管理，三是特色学科，四是一流学校。教育部中学校长培训中心主任陈玉琨教授说："让学校做得更好，就是要让学校更有朝气，让师生更添智慧，让校园更具美感，让教育更富创造，让员工更加和谐。"我们"沛鸿人"对未来五年的发展规划应该是符合这个理念。

德国管理学家赫尔茨有一句名言："会鼓动别人，会服务别人，会成就别人，就是会管理。"作为校长，我们也深知学校管理就是不断地发现、协调、平衡，并解决人与人、人与事（或物）、人与自身的矛盾关系的探索过程。在南宁市教育局直属学校校级领导班子即将换届之际，我们有幸承办学校管理文化开放日论坛，真诚地感谢市教育局的领导们给予我们机会让我们与大家分享我们对学校管理的理解和收获。最后，我要强调的是，无论我本人是否留任南宁沛鸿民族中学，我的人本管理思想是不会改变的，建设一流学校的追求也同样是不会改变的。我也相信，经过几代"沛鸿人"的探索和选择，南宁沛鸿民族中学的管理者们也将始终坚持人本管理的理念，努力提升管理智慧，以丰润"沛鸿"的管理文化。如果说"讲秩序、顺人性"是方法，是策略，是手段，那么"求更好"便是我们的追求。衷心祝福"沛鸿人"在建设一流学校的大道上走得更稳健、更欢畅、更美好。

（本文删减后曾发表在《广西教育》（时政版）2012 年，第 20 期）

在"提高"二字上下功夫
——南宁市天桃实验学校实施素质教育概要

南宁市天桃实验学校是自治区和南宁市教育行政部门首批进行建设的示范学校之一。在多年的教研、教改实验中，该校为教育转轨奠定了良好的基础。作为一所九年一贯制学校，该校在全面实施素质教育的进程中，特别注重在"提高"二字上下功夫。

一、提高思想认识水平

素质教育是针对"应试教育"而提出来的，是教育观念的转变。为此，该校做的第一件工作就是组织学习，加强宣传，提高班子领导、教师、家长及社区单位负责人的思想认识，使大家认识到办示范学校首先就是在全面贯彻教育方针、全面提高教育质量、全面提高学生素质上示范，从而解除大家的顾虑，加强普及意识，淡化选拔意识，在教育教学中，自觉面向全体学生，从学生的全面发展出发，教好全部学科，使学生生动、活泼、主动地发展。

二、提高教师素质

抓好教师队伍的建设是实施素质教育的关键，重视青年教师的培养又是抓好教师队伍建设的关键。天桃实验学校主要从五个方面抓教师素质的提高。

一抓师德建设，体现在一个字——"爱"，即爱教育、爱学生。为此，天桃实验学校在青年教师中开展向身边的先进看齐，开展向我校先进教师的代表——全国师德先进个人、全国"巾帼建功标兵"卢坚老师学习的活动；举行了题为"创文明教风，树师表形象"的教师演讲比赛等。

二抓理论学习，培养科研型教师。天桃实验学校定期请校内外一些知名教师、教育专家给教师们开设教育教学科研专题讲座，介绍最新教改信息，并组织部分有一定理论水平的教师从教育学、心理学、教育心理学、教育史以及有关教育文件中挑选一些与教育教学实际联系非常紧密的基础知识，设计成问答题，分批编印分发给全校教师，要求全校教师认真学习、理解熟记，特别对中青年教师（不大于45岁）提出进行闭卷笔试过关检测，从而使教师不但在实践中会"教"，更要在理论上能"说"。

三抓基本功训练。天桃实验学校专门编印了毛笔字帖、钢笔字帖、简笔画帖，并规定每位教师每周完成毛笔字、钢笔字、简笔画作品各一份，教研组批改，教务处抽检。另外，学校还组织青年教师参加计算机辅助教学课件编程培训，中文输入、排版、编辑、打印及幻灯片制作培训，计算机网络维护、使用培训，等等。

四抓老带新。在教师中开展"一帮一、结对子"活动，给年轻教师提出"一年跟学、二年入门、三年出师"的奋斗目标，并对师徒对子提出具体要求，三年后学校要对各组"对子"进行验收评比、表彰。

五抓教师比赛锻炼。与青年教师的转正、晋级挂钩；同时进行教师论文或工作专题总结评比，表彰先进。

三、提高教研水平

抓教育科研，天桃实验学校采取了"三结合"的办法。一是课题研究与群众性的教学研究相结合。学校集中力量承担市级、自治区级和全国级的课题研究，同时要求全体教师结合自己的教育教学工作进行一年期的某一方面的探讨，两相结合、互相促进。二是理论与实践相结合，教育研究和实践必须以教育科学的理论做指导。只有在科学理论指导下，实践才能避免盲目性。因此，我们要求教师要挤时间学习教育科学理论，提高理论水平。三是理论工作者与教师结合。教师毕竟以实践为主，学习理论的时间毕竟不多，因此，我们经常请校外专家学者来校做专题讲座，或在课题研究中，请他们参与和指导。

天桃实验学校"八五"期间参与或独立承担三项全国性的教育教学研究课题。南宁市被自治区批准立项的五个重点课题中，该校占了两个半。其中与南宁市教科所合作的"王敏课堂教学艺术研究"目前已通过省级鉴定，现正向全区推广。此外，他们还参与了区电教馆组织的国家教委基础教育司的重点课题、自治区的重点课题"小学语文'四结合'实验"及部委级科研课题"素质教育的运行机制与实践模式的研究"的研究。

四、提高管理水平

素质教育涉及学校工作的方方面面，涉及学生学习生活的全部。为了能顺利地实施，必须建立适应素质教育的管理体制。在组织管理方面，该校健全了四层机构：一是决策机构（由学校领导组成）。职责是确定素质教育目标、范围、内容、步骤、人员、制定相应的条例和措施等。二是执行机构（由中层领导组成）。职责是根据学校的决策，具体考虑如何实施，如把总目标分解为几个子目标，每个子目标的实行步骤等。三是实施机构（由年级组长、教研组长、班主任、科任教师组成）。职责是具体承担执行机构的任务。例如，某班主任侧重研究学生的心理健康教育，围绕这个问题考虑如何开展这一教育，如内容、形式、步骤等。四是督促、检查、反馈机构（由校长办公室、人事干部组成）。职责是根据学校的决策，督促执行机构、实施机构，检查实施的情况，并把情况反馈给决策机构，供他们再决策参考。这些机构各有各的职能，各自发挥作用就形成了循环的组织管理。

教育评价制度是个指挥棒，要实施素质教育必须建立适应素质教育的评估机制。为此，该校制定了《课堂教学评估标准》《教师专业技术考核标准》《学生各学科成绩等级评定方案》《学生品德操行评定指标》《科任教师教学工作学生评价表》《班主任工作学生评价表》等，建立了以评促管，管评结合的评估机制。评估工作由学校领导组织教务处、政教处进行，每学期一次，从教师、学生、效果三个方面进行评估。一是从政治素质、履行职责、道德修养、工作成绩等方面对教师进行全面评估。评估方法为自评、组评、学校评三结合。评估过程和评估结果实行公开原则，建立考核评估档案，并将评估与教师评优、晋级、奖励、结构工资挂钩，充分发挥评估的导向作用和激励作用。二是从德、智、体、美、劳等对学生进行全面评估。三是以学科成绩（等级）、能力发展、学习习惯对教学效果进行评估。另外定期召开学生家长会、学生座谈会，也可以对学校教学效果进行检测、分析。

管理育人，环境亦能育人，良好的育人环境能产生课堂教育所不能产生的作用。为此该校大搞校园环境建设，翻新旧楼房，平整操场，搞好绿化，设计校园的文化点、宣传栏，创设浓浓的文化氛围，收到了较好的效果。

五、提高教育水平

实施素质教育，就要立足于学生的主动发展，就是要提高教育水平。首先抓好德育教育，教学生学会做人。在这方面，该校一是抓好班主任队伍建设，通过充实班主任队伍的力量、提高班主任待遇、认真制订德育工作计划、每两周召开一次班主任例会、每学期召开一次班主任工作研讨会、每学年评一次校优秀班主任等，在挖掘典型、推广经验的基础上，提高班主任队伍的整体素质。二是抓课堂教学，要求教学要有教育性，教书育人。三是组织全校性的德育活动（如希望工程、爱心奉献、庆祝国庆等）。四是开展学风评比，创文明班活动。另外，为抓好学生心理教育，该校一方面开心理讲座，要求团委成立学生心理咨询室，开展丰富多彩的课余活动；另一方面要求教师在教学上开展成功教育、愉快教育，同时举办家长学习班，从多方面、多角度引导学生正视心理问题。

其次是抓智育，教学生学会学习。为此，该校要求教师淡化选拔意识，努力探索能更多地吸引学生参与教学过程的新的教学法模式，特别要重视把现代化的教学手段引进教学过程。既抓教师教育理论学习和教学改革，如规定教师制订学期计划必须包含"本学期我将实行什么改革""我将如何提高课堂教学艺术"等内容，又抓互相听课评课，抓年级的改革研究课，同时抓教学质量管理，含教学情况反馈（学生反馈、班主任反馈、家长反馈、作业反馈、测试反馈）和考试质量分析。制定奖励条例，对锐意改革、承担科研任务、成果突出的教师在评先、岗位工资、住房、外出学习、参观等方面给予优先考虑。在抓教学科研论文的撰写时，该校规定每人每年交一篇论文，把论文汇编成册，给以评奖，联系发表。

再次是抓好学生身体素质，教学生学会健体。统筹安排、合理布局，充分挖掘场地的潜力，不但保证了学生两课两操的正常开展，而且保证了学生每天一小时的体育锻炼。同时注意体育与德育结合，以体育活动为手段培养学生敢于拼搏、不怕困难、能承受失败等优良品质。此外，他们还借助校外力量，抓校外锻炼。给家长发通知和每天锻炼记录表，对学生校外锻炼提出具体要求，请家长天天记录运动情况，半个月交班主任查阅一次。借用市体育场，举办该校每学年一次内容丰富的校运会，以检阅这一年度体育教育的成果，促进下一个年度体育工作的发展。

然后是抓美育教育，培养学生高品位的审美情趣和艺术才能，学会审美。要求学生小学毕业学会一样乐器，能写一手好字；初中毕业生在小学的基础上能有好的素描基础，能拍摄艺术照。为此学校采取了四个措施：①抓好图音等艺术学科的教育，要改变这些学科只教知识、只练技能的状况，还要注意发展学生的形象思维，注意审美能力的培养；②抓好课外艺术教育，已经组建有管乐队、民乐队、合唱队、歌舞队、形体队、美术活动兴趣小组、书法活动兴趣小组；③以初二学生为主，进行审美教育实验，如美术、摄影、电影、电视、音乐欣赏、文学评论等；⑤各学科教学都要渗透美育。

最后是抓劳技教育，培养爱劳动的思想和基本的劳动技能，学会生存。措施为上好劳技课，开展科技、家政课外活动，如修理单车、理发、裁缝、木工、电脑、油漆、标本制作、室内装修、烹调、盆景、栽培、饲养、闹钟修理、小发明、小制作等。

实施素质教育是时代赋予每一所学校的历史重任，南宁市天桃实验学校虽然在过去的几年里取得了一定成绩，但全校教师员工亦都深深感受到还需继续"提高"。

（本文曾刊登在《广西教育报》1998 年 12 月 11 日第二版，是作者与当时南宁市天桃实验学校周积宁校长的合作文章）

警校共建齐努力　依法治校谱新曲

——南宁市第四中学与"110"警务大队共建工作总结

党的十五大报告明确提出依法治国，建设社会主义法治国家的基本方略，为了贯彻落实这一方针、政策，营造青少年健康成长的良好社会环境，我市各级部门齐抓共管，加强社会治安综合治理，整治中小学校周边环境。然而由于青少年的年龄阶段特点，决定了他们自控能力、自我约束、自我教育和自我防范意识比较薄弱，对于社会上的错误思潮、不正之风缺乏强有力的抵制能力，因此在青少年中违法犯罪现象仍十分突出。

我校地处市中心，共有 39 个班，其中初中 23 个班，高中 16 个班，学生

1800多人。学校周边机关单位、商业区、居民住宅区林立，学生生源较复杂，素质参差不齐，少数学生把在小学、初中阶段沾上的社会陋习、恶习带到学校，给学校的教育教学工作带来严重困难。尽管我校已花大力气，加大了教育力度，但缺乏社会的有力配合与支持，收效不大。自1999年以来，我校与"110"警务大队开展警校共建，我校在"110"警务大队的密切配合下，从整治学校周边环境入手，在"现代化、高质量、重特色、创名校"的办学思想指导下，狠抓"三风"建设，并在学生中大力进行维权活动，加强法制教育，共建两年，学校面貌大为改观。本着巩固成果、完善提高的目的，现将我校与"110"警务大队开展警校共建的工作总结如下。

一、提高认识，领导重视，责任到位

在当前广大青少年中普遍存在着法制观念淡薄的现象，必须提高学生的法制意识，使他们能有效地抵制犯罪及保护自己，从而健康地成长，这是实施素质教育的重要组成部分。基于这种认识，我校针对学校周边及校园内存在的一些问题，不护短、不隐瞒，把维护青少年合法权益及法制教育作为学校的一件重要事情来抓。为此，学校专门成立了法制教育工作领导小组，小组成员包括校长、主管副校长、政教处主任、副主任、办公室副主任、保卫干事、年级组长、班主任等，并在"110"警务大队的配合下建立健全法制教育管理体制，并将法制教育、维权活动制度化、序列化。

会议制度：有警、校工作协调会，领导小组会议，年级组长和班主任月例会，学校思想政治工作研讨会等。这些会议定时定期召开，及时研究解决有关工作。

三级汇报制度：充分发挥班主任、年级组、政教处的作用，为使学生中或学校周边出现的问题及时发现并得到有效解决，学校规定对学生中或学校周边出现的问题实行三级汇报制度，即由班主任报告年级组，年级组报告政教处，政教处报告主管校领导，学校也定期将学生的思想和周边治安状况通报"110"警务大队，以求形成教育学生和整治周边环境的合力。

德育岗制度：为落实全方位、全过程、全员育人方略，学校设立了从班级到全校的德育岗制度，全体任课教师和行政人员都参与，每天深入班级、校门及学校周边四处巡视执勤，加大检查力度，及时处理问题，排除隐患。

宣传教育制度：学校政教处、团支部、学生会、年级组、班委会充分利用橱窗、板报、广播站广泛宣传好人好事、遵纪守法先进事迹，定期出版法制教育园地，用生动的案例、图片教育学生，使他们知法、守法、学法、用法。

教育活动制度：实行"三课"制度，发挥班会课、团课、队课的作用，采用生动活泼、形式多样的活动，如主题班会、辩论赛、演讲、征文、排演维权自护情景剧、参观法制教育基地等，对学生进行法制教育。

实行"帮教"制度：对于个别具有不良行为的学生，我们建立了帮教档案，不定期地请"110"干警配合我们的教师一起对这些学生进行法制教育。

二、全方位、全过程、全天候协助学校开展法制教育

南宁市"110"警务大队是共青团中央、公安部授予的"全国优秀青少年维权岗"、"全国青年文明号"、公安部"人民满意公安基层单位"。它们担负着维护我市社会治安稳定、快速有力地打击各类违法犯罪和对社会治安实施动态管理的艰巨任务，尽管如此，"110"警务大队从大队领导到普通干警对与我校共建的工作给予特别的重视。

大队根据学校治安形势，选派政治合格、业务素质高、表达能力强的民警到学校上法制课，长期进行法律法规教育宣传；配合学校普法教育，开设法律知识、毒品危害、自我保护、遵纪守法、遵守交通规则五个专题，结合图片板报于每学期初到学校进行宣传；组织学生开展自我防范情境训练，增强学生体质，提高学生自我保护的能力。

三、全面、即时、有力保障青少年学生的合法权益

大队根据四中地理位置处于市中心、交通拥挤、人员流动比较混乱，尤其是一些社会闲散人员经常在学校周围滋扰学校学生，严重影响了四中正常的教学秩序这一情况，制定出具体的工作措施：①加强日常巡逻防范工作。大队立足于现有警力，每天抽派民警于四中放学时间对学校周边进行巡逻，保证学校师生安全。②动态的治安防范措施。根据每日巡逻了解到的学校治安信息，采取不定时的到四中校内外开展民警巡逻防范工作，特别侧重在学校中午、晚自修等治安案件多发时段的治安防范。③联合社会力量，采取有力措施，整治校园周边环境。定期组织警力对四中周边 200 米范围内的乱摆乱卖和传播"黄、赌、毒"的摊点进行清理整顿，净化校园周边环境。④严厉打击学校周边经常发生的抢劫、抢夺、敲诈勒索、打架斗殴等违法犯罪人员。⑤维护学生合法权益，坚持长效管理，为学校师生提供 24 小时维权报警服务。

四、促进学校、社区、家庭法制教育及维权保障网络的形成

实践已证明，教育学生单纯依靠学校的力量是难以取得很大成效的，必须联合家庭、社区，长期以来我校致力于构建学校、家庭、社区三结合的教育网络，即实现学校为主体、家庭为依托、社区为纽带的三位一体的综合教育。

定期分年级或全校开办家长学校专题辅导课，聘请一些有丰富教育经验的专家、学者及学校领导给家长们上课，增强家长们的教育意识和教育水平，此外定期由校政教处编辑出版《家校园地》，广泛宣传有关知识，编辑剖析教育青少年方面的成功或失败的案例，对家庭教育进行正面引导或反面警示。

学校还成立了家长委员会，召集家长共同探讨，相互交流，密切配合搞好教育学生的各项工作；与周边单位的领导一起，举行座谈会，取得一致意见，整治周边环境；与"110"警务大队密切联系，他们长期坚持定时出警，有紧急情况及时出警，每个学期都为初一、高一年级新生进行军训，开展工作研讨会，每学期来校做法制报告，派警员到校与违纪学生做辅导，耐心细致转化"问题学生"，处理不少违纪案件。

五、促进学校周边环境及校园秩序良性发展

通过上述一系列措施，我校坚持依法治校、警校共建，极大地促进良好校风的形成。如今校园里文明礼貌蔚然成风，学生坚持着校服、戴校章入校，见到教师主动问好，有95％以上的班级被评为文明班级，迟到、旷课、打架等违纪现象大大减少。优良的校风为教育教学工作又提供了根本的保证。近年来，我校教育教学喜获丰收，获2000届普通高中毕业班教育教学成绩评价一等奖、全国中华传统美德教育优秀实验学校、新城区社区教育先进单位、南宁市三连冠"顶呱呱"团组织。

（2001年6月，作者担任南宁市第四中学副校长，本文是当时撰写的总结材料）

团结班子聚人心　依靠师生开好局

2003 年，无论是对南宁市第二十八中学，还是对我本人都是难以忘怀且不同寻常的一年。一年来，全校师生团结协作、奋发拼搏、开拓创新、锐意改革，较好地实现了预期的工作目标。根据年终考核的要求，现将一年来我在大家支持下所做的主要工作及成效扼要总结如下。

一、培训归来显身手，战胜病魔担重任

2002 年 10 月 30 日至 11 月 29 日，我有幸在担任南宁市第二十八中学校长一职的第二天，被市教育局派送到华东师范大学参加由教育部中学校长培训中心承办的为期一个月的中学校长高级研修班的学习。本次学习的收获是多方面的，既有教育教学理念的提升，也有对校长一职的理性思考，还有对办好一所学校的深层感悟，更有对自己如何管理一所学校的经历剖析和思路整理。研修班学习刚结束，我便走马上任，欲大显身手。可令人遗憾的是就在我正式上班的第一天，便因急性阑尾炎，先后在不到一个月的时间内，连续动了两次手术，前后住院治疗近两个月。出院后，我虽然怀揣全休三个月的医嘱证明，但我仅利用寒假休息了不足一个月的时间。2003 年年初，学校开学我也开始正常上班，至今未请假休息一天。这期间，很多教职工劝我不要玩命工作，但是每当我想起教职工们对学校新班子的热切期待，便激起我满腔的工作热情。我曾跟我爱人说过一句话："如果没有工作，我康复所需要的时间也许会更长。现在，对我来说，最好的休养方式就是回到学校开展工作。"我经常这样想，我既然选择了二十八中校长这个角色，那么就要尽自己所能做一些令二十八中师生员工们满意的事。如果有一天我调离了二十八中，我希望二十八中的师生员工们能公道地说："戴启猛在二十八中任校长期间，没有给我们大伙添乱，还是为二十八中做了一些实事的！"如能有如此评价，我心足矣！记得我在和大家第一次见面时，我曾对大家谈自己对校长角色的理解："作为校长，应心存一份善心，严于律己，宽以待人；心存一份爱心，容忍缺点，鼓励冒尖；心存

图 15　2012 年 12 月在英国伦敦培训期间留影

一份细心，以人为本，人文关怀；心存一份公心，公正公平，取信于民。"这几句话伴随我也一年了，它是一面镜子，每天坚持照一照，便知道自己的不足，便知道自己该怎么做。

二、团结班子聚人心，依靠员工开好局

虽然我在任二十八中校长之前，已先后在四所学校任过职，但当正职毕竟不同于副职。"做中学、学中做"是我对新职的工作态度，充分依靠广大教职工办学是我工作的法宝。为此，我在学校新班子中非常强调班子的团结和合作，自幼恋家的我，深深地懂得家和万事兴的道理。只有充分调动每一位师生员工的工作积极性并激发每一位师生员工的聪明才智，学校才能越办越好，学校才能兴旺发达。

（一）把校风建设作为新班子到位后的工作重点来抓

把校风建设作为新班子到位后的工作重点来抓，经过一个多学期的努力，应该说成效是明显的。归纳起来就是 12 个字：措施到位，责任到人，即时评价。①修订并试行《南宁市第二十八中学学风纪律检查评比方案》，提高班主任津贴，并将班主任津贴的发放与所带班级的学风建设联系起来，实行浮动制；②加强年级主任管理，明确年级主任的责、权、利；③将中层以上的干部

分配到年级，以协助并督促年级主任、各年级班主任的工作，促进班风建设，同时学校将中层干部的中考、高考奖金与所下年级的中考、高考成绩挂钩；④加强对违纪违规学生的教育和处理，不让"问题学生"的问题过夜，对学生进行即时的教育和帮助，同时对其他同学也是一个很好的教育。

（二）加强民主政治建设，依法治校、依法治学，充分依靠广大教职工办学

1. 充分依靠广大教职工办学是新一届领导班子的管理治校理念

根据新班子的请求，上学期开学教职工集中的第一天，学校便收到全校124位教职工共399条建议和工作意见，内容涵盖学校教育教学管理的各个方面。

今年3月底召开的教职工代表大会，学校又收到了57份提案。学校领导对每一条意见和每一份提案都进行了研究，做到了条条有回音，份份有落实。应该说我们学校的教师们对新班子这方面的做法是给予肯定的。

2. 加强校务公开，主动接受教职工的监督，让广大教职工找到主人翁的感觉

定期召开教代会审议学校重大决策、工作或集中听取教职工意见制度。在教职工代表大会休会期间，学校的重大问题一律由集体讨论决定，学校的规章制度和分配方案都经过教职工讨论，并经过学校行政办公会集体讨论通过。

3. 完善群众对干部的民主评议

每学期群众对干部进行无记名民主评议，学校主要领导将评议的结果反馈给每一位中层干部，加强干部的自律。我们对干部提出的总要求是：模范执行"三心""四不""五带头"，积极发扬"六种精神"。

三心：忠于人民教育的事业心，不辜负组织和师生期望的责任心，不把二十八中办成自治区示范性高中不罢休的决心。

四不：不谋私利，甘当公仆；不违反组织原则，坚持民主集中制；不拖拉推诿，勇于开拓，敢于负责；不空位、抢位、错位，不浮在表面搞形式主义。管理工作要严、实、深、细。

五带头：带头学习现代教育理论和现代管理及现代教育技术；带头执行教育法规和学校对教职工提出的各项规章制度和要求；带头钻研业务，提高教育教学质量；带头进行教育科学研究，大胆改革创新；带头做好教职工的思想工作，做教职工的知己、知音、知心，团结全体教职工不断前进。

发扬六种精神：艰苦创业精神、团结协作精神、务实求真精神、开拓创新精神、创优争先精神、无私奉献精神。

应该说现在的二十八中领导班子队伍作风优良、群众拥护、党政协调、团结一致，做到了"三个表率"（党政一把手做领导班子的表率、领导班子成员做教职工的表率、全体教职工做全体学生行为的表率）和"三个监督"（反过来依次接受下属和群众的监督）。

（三）中考、高考备考工作井然有序，富有成效

尽管我们的生源和办学的周边环境不是很有利，但是我校2003届毕业年级全体师生在学校的统一布置下，团结一心、顽强拼搏、不言放弃，为我市中考和高考做出了自己应有的贡献。

其中，中考进入高分段（600分以上）5人，上示范性高中最低录取分数线（483分）91人，考取中考单科状元共有8人，其中，数学科（120分）4人，英语科（100分）4人。高考上重点线2人，上本科、专科线110多人。要知道三年前我们的这一届学生中考成绩达到八中录取分数线的仅有1位同学，三年后能考出这样的成绩实属不易，我们的教师在努力！

（四）非典防治难忘的50天

面对突如其来的"非典"疫情，我们没有退缩，而是根据各级政府的要求，"非典"防治工作自始至终规范有序、井井有条，实现了拒"非典"于校门之外的伟大誓言。

（五）基础教育课程改革开展得有声有色

2002年下半年，我校同其他城区学校一起加入了全市课程改革的大队伍。学校对全体教师以及参加课改年级的学生做了广泛的宣传，提出了明确的要求，科教处副主任下到年级组织指导开展活动。经过一个多学期的努力，今年五月，学校组织了七年级的课改研究汇报课，执教教师一改传统的教学模式，课堂形式灵活多样、师生互动、生生互动轻松愉快。在总结表彰会上，师生们交口称赞课程改革，纷纷表示要沿着这条路继续走下去，直至取得最后的成功。

（六）整合周边教育资源，挖掘学校发展潜力

今年 7 月，我校与广西师范学院建立的教育教学研究基地①已经正式启动，广西师范学院将对我校的教师培养、课程改革、高考和中考、课题研究、信息资料收集等方面给予具体的指导和帮助；我校也将依托广西师范学院的人才、科研、信息优势，促进学校的教育教学改革，提高学校的办学效益。我们坚信：只要我们都保持合作的真诚和主动，我们的合作就一定会获得成功。广西师范学院与南宁市第二十八中学建立的教育教学实验基地结出丰硕成果之时，

---

① 该基地是南宁市第二十八中学与广西师范学院就教育教学改革实验研究合作而建立。本着合作双赢之目的，广西师范学院和南宁市第二十八中学相互依托，利用各自的优势，做到资源共享，努力创出广西师范类高校和普通中学合作的新路。一方面二十八中依托广西师范学院的人才、科研、信息优势，促进学校教育教学改革，提高学校的办学效益；另一方面广西师范学院依托二十八中的教育教学资源，在二十八中进行教育教学改革实验及教育实习，其成果不仅有其广泛的代表性，更有其特殊的推广效应，可带动广西普通中学乃至推动全区示范性学校的教育教学改革和发展。合作意向书于 2003 年 6 月 6 日正式签署，合作周期暂定三年。合作的内容包括：广西师范学院对南宁市第二十八中学的教师培养、课程改革、高考和中考备考、课题研究、信息资料收集给予指导和帮助。南宁市第二十八中学为广西师范学院的教师开展教育教学科研、学生教育教学实习提供场所和人员支持，并协助推广其科研成果。合作意向书大致内容如下。

其一，广西师范学院定期组织专家、教师到南宁市第二十八中学听课、评课，定期对二十八中各学科的教学现状予以阶段性分析并提出改进意见，尤其是对二十八中初三、高三备考工作给予指导。

其二，广西师范学院主办或承办的基础教育活动，尤其是面向中学的学术研讨活动，应主动为二十八中提供活动的信息，并为二十八中教师参与活动提供便利。

其三，广西师范学院定期组织专家、教师对二十八中课程改革工作给予指导，并把二十八中列为本校相关课题的课程改革实验点。

其四，南宁市第二十八中学每年给本校参加广西师范学院教育教学课题研究的教师划拨固定科研经费。

其五，南宁市第二十八中学为广西师范学院教师在该校开展的课题研究、教育教学实验及成果推广提供人力、物力的支持。

其六，南宁市第二十八中学为广西师范学院应届毕业生在该校开展教育教学见习、实习给予支持。

其七，南宁市第二十八中学和广西师范学院在教职工子女的就读、升学等方面互相提供便利。

其八，广西师范学院和南宁市第二十八中学在合作期间联合举办一次面向全区的中学教育教学改革实验专题研讨会。

也必定是我校办学跃上新台阶、实现新跨越之日！

（七）人事制度改革

实行全员聘任制，完善对干部及教职工的评价体制。借鉴企业管理的三条死亡线（①员工淘汰流动率低于 2%；②高级管理人员占员工总数低于 10%；③内部分配活的部分占所有工资总额低于 15%），酝酿本校人事制度综合改革方案，通过引进竞争机制，增强领导班子和教职工的紧迫感和使命感，逐步形成了"让想干事的人有机会，会干事的人有岗位，干成事的人有地位"的用人新格局，力求通过合理的改革抓出实效。今年 6 月我们尝试进行中层干部竞聘上岗，由于整个工作计划周密、规范有序，群众全程参与、全程监督，不仅赢得了广大教职工的热情拥护，而且也得到了市教育局有关部门领导的充分肯定。

此外，我们着重抓干部队伍和教师队伍建设，加强对干部的管理，加强教职工的思想教育。我们提出的口号是校兴我荣，校衰我耻。对干部提出的要求是：权为民所用，情为民所系，利为民所谋。对教师提出的要求是：一切为了学生，为了学生的一切，为了一切学生。对行政教辅人员提出的要求是：让教师满意，让学生满意，让家长满意。

（八）抓好校园文化建设，发挥校园环境的育人功能

为了提高校园文化品位，在广泛征求教职工们的意见的基础上，仅今年上半年我校就投入近 30 万元完成了教学楼的门窗更换及文化墙的建设、办公楼的外墙批灰、门牌更换、生态绿化等十多个美化校园的项目。此外，在改善办学条件的同时，重视改善教职工生活环境，克服重重困难，教职工 3 号宿舍楼扩建已完成，1 号、2 号宿舍楼扩建工程也已竣工。我们的教师说："住在二十八中是福利分房，但获得的是小区的享受。"

三、审时度势定思路，紧抓机遇谋发展

经过学校班子集体研究，决定本学期学校工作的总体思路是：围绕"一个中心三个重点"抓好学校的各项工作。

一个中心是：积极创造条件，努力争取顺利通过 9 月 17 日自治区教育厅、自治区教育督导办对我校的申报自治区普通高中一级学校的评估验收，并以自治区普通高中一级学校的标准来严格规范我校的办学行为，做好学校的各项工作。三个重点是：①狠抓校风建设，精心营造"树正气、讲团结、勤学习、乐

奉献"的良好氛围；②紧紧围绕中考、高考这个学校各项工作的龙头，开展广泛而富有成效的教育教学研究活动，努力形成一个认真学习、潜心研究、重视质量的良好风气；③紧紧围绕学校特色发展思路，力争通过大家创造性的工作，形成学校办学的几大亮点，逐步形成我校的办学特色。

经过全校师生员工的共同努力，我们取得了阶段性的成果，初步实现了以等级学校评估为契机，促进学校各项工作跃上新台阶的目标。今年 9 月 22 日至 24 日上午，自治区普通高中等级学校评估专家组南宁市第三评估小组对我校进行了为期两天半的评估。短短两天半的时间，专家们不辞辛劳，认真而细心地通过听汇报、听课，对教师、学生、家长分别进行了问卷调查、问卷测试、座谈会及实地查看校园、各功能室建设情况，仔细地查阅档案资料等对我校各方面的工作进行了全方位的评估和督查。评估结束后，专家组陈平宙组长代表专家组对我们的工作给予了很高的评价，概括起来就是 30 个字六句话："办学方向明，办学条件好，班子、队伍强，素质教育活，学校管理实，学生素质优。"说实在的，面对如此高的评价我们真有点受宠若惊，但我们深深地明白这个评价不仅是对我校 11 年办学的充分肯定，也是对我校两千多名师生员工迎检准备工作的高度认可，更是对我校未来发展的鼓励和鞭策。为此，我在专家反馈评估意见后做了一个即兴表态。我除了代表学校两千多名师生员工向自治区专家组的各位同人表示衷心的感谢外，我还特别表示，专家们的肯定是我们二十八中的一笔宝贵的精神财富，必将激励我们二十八中人从胜利走向胜利！此次等级评估工作，我们的认识是，它不仅是对我校办学水平的大检阅，也是对我校办学方向的有效监督，更是促进我校教育教学改革和发展的绝好机遇。它促使我们二十八中人对办学十多年来的各项工作做了一次彻底的理性反思，促使我们不断探索教育教学改革和教育管理改革的新观念、新思路、新举措、新方法，总结新时期出现的新情况、新经验，使我们的办学理念更加先进、办学目标更加明确、办学思路更加清晰、办学行为更加规范、办学资源更加优化，必将促使我校在不断反思中走向可持续发展之路。

岁月如梭，转眼已过一年。扪心自问，我对自己这一年的校长工作不是很满意，教职工们的一些合理建议有些还未得到落实；校风建设的结果离同志们的期望值还有一段差距，学风还不尽如人意；办学的周边环境没有太大的改善；教师研究教学的风气还不够浓；对年轻教师的培养学校还缺少有针对性的措施；新一届中层以上的干部还缺少管理的经验，配合也还不够协调；尤其是我这个校长还显得有点嫩，如果不是老校长一年来的鼎力支持和适时指点，真不知今天能给大家讲些什么。不过我相信一句话：不怕做不到，就怕想不到。我们对自己有些不满意或有点遗憾，并不可怕，可怕的是麻木不仁，唯我独尊，不思进取。我相信只要有全校师生员工的大力支持，有老校长悉心指导，有市教育局等上级部门的正确领导，我们不仅有能力把二十八中办好，而且我们一定能把二十八中办好！

（本文是 2003 年 12 月作者在南宁市第二十八中学教职工大会上所做的年度述职报告，题目是后加的，内容未做修改）

为学生的今天　更为学生的明天

——南宁外国语学校创建自治区示范性特色学校情况汇报

2001 年 5 月，我校正式获自治区示范性特色学校建设立项后，在市委、市政府的大力支持下，根据自治区《示范性普通高中建设标准和评估验收方案》，在示范性特色学校建设方面进行了全面的探索与实践，积极进行教育教学改革，在短短的几年中，学校的各项建设均取得了长足的进步。根据自治区教育厅《关于示范性普通高中建设有关问题的通知》的精神，学校按照《广西壮族自治区示范性普通高中评估指标体系》的各项指标进行了检查对照，认真自评（自评合计得分：974 分）。从自评的结果看，我校已基本达到示范性特色学校的验收条件。现将我校建设示范性特色学校的有关工作情况报告如下，请专家及上级有关部门领导审核。

一、学校的基本情况

1997 年年初，为了合理配置和充分利用教育资源，多渠道筹措办学经费，改造薄弱学校，解决生源问题，同时，为培养更多的外语人才，以满足对外开放的需要和社会需求，南宁市委、市政府根据市教委的提议，决定将原南宁市第十二中学改建成办学体制为"国有民办"的具有一定专业性质的寄宿制、全日制的南宁外国语学校。根据国家教育部《关于办好外国语学校若干问题的通知》（82 教普字 014 号）中有关将外国语学校列为省、市重点中学的精神，市委、市政府要求将南宁外国语学校按一流示范性学校的标准规划、建设。同年，南宁市关于将十二中改成外国语学校的办学方案，获得自治区教育厅的批准。经过一年半的筹备，南宁外国语学校于1998年8月正式挂牌成立。

创办六年来，学校一直得到南宁市委、市政府以及南宁市教育局的大力支持。目前，市财政一直按104个编制拨给经费，有力地支持着学校的示范性建设。我校通过向银行借贷和收取学生教育培养费，在短短的几年中，在基本建设和购置教育教学设施设备等方面共投入了四千多万元，新建了图书办公综合楼、教学楼、学生公寓、教师管理用房及高规格的运动场，扩建了师生食堂，安装了校园网，完善了学生生活热水供应设施，还添置了一批实验设施和运动器材，学校国有资产由原十二中留下的四百多万元增值到现在的六千多万元。

学校发展已初具规模。现有32个教学班，教职员工198人，在校学生1 347人。其中高中12个教学班，专任教师45人，学生441人。

作为在教育部备案的广西第一所国有外国语学校，现已是国家外语教学实验基地，全国外语特色学校理事单位。2002年通过了自治区"一级甲等学校"的评估验收，2004年被区教育厅确定为自治区"一级学校"。学校先后荣获"南宁市德育工作先进单位""广西壮族自治区中小学德育工作先进集体"和"南宁市校园文化建设先进学校"等荣誉称号。

二、创建示范性特色学校的探索与实践

（一）先进的办学理念，明确的办学目标

教育理念是人们追求的教育理想，是建立在对教育规律及时代特征深刻认识基础之上的。先进的办学理念是一所学校办出特色、办出水平、办出活力的源泉和动力，也是一所现代学校凝聚力、生产力、创造力和生命力的源泉和动力。我们外国语学校根据自己的实际，把"为学生的今天，更为学生的明天"作为自己的办学理念。

"为学生的今天，更为学生的明天"就是强调我们的教育应为学生的一生发展奠定基础，就是要我们想方设法，创设多种机会，构建多层次的舞台，让孩子在今天的校园里尽情展示自己的个性特长，主动求知，生动活泼地发展；就是让我们的教育在孩子们的心中营造一个光明的世界，让学生拥有快乐的今天，更拥有充实的明天、成功的明天。

学校的办学整体目标是：现代化、高质量、有特色的区内一流名校，成为教育改革的实验学校、特色教育的示范学校。

学校的办学思想是：坚持党的教育方针，全面推进素质教育，树立"以人为本，为学生的今天，更为学生的明天，把南宁外国语学校办成为国家建设输送高素质外语人才的摇篮"的办学思想，培养"做有傲骨正气的中国人"的新时代学生。

国画大师徐悲鸿先生曾说过："人不可有傲气，但不可无傲骨。"正是基于对此观点的认同，加之我们学校的学生相比其他普通中学的学生接触外国人或到境外发展的机会有可能多些的考虑，我们把"做有傲骨正气的中国人"作为学校的校训。其目的就是要强调学生要自学、自理、自护、自强、自律，成为具有鲜明的民族气节和爱国情怀、光明正大、诚实守信的新一代，做社会主义事业的合格建设者和接班人。

以人为本是现代各行业充分认识人在市场经济竞争中的地位与作用后所提出的一个先进理念。人性化教育是现代教育的一个交汇点，其内容涵盖了人本、人文、人格、人道等多方面的精神实质。学校教育的人本性是以学生发展为本，出发点是为了把学生培养成为对社会有用的人才，其归宿也集中于此。教育必须充分认识到学生成长、发展的规律，为学生成长和发展营造良好的氛围，创设良好的环境，对他们实施优质的教育，并且要针对学生个性特长的不同，实施具有针对性的教育手段，学校也必须认识教师在教育活动中所扮演的举足轻重的角色。努力培养高素质的师资队伍是学校实施人性化教育必不可少的环节。

学校实施人性化教育，以人为本，以学生发展为本，要体现重在学生发展的教育思想。要体现"整体、个体、主体"的三体教育思想，就是着眼整体发展，立足个体成才，充分发挥学生的主体作用。在这一办学思想的指导下，近年来，学校培养出来的学生各方面的素质都得到全面的提高，2002 年 9 月 24日，中日国际教育交流访华团来我校参观访问时，代表团团长评价："这是一所充满人性化的学校。"

（二）优美的校园环境，一流的设施设备

我校位于自治区首府南宁市大学西路 59 号，坐落在环境优美、交通便利的相思湖畔。校园周边众多的大中专院校和科研单位形成的文化氛围以及南宁市大力开发相思湖新区的决定，为我校办学提供了良好的外部条件。学校校园

占地 138.9 亩（约 92 635 平方米），用地规整，按办学规模 36 个班在校生 1 500 人计，生均占地面积可达 61.7 平方米。学校绿地面积达 26 624 平方米，绿化率 44.8％，生均绿地面积 17.7 平方米。

学校总建筑面积达 41 300 平方米，直接服务于学生的有两栋教学楼、图书办公综合楼、实验楼、学生食堂及三栋学生公寓楼，共计 29 700 平方米，生均 19.8 平方米。其中学生宿舍建筑面积为 9 507 平方米，生均 6.3 平方米，教学建筑面积为 16 890 平方米，生均 11.26 平方米。共有普通教室 28 间，多媒体教室 21 间，外语教学专用教室 18 间（各班教室均装有闭路电视），阶梯教室 2 间（一间为多媒体阶梯教室），多网合一中心机房一间，计算机网络教室 2 间（兼电子阅览室），多媒体语音室 2 间，化学、物理、生物实验室各 2 间，音乐室、美术室和形体室各 1 间，实验仪器室 7 间，实验准备室 3 间（各科教学仪器设备均达到国家教育部一类配备标准），心理咨询室 1 间。

新落成的图书办公综合楼建筑风格独特，建筑面积达 6 024 平方米，其中图书馆面积 2 550 平方米，馆内有图书阅览室 3 间，面积共 1 260 平方米。藏书 29 000 册，另有电子图书 80 000 余册。4 间阅览室，座位 330 个。现有报纸 36 种、杂志 141 种。设在一楼的报告厅座位有 392 个，配备有较先进的音响投影设备，可以举行档次较高的各种中型学术报告会，设在二楼的多功能厅面积 450 平方米，可举办展览、文艺会演等活动。

学校拥有相当完备的运动设施。有三个排球场、六个篮球场、八个羽毛球场和一个 400 米塑胶跑道标准田径运动场。学校的体育器材配备达国家 I 类标准要求。筹建中的多功能体育馆已投资 26 万元完成前期准备工作，不久将投入建设。

校园建设按市规划局审批的总平面规划图进行，布局合理、构思精巧，欧陆风格的建筑掩映在鲜花绿树丛中，高雅的文化品位，浓郁的人文气息，是一个放飞梦想，收获希望的地方！2003 年学校被评为"南宁市校园文化建设先进单位"，2004 年又被评为"教育系统学校园林文化建设先进单位"。

此外，2003 年年初，我校校园网的建设已经完成第一期工程，并于当年 5 月正式投入使用。校园网二期工程也已经于 2004 年 2 月通过验收，今年 11 月，学校又投入巨资对校园网进行了四网合一的改造，现已正常运行。通畅的校园网络使我们校内的信息资料初步实现共享，同时也密切了我们与国内外名校的联系，逐步实现办学设施的现代化和一流的育人环境。

（三）显著的外语特色，全新的育人方式

1. 显著的外语特色

作为一所外国语学校，与众不同而富有成效的外语教学是我们不懈的追求。因此，我们的外语教学计划周密、措施得力。具体做法如下。

（1）教材多元化

根据外国语学校的特色和要求，英语教材实施"多套教材，精泛并举"的做法。除了使用人教版英语教材外，还根据不同年级的学生及其实际英语水平，选用其他教材。从 2001 年开始，我校尝试在初中开设英语实验班。初一年级实验班采用 3L 和全国外语学校编写的英语教材，初二、初三、高二年级非实验班采用 *Making Connections*，高一年级采用 *Look ahead*。教师将英语演讲、英语阅读等内容整合到相应的教材中，形成具有特色的校本课程。

"全国外国语学校系列教材"是一套大容量、高起点、具有鲜明时代特征的教材，由《综合英语教程》《英语阅读与写作》《英语听说》等教材组成。选用这套教材，是为了充分发挥学生的主体作用，全方位开发学生心智，为学生提供丰富的语言实践机会，培养学生的跨文化意识，培养学生综合运用英语的能力，使本校高中毕业生毕业时英语词汇量达到 8 000～9 000，即达到《中学英语课程标准》所规定的中学英语教学的最高等级。

（2）合理安排课程，实行分层教学

英语科每周安排八节，其中五节学统编教材，一节学校本教材，一节听力，一节口语（由外籍教师授课）。针对学生个别差异与能力发展需要，以实现教学目标多样化、个性化和特色化为目的，以学生自愿为原则进行层次分班（一般分为 A、B 两个层次），每个层次约 20 人，以小班形式上课。这种层次的划分是成动态变化的，滚动式的，即每个学期根据学生的学习情况变动层次班，该升则升，该降则降。

（3）开展丰富多彩的英语课外活动

英语课外活动是我校教学的重要组成部分。六年来，我校师生本着"创造英语学习氛围，促进学生学好英语，培养交际能力，凸显英语特色"的宗旨，有计划有组织地开展了英语角、校园英语广播、英语演讲比赛、英语短剧表演、英语模仿比赛、英语书法比赛、外语节、英语商店、英语餐厅、奥赛辅导、英语晚会、国旗下的英语演讲等一系列内容丰富、形式多样而又新颖别致的英语课外活动，使学生的英语素质得到不断提高。同时，积极组织国内夏令营和境外英语冬令营活动，2001—2004年，我校已连续四年组织学生共计220人参加桂林阳朔英语夏令营和澳大利亚英语口语冬令营活动，均取得了满意的效果。

（4）频繁的互访交流，国内外的联合办学

针对外语人才培养的需要，积极拓宽对外交流渠道。截至2004年，我校先后组织三批学生共计39人赴新西兰、美国、英国等进行互访交流活动，效果令人满意。目前学校与加拿大多伦多五湖学院及郑州大学西亚斯国际工商管理学院联合办学，为本校高中毕业生上大学或留学开设直通车；还与新西兰詹姆斯·哈吉斯特高中等国外多所学校结为友好学校，以方便师生进行互访交流活动。

（5）尝试双语教学，试行英语等级考试制度

2001年以来，为浓厚外语教学氛围，我校在音乐、美术、生物三门学科进行了双语教学的尝试，深得学生的欢迎和社会的好评。学校鼓励并积极组织学生参加每年全国大学英语四级、六级考试；同时，还建立校级英语等级考试制度，目前已进入实验阶段。

（6）抓住区位优势，拓宽外语范围

外语教学，除了英语外，曾开设日语和西班牙语等选修课。2004年年初，配合东盟博览会在南宁的召开，我校又与周边大学合作，开设了东南亚小语种，目前已开设越语、泰语等选修课，东南亚小语种的学习蔚然成风。

"快乐外语"的教学理念，"多套教材的精泛并举"，生动活泼的教学形式，既提高了同学们的兴趣，又取得了优异的成绩。

首先，在参加的各种大赛中，我校学生独占鳌头。几年来，学校组织学生参加全国、全区及南宁市各类英语比赛活动共获得九次集体组织奖，个人获奖共计789人次。其次，我校教师在各级竞赛中也独领风骚。自2001年以来，我校教师在市级以上教学技能比赛中取得优异成绩，获奖共计42人次；学科竞赛获市级以上指导奖173人次。

2. 全新的育人方式

大教育家陶行知说过："千教万教，教人求真，千学万学，学做真人！"21世纪强调树立终身教育的理念，强调人在受教育的过程中，应逐步做到学会求知、学会做事、学会共处、学会做人。我们认为"四个学会"的落脚点是如何做人的问题，为此必须坚持把德育放在首位，我校从1999年开始在全市教育系统中率先实行"全员导师育人制"的新举措，并已形成我校德育工作的一个

特色。

(1)"导师育人"的内涵及措施

全员导师育人，就是以情感为出发点和着重点，贯穿一个"爱"字，突出一个"导"字，全员育人（全校教师参与育人），全程育人，全方位育人。通过导师与学生多渠道、多方面的经常性亲密接触，以情育人，以情动人，情知（知识）互促，情意（意志）互促，营造充满情感的教育氛围，让学生在这样的氛围中健康成长，使学生的个性、特长、兴趣、爱好、人品、人格、学业都得到全面发展。这项工作，要求每一位教师（导师）负责管导几个学生，对他们的学习、生活、纪律、思想等方面进行指导，把思想道德教育从教室延伸到宿舍、饭堂、球场边、校道旁。人性化的教育，人文性的关怀，在教室、宿舍、校园的每一个角落，形成涓涓细流，融化在学生的心田。实施几年来，经过不断探索、不断深化和完善，初步形成了一整套适合我校实际的独具特色的德育工作体系。在实施过程中，我们做到"一个坚持，六个注重"，即坚持以现代教育理论为指导，注重育人思想的转变，树立新型的人才观、质量观和教育观，注重管理的科学规范，注重建设师德高尚、业务精湛、爱岗敬业的教师队伍，注重营造优美的育人环境，注重对学生进行完美人格的教育，注重教育科学的研究。为了避免工作的盲目性，我们制定了《全员导师育人制实施方案》《全员导师育人暂行条例》等一系列德育工作管理办法和配套措施，不久又增加以下工作内容：①推行填写"导师手册"制度。要求导师做好工作记录，加强导师和学生及学生家长之间的联系。②在教室开辟"导师园地"，展出各位导师及学生的照片、导师对学生的寄语、师生互动花絮等，为师生提供互动舞台。③建立健全检查反馈制度。抽查"导师手册"填写情况，召开学生座谈会，进行问卷调查。④安排师生互动课。每个月最后一个星期五第八节课为互动时间，让师生互相交流，提高工作的针对性和实效性。活动中，我们摒弃了"说教式""训导式""强制式"的方法，选择好看、好听、好玩的，能直接撞击学生心灵的火花为载体，使抽象的德育内容变为看得见、摸得着、记得住、做得到的有形、有色、有声、有韵的艺术形式，达到以美辅德、以美陶情、以美育人的教学目的，使学生在春风化雨润无声的愉快活动中实现德育目标，形成良好的道德品格。⑤构建德育工作网络。成立家长委员会，制作家校联系卡，开通"家校通"网络平台，构成学校、家庭、社会齐抓共管的德育工作网络。健全了学校、社区和家庭相互沟通、协调配合的制度，形成了共同促进青少年健康成长的良性机制。

（2）喜悦的收获

通过活动我们深切地体会到：教育，是教师与学生在彼此心灵深处的相互交流和相互引领。教师应学会用发展的眼光、从容的心态来看待学生，不急于求成，多一分理解，多一分宽容，多一份亲切，也多一份欣赏，用心与学生对话，诚心为学生做榜样，恒心培养学生成材。实行全员导师育人制，有利于教师改变教育观念，加强和改进学生的思想政治工作，提高德育工作实效；有利于加强学校与学生、学校与家长之间的联系，建立新型的师生关系；有利于提高学生的综合素质；有利于促进全体教师自觉加强学习，不断提高教育教学水平；有利于良好校风、教风和学风的形成。全员导师育人制极大地推动了学校德育工作的进程，取得了较为令人满意的效果。

第一，全校教职工的事业心、责任感明显增强，教书育人、服务育人和管理育人的自觉性有了很大的提高，涌现了一大批育人成绩显著、深受学生和家长欢迎和喜爱的导师。2001 年，我校有 14 位教师被评为优秀导师；2002 年，有 20 位教师被评为优秀导师；2003 年，有 21 位教师被评为优秀导师。

第二，一批批学生在学校里沐浴着爱的阳光，勤奋学习、积极进取、奋发向上、知错能改，成为热爱祖国、遵纪守法、明理诚信、品德高尚、行为文明、身心健康、人格健全、学识丰富、情趣高雅的中学生。以 2003 届高中毕业班为例，这届学生入学成绩差，大多数学生都存在不同程度的不良行为习惯，刚入学时搅得学校不得安宁，后来经过班主任和各导师的耐心细致的教育与辅导，所有学生都有了明显的进步。原来以调皮捣蛋出名的陈熠珊、韦庆堂、吴明杰、黄凌波等同学，不仅思想上有进步，学业也有明显提高，参加高考都能考上大专院校。吴明杰同学家长深有感触地说："我的孩子如果不在南宁外国语学校就读，早就'烂'完了，现在不仅懂礼貌、孝敬父母，而且还能考入大学，真是要感谢学校的领导和教师的教育。"2004 届高中毕业生梁震彪等同学的家长也有同感。

第三，导师育人工作已经成为一种宝贵的经验而获得推广。2001 年，我校赵宝明老书记被邀在南宁市教育大会上做了题为《实施全员导师育人制，加强和改进学生的思想政治工作》的发言。同年，在南宁市教育系统校长、书记会议上，赵宝明书记又被邀做了关于实施全员导师育人工作经验的口头发言。2002 年，参加全国中小学德育工作会议的南宁市教育局代表在发言中介绍了我校的全员导师育人工作的做法和经验。2003 年，在南宁市第一届德育工作研讨会上，我校樊芸副校长被邀做了《以情感育人，让爱满校园——全员导师育人结硕果》的专题发言。南宁市第一中学、第十四中学、第五中学等五所学校的领导跟我校索要实施全员导师育人工作的具体材料，以便学习和推广。

第四，收集了导师部分育人个案，总结育人经验，提升教育理论。开展了"特色中学德育新情况及对策"的区级研究课题，已取得了阶段性的成果。

第五，学校曾荣获"广西壮族自治区中小学德育工作先进集体"荣誉称号。

（四）独特的办学体制，规范的学校管理

1. 独特的办学体制

学校的办学体制为"国有民办"。学校资产属国家所有，学校靠自筹资金添置的资产及其增值同样属国家所有。学校管理机制、运转机制采用民办形式，经费自收自支，学生按教育成本缴费上学。

2. 规范的学校管理

学校的管理思想是"危机意识，校务民主，制度管理，人文关怀"，对人的管理重在激励，对物的管理重追求社会效益。在今后的办学中，设备不求豪华，但求先进；不图时髦，但求实效。坚持需要与可能相结合，硬件和软件同步，设施和人员素质相协调。

3. 学校常规管理科学、规范、高效、有序

学校实行党支部监督保障、重大事情由教代会表决、日常事务校务会集体决定的校长负责制。学校根据《广西壮族自治区中小学校常规管理规定》的精神，建立了各种规章制度，学校领导以身作则带头遵守，学校形成了以制度约束和管理的自我管理机制。学校党支部、行政、各中层职能部门、学科组、年级组、班主任都制订有学期、年度工作计划，学校对计划的执行情况定期检查，期末进行总结。

学校根据《中学德育大纲》及上级的有关文件精神，制定出符合我校实际的各项管理措施并不断加以完善，抓管理出成效。学校充分发挥各职能部门、学生会、团委、少先队的作用，培养学生自我教育、自我管理的能力，积极开展丰富多彩的文体活动，陶冶学生情操。学校常年聘请法制副校长到校做报告，组织学生学法守法，增强学生的法制观念，培养学生的爱国主义情操。

学校以校长、教学副校长、教务处、科研处、教研组、备课组一条线开展教学管理。立项建设三年来，学校全面推进素质教育，坚持以教学为中心，备

课、上课、辅导、批改作业、复习总结、考试、评卷、质量分析等各个环节的管理都落实到位，教改及教研成果成绩显著。学校定期开展教学技能竞赛，坚持领导听课、评课制度，开展"师徒结对子"互帮互学活动，坚持并改革考试制度，坚持毕业标准，教学管理步入良性轨道，教育教学质量逐年提高，形成了良好的校风（遵纪守法、严谨求是、互敬互爱、教学相长），教风（乐教、善导、务实、求精）和学风（明志、刻苦、求真、创新）。今天的南宁外国语学校，学校领导严于律己、以身作则，起到模范带头作用，搞好廉政建设、民主管理、求实创新、依法治校、以德治校。教师面向全体学生，因材施教、严谨善诱、为人师表、爱岗敬业、勤于钻研业务，不断提高教育教学水平。学生遵守纪律、尊敬师长、待人礼貌、举止文明、学习勤奋、学风浓厚。

（五）科学的课程设置，完善的教研制度

我校根据教育部关于外国语学校办学的具体目标和要求，结合本校学生的实际和特长，合理设置和安排课程，既要保证外语教学的质量，又兼顾其他学科的发展。

1. 课程设置分为三类课程和三种课型

三类课程：基础型课程、拓展型课程、研究型课程。

三种课型：必修课、限定选修课、任意选修课。

课程设置涵盖德、智、体、美等各个方面。基础型课程和拓展型课程总体上服务于学校培养目标，在传授知识和培养能力上相互补充和优化。拓展型课程还包括隐性的德育活动课程，如社区服务、社会实践、劳动技术等，它们更强调学生主体积极的实践活动。研究型课程以课题为线索，以学科知识、生产生活、科学技术等内容为研究的范围，在教师指导下，由学生进行自主研究，寻求结论，让学生体验科研的全过程。

具体课程建设项目如下：

基础型课程（800 节/年）（必修），包括政治、语文、数学、外语、物理、化学、生物、信息技术、历史、地理、体育、美术、音乐。

拓展型课程（选修），包括限定选修课和任意选修课。①限定选修课（300～320 节/年），包括，数学、物理、化学、生物、历史、地理、信息技术、社会实践、劳动技术培训。②任意选修课（60～80 节/年），包括心理健康、摄影、书法、各学科竞赛辅导、东南亚小语种、广播员等。

研究型课程（50 节/年）（必修），由学生自己选择研究课程或内容，在教师的指导下进行课题研究。

2. 有完善的教研制度和科学的教学评价体系

（1）学校开展课堂教学模式研究，建立教育教学案例库

第一，学习洋思中学成功教育经验，开展课堂教学模式研究。

第二，树立既教书又育人的思想，结合全员导师育人制度，建立学校教育教学案例库。

（2）做好各级课题研究和管理工作，鼓励教师撰写教学总结或论文

第一，将课题研究工作落到实处，督促教师按时完成阶段性总结或论文。

第二，每年举行一次教育教学科研经验总结交流表彰大会。

第三，有计划地发动和组织教师参加各种论文比赛。

（3）举行各种学术活动，积极进行课改实验

第一，按要求参加市区教育行政部门组织举办的各种学术讲座活动。

第二，学校每学期举行教育教学专题讲座 2～3 次。

第三，开设研究性课程，继续做好校本课程开发工作。高一年级开设了"中国现代足球研究""中学生逆反心理研究""希腊文化研究""徐志摩文化研究"等 22 项研究课题；高二年级开设了"古典文学与动漫""城市环境问题""中学生形象设计""唐诗宋词鉴赏""学生出国留学问题研究"等 27 项研究课题。校本课程是学生们施展才华的另一个舞台，让学生在课堂以外有了许多驰骋的空间。

第四，积极进行新课程标准背景下的课改实验。坚持每个学年举行一次研讨课和一次展示课，并及时总结和交流经验。自 2001 年 2 月以来，我校按示范性特色学校的要求开展多种形式的公开课和研讨课活动，共计890 多节。

3. 构建了科学的教育教学评价体系

学校对教师教学工作的完成情况的检查，分别按"随机评价、阶段评价、终结评价"三种方式和阶段进行。对教师的评价实行定性、定量相结合的办法，还有教师自评、同事评价、学生评价、学校评价、社会评价等多种形式相结合的做法，实现了评价过程的动态化、评价主体的互动化、评价内容的多元化，调动了教师教学的积极性与主动性，为提升教师的教育教学水平提供了有力的保障。

附南宁外国语学校部分教育教学评价体系内容（见表 2）。

表 2　南宁外国语学校部分教育教学评价体系表

课堂教学评价	南宁外国语学校学术研究小组
	南宁外国语学校听课评分表
	南宁外国语学校课堂教学评价表
	南宁外国语学校课堂技能比赛方案
教学效果评价	年级学科过关检测试行办法
	中考奖励方案
	高中会考奖惩方案
	高考奖励方案
科研工作评价	南宁外国语学校科研工作试行条例
	南宁外国语学校教育科研课题管理办法
	南宁外国语学校课题研究检查、评审和奖励办法
班主任工作评价	南宁外国语学校班主任工作情况量化统计表
其他	南宁外国语学校教职工各项奖励措施

（六）雄厚的师资力量，骄人的办学业绩

1. 团结、务实、奋进的班子队伍

校级现任领导由五人组成。校长戴启猛（38 岁，研究生学历，国家级骨干教师，广西园丁工程 A 类培养对象，南宁市优秀青年专业技术人才，中学数学特级教师）、党支部书记兼主管教学科研副校长陆强华（46 岁，研究生学历，国家级骨干教师，广西园丁工程 B 类培养对象，广西中小学教材审查委员会委员，市学科带头人）、主管行政副校长赵宝明（56 岁，本科学历，高级教师）、主管后勤副校长陈丽国（46 岁，本科学历，市人大代表）、主管德育副校长樊芸（40 岁，研究生学历，高级教师），均具有本科以上学历或高级技术职称，平均年龄 45 岁，是一个年富力强、团结协作、开拓进取、密切联系群众的领导班子。俗话说："一位好校长，就是一所好学校"，"一位好班主任，就能带出一个好班级"，"一位好教师，就能教出一批好学生"。这是共识，也是真理！校长戴启猛具有先进的办学理念，视野开阔，学识丰富，年轻有为，有独到的创新意识和创新精神，有强烈的事业心和责任感，决策能力强，对学校的建设和发展具有独到的见解，作风果断，会抓真问题，敢抓真问题，且能抓好真问

题，同时也有很强的协调能力、教育业务指导能力和科研能力，是一位凝聚力和号召力强、深受广大师生爱戴的好校长。在他的带领下，班子成员深刻地认识到，有一个党性坚强、业务精湛、开拓进取、结构合理，能带领师生创造性地实施素质教育的领导班子是外国语学校赖以生存和得以发展的基本保证，成员们认真学习邓小平理论、"三个代表"重要思想，学习现代教育理论，坚持深入教学第一线。他们把"决策、公平、公正、公开，取信于民；处事利生、利校、利民，凝聚人心"作为工作的座右铭。整个班子团结协作、廉洁奉公、业务精湛、勇于开拓，完全有能力把外国语学校建设成南宁市基础教育的西部明珠。

2. 师资队伍建设卓有成效

中国人民大学校长纪宝成教授提出的"大师、大楼、大气"缺一不可的办学理念中，"大师"和"大气"的含义让我们明白了师资队伍建设的重要性，因而我校坚持教师培训制度，提高教师整体素质。①抓好继续教育常规工作；②加大校本培训力度；③鼓励教师在职进修；④组织教师外出参观学习；⑤选派优秀教师出国进修。

目前，学校的师资力量比较雄厚，结构合理。学校现有专任教师99人，其中高级教师25人，占25%。获中级以上职称的教师75人，占75%，其中2人获教育硕士学位，8人研究生毕业，24人在研究生课程班结业，本科学历60人，大专学历5人。有38人次被评（选）为全国优秀教师，广西自治区特级教师，21世纪广西中小学骨干教师国家级培养对象，区市级A、B类培养对象，第二批自治区级培训对象，南宁市优秀青年专业技术人才，南宁市学科带头人和南宁市教学骨干。教师参加各种竞赛获奖人数多、级别高。除了英语学科外，其他学科也成绩不俗，如2003年，在中南六省生物学科"探究性学习"说课比赛中，马晖老师荣获一等奖。

3. 教育科研成果丰硕

自2001年以来，我校已立项并在科研室备案的课题共有12个，其中国家级课题2个，区级课题4个，市级课题1个，校级课题5个。每个课题都能按计划开展研究，并取得阶段性成果。

仅2000—2004年，我校教师就有180篇论文发表或获市级以上奖励。2001—2003年，学校连续三次被区教育学会评为优秀教育论文评选先进单位并获优秀组织奖。

4. 学生学科竞赛成绩突出

荣获全国级奖励：一等奖 16 人次，二等奖 24 人次，三等奖 52 人次共计 92 人次。获市级、区级奖励共计 376 人次。

仅数理化三科，获区级以上奖励如下。

数学科奥赛获奖：全国一等奖 5 人，二等奖 12 人，三等奖 30 人；区一等奖 7 人，二等奖 15 人，三等奖 25 人。

物理科奥赛获奖：全国三等奖 1 人；区一等奖 1 人，二等奖 42 人，三等奖 30 人。学校获团体三等奖（2004 年）。

化学科奥赛获奖：全国一等奖 4 人，二等奖 8 人，三等奖 12 人；区一等奖 5 人，二等奖 9 人，三等奖 15 人。学校获团体三等奖（2004 年）。

5. 学生其他素质成绩凸显

几年来，在全国、全区、全市的书法、绘画、摄影、航模、独唱、钢琴、电子琴、演讲等各类比赛中，我校参赛学生获奖共计 279 人次。

6. 会考、高考成绩进步快

我校 2004 届共有 65 名学生参加高中毕业会考，语文、数学一次性通过率达 100%，英语通过率 98.6%，A 等率达 33%，列市直属中学前茅。高考二本上线率为 18.46%，列市直属学校第七名（仅次于南宁二中、三中、三十三中、八中、沛鸿东校区、一中）。值得一提的是，2004 年 12 月 14 日下午，南宁市教育局夏建军局长亲自率领市教育局、市教科所主抓高考工作的领导及全市各高中校长、七县教研室主任汇集我校召开 2005 南宁市高考备考研讨会，引用潘永钟副局长的话，此次会议吹响了 2005 南宁市高考备考的动员令。我校分管教学的副校长陆强华书记在会上介绍了我们对 2004 年高考的反思及 2005 年高考备考的计划和实施情况，赢得了与会同志的广泛赞誉。这不仅是对我校高考备考工作的肯定，更是对我校办学的极大鞭策和鼓舞！

（七）发挥我校办学优势，重视示范作用

南宁外国语学校作为南宁市乃至自治区唯一一所运转机制独特而又属全民所有的外国语学校，经过六年多的努力，与全国各地几十所外国语学校建立了协作关系，在全面推进素质教育和教育教学改革方面得到外地新、老外国语学校的极大帮助。外国语学校作为国家基础教育特殊类型的学校，在国家教育部支持下，建有全国性外国语学校教育教学研究会。全国外国语学校教育教学研究会每年举行年会，向全国各地外国语学校介绍现代化办学思想和先进的教育教学经验，提供相互学习交流和参观先进外国语学校的机会。南宁外国语学校每年参加年会，获益非浅。通过与外地同类学校建立的长期协作关系，学校及时了解和掌握外地外语教学改革和推进素质教育的信息，获取了大量的教育教学经验和资料。并且，学校还可以根据本校外语专业教育特点和办学体制性质，在教育行政部门的支持下，与国外学校建立关系，获取国外教育动向的信息和资料。南宁外国语学校建成示范性高中能够更好地向兄弟学校提供素质教育和外语教学改革的经验，提供国外教育的信息和参考资料。

南宁外国语学校建成自治区普通高中示范性特色学校可起的示范作用如下。

第一，可为合理配置和使用国有教育资源、多渠道筹措教育经费改造薄弱学校提供成功的改革经验。

1998年10月底，国家教育部基础教育司李连宁司长到校进行了调研视察。听取学校汇报后，他充分肯定了"国有民办"的办学体制，认为可以认真推行。1999年10月柳州市教委组织柳州市三十多个学校的校长到校考察了学校体制改革情况；2001年2月底，钦州市主管教育的副市长到校了解学校体制改革情况。他强调钦州市委、市政府也准备采用"国有民办"的方式，改造几所薄弱学校。几年来，南宁市十多所学校及湛江、乌鲁木齐、石家庄、北海、柳州、河池等外地的一些学校先后到校了解办学情况。

第二，鲜明的外语教学特色，可为全区外语教学质量的提高提供教学改革的经验。

南宁外国语学校把外语教学改革作为推进素质教育的示范学科，以英语作为学生主修的第一外语，并开设了越语、泰语、日语、西班牙语选修课。英语选用国外原版英文教材，采用小班上课、分层教学、分类推进的教学形式，针对基础不同的学生，分A、B班滚动式教学，因材施教。教学强调激发学生学习外语的浓厚兴趣，扎实提高外语基础知识。课堂教学较多采用对话交谈、设问抢答、即兴表演、看图说话等生动、活泼的方式方法，为每个学生积极参与教学活动、进行师生直接交流提供充足的空间。外语教学重视培养学生掌握语法知识和读写的能力，更重视培养学生的口语和听力，学校聘请外籍教师专门给学生上口语课。同时外语教研组注意发挥教师的集体智慧，通过举行经常性的教学公开课活动和到外地同类学校观摩学习，积累了较为丰富的、可供其他学校参考的教学经验。并组织22位教师参与编写英语教材和英语学习辅导书，共计14种。2000年年初，学校承办了南宁市外语学会年会，举办了全市外语公开课。同年 10 月，又协助自治区教育厅在校开展了全区培训外语教师教学观摩课活动。2002 年 4 月，我们面向全区举办了政治、生物、音乐等多学科的双语教学展示活动，收到了良好的效果，产生了较大影响。自 2002 年以来，我校在新课程改革方面做了大量的工作，取得可喜的成绩，有不少的英语教师在南宁市和全区分别上了英语课改研讨课和示范课，部分教师还分别到全区各地及深圳福田进行学术讲学交流，这两年还专门为原南宁地区现为崇左市的一百多所中学英语教师进行课改理论和实践的培训，收到显著的效果。值得一提的是，2004 年 12 月 17 日，我校借承办全国外国语特色学校教育教学研究会年会之际，主动向全市中学开放并推出英语教学、双语教学及新课程研究课，收到了与会专家及兄弟学校同行的一致好评。

第三，我校实施的"西部明珠"扶贫助学工程，为全区支教工作探索出一条新途径。

南宁外国语学校能始终以积极务实、诚献爱心的态度来参与自治区的支教工作，反思学校以往的支教工作后，学校领导班子发现，以往单纯地派出个别教师到受援学校协助教学或简单地捐些钱物的做法，已难以满足当今支教工作的实质需要，自然也达不到支教工作应有的社会效果。为更好地了解受援地区的需要和相关的情况，学校派出分管支教工作和分管后勤的副校长亲赴百色市乐业县新化镇初中，在对该校及该县的基础教育情况做实地调查了解后，他们强烈地意识到，按本校以往捐赠有限的教学设备和钱款的做法，对解决当地贫困和落后的教育现状无异杯水车薪。他们把关注的目光聚集在当地那些因家庭贫困而无力升读高中的初中毕业生身上。如何帮助这些学生，使他们尤其是那些品学兼优的学生能走进高中课堂进而能跨入高校大门，成为今后当地脱贫致富、发展经济的人才，成了学校领导班子重点考虑的问题。围绕这一问题，学校领导班子进行了反复的研究，很快达成了共识，做出了两项决定，一是立即大幅度增加学校对受援学校的资金支持；二是扩大受助地区的范围，对百色、河池两市的乐业、东兰、巴马、凤山等贫困县的部分特困生的升学展开重点资助。具体做法是学校从 2003 年秋季新学年起，连续三年，每年从百色、河池两市的贫困县应届初中毕业生中招收各 15 名因特困而无力升学的优秀学生到学校学习，资助他们免费就读至高中毕业。在此期间，除对受资助的学生学费、书本、作业本费，住宿费及生活用品等费用实行全免外，还根据他们的思想品德表现和学科成绩的等次每月发放人均 150 元的奖学金，对他们的学习进行激励，也对他们的生活费给予补贴。同时，学校还积极发动有能力的学生争献爱心，不时给这些特困生给予经济上的帮助，确保他们能愉快地学习和健康地成长。2003年9月，首批22名来自百色、河池的特困生步入了南宁外国语学校的高中课堂，他们忧郁的脸上绽开了灿烂的笑容，因为他们将在这里免费享受到优质教育，愉快地度过自己高中阶段的学习和生活。2004年9月，第二期享受"西部明珠"扶贫助学工程的受援学生增至24名，大半个学期以来，在学校领导、教师和同学们的教育和热情关怀下，"西部明珠"扶贫助学的受助学生思想稳定、学习刻苦勤奋、生活艰苦朴素，各方面都有显著进步，所在的班级已成为全年级学风纪律最好的一个班级。事实已说明，南宁外国语学校实施的"西部明珠"扶贫助学工程取得了令人鼓舞的阶段性成果。《南国早报》《广西日报》先后以《山那边吹来是清风——南宁外国语学校实施"西部明珠"扶贫助学工程带来深刻变化纪实》为题进行了报道，此稿被收录在广西壮族自治区教育厅2004年8月出版的中小学加强和改进未成年人思想道德建设教育思想大讨论文件汇编中。我们深信，随着这一工程的展开，它所带来的教育成效及产生的良好的社会效益也将日益凸显。

第四，我校广泛的国际、国内交往，可为全区提供最新、最好的外语教育教学改革的信息和经验。

目前学校与加拿大多伦多五湖学院以及郑州大学西亚斯国际工商管理学院联合办学，为本校高中毕业生上大学或留学开设直通车，与新西兰詹姆斯·哈吉斯特高中等国外多所学校结为友好学校，多次互访交流。学校注重与国际接轨，开展多种形式的中外教育交流活动，通过多种途径为学生出国学习及师生了解境外教育教学情况提供便利条件。值得一提的是，鉴于我校近年来教育教学所取得的突出成绩和成功实践，2004年12月17日至21日，全国23所著名外国语学校的校长、外语教学专家和教师代表聚集我校，召开全国外语特色学校教育研究理事会年会，共同商讨外语特色学校的教育教学管理及建设发展等重大问题，会议开得非常成功，也取得了多项成果。这不仅是对我校办学几年来各项工作的肯定，更将对我校的发展起着极大的推动和促进作用。

三、未来发展构想

近期办学目标：2004年通过自治区"示范性特色学校"的评估验收，以评估验收为契机，进一步完善学校的教育教学设施，进一步优化学校的育人环境，进一步规范学校的教育教学管理，进一步提高学校的教育教学成绩，进一步扩大学校的办学声誉。

远期办学目标：把南宁外国语学校办成具有"一流管理水平，一流师资队伍，一流教学质量，一流教学设施，一流育人环境"的现代化、高质量、有特色的国内知名的一流学校；让南宁外国语学校成为教育改革的实验学校、特色教育的示范学校，成为首府南宁乃至祖国西南基础教育的一颗璀璨明珠。

学校未来三年的发展设想：从 2005 年到 2007 年是我校发展史上重要的三年。在这充满竞争和挑战而有众多机遇的新时期，我们必须利用好我校一流办学条件的独特优势，进一步深化办学体制的改革，加大师资队伍的建设力度，做细做实做强外语教学特色，争取在三年内把学校办成"校风好、师资强、质量高、进步快、有特色"的广西一流名校，成为教育改革的实验学校、特色教育的示范学校。

提出一个口号：爱我南宁外国语学校，做南宁外国语学校的主人，为实现中华民族的伟大复兴而刻苦学习。

强化两个特色：外语特色和育人特色。

（一）抓好师资队伍建设工程

继续从区内外引进一批有高学历、高职称的优秀教师，每年从东北师范大学引进一批优秀的大学毕业生；继续鼓励在职进修；继续坚持在职培训制度。建立一支高素质，有特长，结构合理，具有现代教育理念和学术功底，教学能力、科研能力强，掌握现代教育技术，有上进心和责任感，有高度凝聚力的教师队伍。

（二）健全科学民主管理体制

坚持"以校为本，以育人为本"的原则，把教育主体思想和教育民主思想作为办学的基本理念，依法治校，借鉴全面质量管理的模式，最终形成自己的特色。

（三）深入开展教育科研工作

坚持"以质量求生存谋发展"的办学思想，紧紧抓住教育教学质量这个学校工作永恒的主题。教育教学工作做到"五抓"，一抓主线（素质教育），二抓常规，三抓科研，四抓课改，五抓龙头（毕业班工作）。在起始年级打基础、中转年级分层教育的基础上，以毕业班的思想教育和教学工作带动全局。在教学质量上树立"精品"意识，树立学校形象。力争短期内实现"高中赶二中，初中争第一"的奋斗目标。

（四）完善全员导师育人机制

以"为学生的今天，更为学生的明天"为理念，以人格教育为核心，以正面教育为主线，以良好行为规范的养成教育为重点，以讲文明树新风为切入口，构建强有力的德育师资队伍和社区教育网络，建立健全各种考核激励机制，不断健全教职工工作量化评估制度，以提高教职工育人工作的积极性。

（五）完善校园基础设施建设

第一，多功能体育馆是学校标志性工程，也是学校规划而未建成的唯一一个项目，目前已投资 26 万元完成前期准备工作。学校将抓住南宁教育发展的大好形势，积极筹措资金尽快把多功能体育馆建好。

第二，提升学校校园文化品位，构建能反映南宁外国语学校办学特色的文化景点，构建能体现外国语学校办学思想和理念的文化长廊。

第三，努力在我们这一届班子的任期内完成创建自治区"花园式单位"、自治区绿色学校和自治区文明单位的光荣任务。

（六）加快信息技术设施建设

根据统筹规划、分步实施的原则，多渠道筹措资金，加快信息技术教育设施的建设。在现有校园网的基础上，增加软件投入，发挥校园网的强大功能。拟建现代教育技术中心，统摄全校现代教育技术装备的应用及管理，让学校真正成为名副其实的拥有现代先进教育技术的示范学校。

（七）继续打造外语特色品牌

学校推行"外语立校"和"外语强校"战略，凸显外语特色，不断加大打造外语教学品牌的力度。英语学科继续坚持采用国内统编教材与国外原版教材相结合的做法，开展小班分层教学实验，聘请外籍教师教授口语，并继续开设日语、西班牙语、越语、泰语等选修课程，开设英语阅读与写作、《21 世纪英文报》阅读、跨文化交流、英语角活动课等外语校本课程；加大对政治、生物、音乐、地理、历史、心理等学科的英汉双语教学实验。另外，为形成更加浓厚的外语学习氛围，学校将外语教学和其他活动分成 16 项，试行外语项目负责人制，使外语真正成为学校发展的龙头。

在抓好学校教育教学改革和教育科研的同时，充分利用我校外语教学及外语师资方面的优势，一方面利用已批准成立的明珠外语培训部，为周边学生及广大市民学习英语、提高英语口语提供良好的学习条件；另一方面将积极支援兄弟学校进行外语教学改革、教法研究，提供外语资料，邀请兄弟学校学生共同开展"英语角、英语沙龙、英语论坛"等课外活动，为区内中小学外语教学改革发挥力所能及的作用，为全区外语教学水平的提高贡献力量，把学校办成推行外语教学改革的窗口。

（八）拓宽国内国外交流与合作的渠道

几年来，南宁外国语学校与全国各地几十所外国语学校建立了良好的协作关系，又与国外多所学校建立了友好关系。我们将继续拓宽国内外的交流渠道，并及时把从外地获取的好经验、好做法，结合我们的实践、探索和思考，与区内的兄弟学校和同行交流共享，在完善和提升自己的过程中，进一步发挥示范辐射的作用。

同时我们将引进巨额办学资金（现正在洽谈草拟合作协议之中），通过增资扩股的方式，进一步深化南宁外国语学校办学体制的改革，为"国有民办"学校的快速发展闯出一条新路。

我们坚信，只要我们瞄准 21 世纪优质教育发展的快车道，瞄准教育现代化，认真分析我们所面临的形势，抓住当前南宁教育极好的发展机遇，在总结和继承六年办学经验的基础上，不断反思并改进我们工作中存在的不足，突出特色，锐意改革，积极探索，坚定不移地走素质教育之路；只要我们具有海纳百川汇万流的包容性，乘怒云、驭惊涛的战斗性，驾狂风卷巨浪终不悔的积极性，面对社会，发展自我，追求卓越，不断创新；我们就一定会在激烈的教育竞争中赢得主动，我们就一定能够把南宁外国语学校办成教育改革的实验学校、特色教育的示范学校、首府南宁乃至祖国西南基础教育的一颗璀璨明珠，我们也一定能够把南宁外国语学校办成"五个一流"的现代化、高质量、有特色的国内知名的一流学校。让我们的学生今天在学校与快乐相伴，明天在社会有成功同行。

（2004 年 12 月，南宁外国语学校接受广西教育厅组织的第三批自治区示范性高中、示范性特色学校评估，本文是作者在评估会上的报告）

在建设中凸显特色 在发展中蕴养文化

我校自 2004 年 12 月通过评估验收被确定为自治区第三批示范性普通高中以来，在上级党委、政府和各级教育主管部门的领导和大力支持下，我们以党的十六大，十七大和十七届三中全会、四中全会、五中全会、六中全会精神和"三个代表"重要思想为指导，认真贯彻落实科学发展观，坚持社会主义办学方向，全面贯彻党的教育方针，全面实施素质教育，坚持用科学发展观统领学校工作全局，以求真务实的态度，紧密团结和依靠全校教职员工，锐意进取，创新争优，继续加快示范性高中建设的步伐，对示范性高中的建设进行了更为深入、更为全面的探索与实践，在发挥教育教学优势和示范辐射作用方面取得了很好的成效，受到了区内外教育部门、同行及社会的一致好评。根据自治区教育厅《关于对全区示范性普通高中进行复查的通知》的精神，学校按照《广西壮族自治区示范性普通高中复查评估指标体系》逐项进行了检查对照，并对照七年前评估验收专家组提出的五点不足的整改意见，对我校七年来在示范性普通高中建设工作进行了全面的总结。现做自评汇报如下。

一、办学思想正

学校历经 60 年实践、探索，光荣传统代代相传，积淀了深厚的文化底蕴，经示范性高中评估，通过七年来实践提炼，学校办学思想理念进一步明晰。

坚持社会主义办学方向，全面贯彻国家教育方针，以教育要"三个面向"的指示、"三个代表"重要思想和科学发展观为指导，以德育为核心，以教学为中心，视质量为生命，面向全体学生，全面实施素质教育。借鉴雷沛鸿先生教育思想，吸取现代先进教育理念，坚持人本管理，践行"自强、厚德、和谐"的办学理念，热爱和培养好每一位学生，为学生的可持续发展创造条件，打下良好基础。把南宁沛鸿民族中学建设成校风好、校园美、质量高、"五性"特色鲜明的民族教育窗口学校，成为教育改革、素质教育创新的全国名校，打造成师生向往、家长放心、社会满意的"人本化、民族化、大众化"教育品牌。

二、环境条件好

（一）三年一大步，高规格完成基础设施建设和绿化工作

2006 年前，我校江南校区各个项目的建设资金都有较大缺口，其中体育馆因基金不到位已于 2004 年下半年停工，学生公寓也面临资金不足而停工的困境，更不用谈要建师生食堂、田径运动场、艺术馆及其他配套设施了。截至 2005 年年底，江南校区已筹建 13 年，但连最基本的校区围墙也只建成了 1/2 的临时性围墙（北面和西面部分），学校基本建设之慢是常人难以想象的。但是，从 2006 年开始，经过三年的努力，到 2009 年江南校区必备基础设施建设工作已基本完成，并均已投入使用。有这样一个时间表及一组数据可以让我们回顾我校基础建设的成长之路。

2006 年 3 月 28 日，我校与南宁市商业银行正式签署江南校区学生公寓楼贷款协议，总计 1 000 万元的贷款将随学生公寓楼建设的进度陆续放贷。

2006 年 4 月 27 日，南宁市发展和改革委员会下达给我校的 2006 年基建投资计划是江南校区的两个项目：图书办公楼和学生公寓楼，其中市本级投入 417 万元，市政府贴息学生公寓楼贷款 1 000 万元。

2006 年 5 月 26 日，江南校区师生食堂楼破土动工。

也就在这一年 5 月，停工近两年的体育馆重新动工，进行续建。

2007 年 4 月 30 日，南宁市发展和改革委员会下达给我校的 2007 年基建投资计划是江南校区的四个项目：体育馆、学生公寓楼、学生食堂及运动场，其中市本级投入 1 286 万元。

当年南宁市教育局又从全市基建专款结余中补助我校基建专款 200 万元。

2007 年 9 月，年投资 997 万元，建筑面积达 4 500 平方米的逸夫图书馆、3 800 平方米的办公楼和 9 230 平方米的实验楼正式投入使用。

2008 年 2 月 3 日，南宁市发展和改革委员会先后两批下达给我校的 2008 年基建投资计划是江南校区的四个项目：体育馆、艺术楼、运动场及学生公寓楼，其中市本级投入 911 万元。此外，补助学校贷款利息 45.14 万元。

与此同时，2008 年上半年市教育局给我校追加各种补助款达 580 万元，其中 400 万元已提前用于还贷，180 万元的中央民族教育专项补助，学校已用于两校区各种设备的购置。

从 2006 年起，学校每年的基建投入均超过千万元，到 2008 年三年的总投

入已超过前 13 年整个校区的基建总投入。到 2009 年，又开工兴建了艺术楼。至此，校区规划中的建筑除专家楼和游泳池外，全部建成。

此外我们还分十多个小项，按照学校基础建设与地面绿化同步推进的原则完成江南校区整个校区的绿化工作，目前全校绿化面积已达 55 026 平方米，绿化率达 53.05%。

（二）七年步步走，完善设备、实验室等，至臻广西一流

本着毕业班优先的原则，我们用三年的时间分年级在两校区所有教室安装了多媒体设备，投入一百多万元安装江南校区校园网及两校区会议视频系统，多媒体技术、网络技术已经进入到班级，校园网配备了高性能的服务器，对两校区教学、办公、生活区域实现了全覆盖。

同时还新建了三间计算机教室及标准化配备的理化生实验室 6 间。投入近 30 万元购置食堂设备，五十多万元购置学生公寓楼热水供应设备及架床；投入五十多万元，为年级组、处室配备、更换办公桌椅、电脑，安装空调，以改善教职工办公条件。完成了广播系统更新建设，对旧公寓楼进行全面粉刷和旧电路改造，改造学生新公寓楼的 D 座学生自习室，以确保明年秋季学期的扩招后学生内宿安排。建成全区第一个高规格"微格录播教室"（北京师范大学赠送，价值近 30 万元），建成广西中学最先进的地理实验室、天文馆、天文望远镜，购了石狮子，种了"感恩林"，加压水池、输水管道改造扩容，增设"未名柳"、中泰友谊树石刻，增加了文化内涵。我校目前已拥有广西一流的教育基础设施和先进教学设备。

三、班子队伍活

（一）领导班子建设呈现六大亮点

现任校级领导 8 人，具有本科及以上学历的 8 人，其中研究生学历 4 人。8 人均具有中学高级教师职称，具有广西特级教师称号的 2 人，具有南宁市学科带头人称号的 4 人，具有南宁市教学骨干称号的 4 人。

1. 能力强、作风好的主要领导

自 2005 年以来，三任校长韦平凡、戴启猛分别是语文和数学广西特级教师，均为南宁市优秀校长。三任书记劳以东是高级政工师和中学高级教师，南宁市学校优秀书记，南宁市优秀党务工作者，自治区民族团结进步先进个人，中共南宁市第十、第十一次党代会代表。主要领导能力过硬，经历丰富，引领

作用十分显著。

2. 充满活力、干劲十足的校级副职领导

七年来，副校级领导年龄结构、学历结构、知识结构、能力结构合理，都是学历高，能力强，干劲十足。

3. 民主竞聘、和谐发展的班子集体

七年来，学校形成了推行公开选拔和民主推荐相结合的选拔聘任干部机制。逐级推进教研组长，年级主任，中层干部和校级副职、正职干部人选的后备干部队伍建设进程，还通过民主竞聘的形式让优秀教师脱颖而出，从教师岗位直接走上行政管理岗位。

先后分两批推荐四位中层干部参加广西师范学院举办的中学校长岗位培训班和优秀中层干部培训班学习培训，组织五位中层干部报名参加"南宁市教育局公开选拔直属单位副职领导干部"的应聘考试，最终两位同志顺利通过市教育局党委选拔干部的所有程序，并于 2008 年 6 月如愿就任我校副校长。2008 年 5 月至 7 月，两个校区共提供 21 个中层领导岗位进行公开竞聘，通过自荐、他人推荐和组织推荐共有 31 人参加学校新一届中层干部换届工作的续聘和竞聘，最终有六位新人脱颖而出，分别被聘任为学校办公室副主任（2 人）、教务科研处副主任（2 人）、政教处副主任及学校少先队总辅导员。2009 年 7 月的中层干部岗位竞聘，有五位同志分别被聘任为学校办公室主任、江南教务科研处主任、桃源教务科研处主任、桃源校区政教处主任、桃源校区总务处主任；2010—2011 学年度中层干部岗位竞聘中，有四位同志分别被聘任为江南校区总务处主任、江南教务科研处副主任、桃源教务科研处副主任、桃源校区总务处副主任，其中一名初中年级主任在竞聘中逐级进入中层副职序列，两名年轻一线教师在竞聘中脱颖而出，直接从教师岗位提拔到中层副职管理岗位。2011 年一名经过竞聘享受中层副职干部待遇的高中年级主任转任江南校区政教处副主任。民主产生和谐，和谐提升民主。整个干部队伍以校级领导班子为引领，呈现出年轻化、学习型的特点，在学校的教育教学科研方面成为领军人物，其中戴启猛校长于 2011 年 6 月入选教育部启动"校长教育家"培养工程（培训期为三年），2011 年 11 月，郑应副校长入选广西基础教育名师培养工程培养对象。

4. 主动培养，做好储备班子的建设特色

对学校领导班子成员、中层干部、教师有计划地内培外训，不断提升干部的管理水平与教师的业务素质，增强指导教育教学工作实践的能力，全面提高

学校管理水平，为学校向更高层次跨越做好组织储备。2008年暑假，选派劳以东书记，徐元生副校长，陆拔、黄燕飞老师参加北京大学第二期南宁市教师专业发展高级研修班学习。2009年，选派谢朝晓、兰瑛副校长，闭崇春、董素华老师参加北京大学第三期南宁市教师专业发展高级研修班学习。2010年暑假期间，选派谢翠琼、滕健副校长，桃源校区政教处主任李赛琴赴北京大学参加第四期南宁市教师专业发展高级研修班学习；选派邹南勇、李赛琴等三人参加"校长和中层干部培训班"学习；推荐上报三人为南宁市妇女后备干部人选，推荐五人作为南宁市少数民族后备干部人选。2011年，选派郑应、王海云、韦仕喜、常源钢、黄瑛静参加北京大学第五期南宁市教师专业发展高级研修班学习。2011年4月，选派谢朝晓与郑副校长到河南省郑州市106中学、第16中学进行跟班学习，期间参加在河南省郑州市举行的教育部校长培训中心主办的"人民教育家论坛"——中学优秀校长思想教育研讨会。

2010年12月，谢翠琼、陆海林两位中层正职干部经考核公示获南宁市教育局提拔任用，谢翠琼任我校副校长，陆海林调任市一中（同是自治区示范高中）副校长。2011年，我校江南校区教务科研处副主任李煊在南宁市教育局公考中顺利通过笔试、面试以及组织考核，被录用为南宁市人民政府教育督导团办公室副主任。

5. 深入调研、民主集中的决策作风

本届领导班子始终把民主集中制贯穿于工作决策的全过程，坚持领导班子集体决定重大事项和领导干部重大问题报告制度，坚持以法治校、以法治教，凡学校重大财务支出、重大基建维修、人事变动、评优评先、绩效工资奖励部分发放、首次岗位设置工作等决策，在充分尊重广大教职工意见的基础上，坚持领导班子集体研究决定，涉及学校发展教职工切身利益的重大问题，坚持提交教职工代表大会讨论、决议，依法保障教职工通过校内民主管理机制参与学校管理。学校党总支委员、领导班子成员带头深入基层一线，率先垂范，密切联系群众，做到坚持和扩大联系群众"七个一"制度，即"下一个年级挂点，联系一个教研组，兼上一门课或开一次讲座，承担一个科研课题，写一篇教育教学或管理论文，联系一个毕业班级，联系一名教师和多名学生"，加强对教师课堂教学质量的监控，调研掌握教育教学一线的实际情况，根据学校实际制定绩效奖励工资分配机制，重点解决绩效工资的分发问题，使教师辅导学生、管理学生有了保障，学生精神面貌焕然一新。务求科学决策，保障决策的落实率和成功度，调动教职工的工作激情和内动力。面对挑战和困难，本届领导班子成员始终能做到思想同心，尊重扶持，与广大教职员工苦乐同享，负重拼搏，携手推动形成了学校心齐气顺、风正劲足的良好局面。

6. 廉洁执政、取信于民的优良作风

我们认真贯彻执行中共中央制定的《建立健全教育、制度、监督并重的惩治和预防腐败体系实施纲要》，落实《关于实行党风廉政建设责任制的决定》及《关于印发〈南宁市教育局开展"以案严纪、勤政廉政促发展"警示教育活动方案〉的通知》精神，认真贯彻与践行胡锦涛总书记在中央纪律检查委员会第七次全体会议上要求要在各级领导干部中大力倡导的"八个方面"的良好风气，认真开展"以案严纪、勤政廉政促发展""清廉务实执政为民以案严纪和谐发展"党风廉政警示教育活动，在招生、采购、经费支出等一些敏感问题上增加透明度，凡规定政府采购的物品一律按政策进行公开招投标，所有基建工程完成后，坚持由市财政局工程结算审核所或有资质的专门机构进行工程审结算后付款制度，并及时通过各种方式向全校公示，坦诚接受教职工、学生家长等各界监督。

事实证明，我们这个班子是持续优秀的，得到了全体教职工的认可。我们曾在 2007 年召开党员领导干部民主生活会，向上级领导与广大教职工征求对我校党政班子和班子成员的意见和建议。征求意见内容从领导班子工作作风效能、为群众办实事工作、推动学校发展、清正廉洁建设等方面进行，征求意见表发出 140 份，回收 126 份，有效 126 份。从整理的意见来看，在每项的评价意见中很好、较好均超过 86％以上，其中领导班子工作作风效能为 92.84％，为群众办实事工作为 86.51％，推动学校发展为 88.08％，清正廉洁建设为 89.68％。

（二）教师队伍建设搭建五大平台

2004 年，江南校区高中教职工 48 人，具有高级职称 12 人，占专任教师的 26.7％；到 2012 年年底，江南校区高中教职工 148 人，具有高级职称 44 人，占专任教师的 32.6％；教师队伍中拥有全国优秀教师、广西特级教师、南宁市教坛明星、市学科带头人、市教学骨干 64 人，占专任教师的 67.4％；而 2006年，此类教师不足 20 人。可见，我校已极大地提升了教师队伍总体水平。

1. 构建青年教师竞争成长的平台

2005 年的"沛鸿民族中学青年教师教学基本功竞赛"，以及 2008 年启动至今的"青蓝杯"课堂教学大赛，已成为每一年的学校常规比赛，成为 35 周岁以下青年教师锻炼基本功、展示教学能力的舞台。目前已有一批在比赛中获奖的青年教师崭露头角，成为了学校的教学骨干、备课组长、教研组长，有的还走上了中层领导岗位。

每年"五四"青年节举行"我与学校同发展"青年教师论坛，校长书记都要在会上做专题发言。例如，2008 年的会上，戴启猛校长做了《不要等，现在就行动，一切皆有可能》的发言，激励青年教工要不断奋进、迈向成功，这既是我校为青年教工健康成长搭建的一个平台，也成为学校发展青年后备力量的一个渠道。

持续推动师徒结对活动，截至 2011 年已举行了 15 届的"师徒结对子"活动，在积极发挥中老年骨干教师的教育智慧，提升青年教师的教学能力方面起到很好的作用。

2. 构建名师展示的平台

我校以特级教师、综合型高级教师为重点，在南宁市独创性地推出"每月一星"教师展示课活动，搭建起"拔尖人才"脱颖而出的平台。组织全校教师一起听课，并邀请区内外专家与本校优秀教师进行现场点评，共同研讨，推出了一批名师。从 2006 年 3 月起，至今已评选出 22 位"课堂教学之星"。到2011 年，又评选出 20 位"沛鸿名师"、20 位优秀教师并启动"名师课堂""名师讲坛""名师论坛"活动。以这些活动为龙头，带动全校形成了浓厚的课堂教学研究的氛围，先后承担了南宁市高三备考视导课任务，承办了全国民族中学新课改经验交流会、"西部地区基础教育发展"师资培训、广西师范学院组织的崇左市教学骨干培训班，等等。规格之高，影响之大，使得南宁市教育局在教学经验推广介绍会上进行宣传表扬，在南宁市中学教育界形成了品牌。

3. 构建特级教师引领平台

特级教师工作室开展理论和实践研究扎实有效，能积极依托比赛课、录像课、课题研究等形式，以先进教育理念和科学有效的教学方法，在学科领域发挥其示范、辐射和专业引领作用。戴启猛特级教师工作室、邱蕾特级教师工作室、黄燕飞特级教师工作室从 2009 年 3 月起先后成立以来，每月定期培训交流，检查课题任务的落实情况，组织集体听课、评课，拍摄教学录像课，组员们撰写学习体会、教学心得、教学案例及课堂分析实录等，运用课堂观察，探究有效课堂的教学模式。戴启猛特级教师工作室于 2010 年 3 月，组织课题组成员参加广西高中数学课程改革研讨暨高中数学优秀课观摩活动，课题组论文《感受新课标建构有生命的数学课堂——用数学观察法研究全区高中数学优质课比赛展示课的几点体会》获得广西中小学教育教学优秀论文一等奖。课题组参加优质课比赛获国家级奖励 5 人次，自治区级奖励 1 人次，市级奖励 2 人次；论文课件比赛获国家级奖励 12 件，自治区级 21 件。

4. 构建开放的学习平台

有计划、有目的地为教师和管理队伍的培养提供资金和机遇。学校先后选派赴美国、加拿大、欧洲及东南亚国家培训考察的优秀教师和管理人员就达 35 人次。

学校大力支持教师的自我研修，报考各类研究生课程的青年教师人数创造了历史新高，共有 15 位教师在职攻读广西师范大学的教育硕士学位及广西师范学院等的研究生班。2010 年 1 月 1 日，义务教育绩效工资实施之前还给予攻读并完成研究生学历的教师报销 1/3 的学费。每年给予每位教师继续教育专项经费 1 000 元，校内校外培训覆盖全体教职工。我们的目标是：让培训成为每一位教职工的福利。

促进班主任自我成长，主要利用本校资源，举办德育年会与表彰会，树典型，立标兵。

学校每年举行优秀班主任表彰会，年底举办德育年会，宣传富有成效的工作经验的班主任，使全校班主任学有榜样，干有方向。经过多年的积累，学校获得了丰厚的回报，一批青年班主任茁壮成长。例如，2008 年，南宁市首届中小学班主任专业技能大赛中，我校共有 18 名年轻的班主任参加比赛，13 名进入决赛，11 名班主任获奖，有两名夺得了一等奖，两名二等奖，7 名三等奖，这在多年来尚属首次。

5. 构建关爱的激励平台

逐年提高对教师创造性劳动的肯定，营造尊师重教的良好氛围，注重对一线教师和骨干教师的倾斜，兑现了"每年一小步，三年一大步"的承诺。

2005 年，我校住房公积金仅占个人财政工资和生活补助的 11%，从 2006 年起，我们按政策提升到 15%，还增加了结构工资部分。除此之外，经过教代会审议通过的"工资分配制度改革方案"中，注重了对教师课时费、班主任费、教研组长费和备课组长费的倾斜。对在各级各类奖项评比获奖的教师，学校均有不同程度的奖励。

当然，学校集体为教职工过生日，义务教育绩效工资实施之前还给教职工发放生日礼金卡，每月增发教职工生活补贴（含离退休），为在职教职工解决早餐，也从一个侧面反映出学校领导班子为改善教职工生活福利待遇所做出的努力。

四、学校管理优

一直以来，学校管理坚持"以人为本"，特别是近几年我们提出"坚持人本管理，建设一流学校"的管理思想，学校管理体现出"讲秩序、顺人性、求更好"的特点。

（一）逐步构建了以"三大体系"为框架，"五项工程"为抓手的校本德育文化

1. 我校总结历年德育工作经验，构建起校本德育的三大体系

（1）德育内容体系

一是常规内容体系。我校先后制定了《南宁沛鸿民族中学爱国主义教育实施细则》《加强和改进学生思想道德建设行动计划》《学生日常行为规范细则》《内宿生管理条例》等一系列规章制度，构建了以爱国主义教育、养成教育、理想信念教育为基本内容的德育工作常规内容体系。

二是特色内容体系。作为南宁市教育局直属的唯一一所民族中学，我校更是将民族教育作为重点与特色纳入德育内容体系，将知识教育与民族教育相互融合，促进民族团结教育；以民族艺术、民族体育为支点，培养学生民族情结。2011 年 5 月 23 日，由国家民委、南宁市政府组织的"民族团结南宁行"新闻采访团一行 29 人来到我校，对我校在民族团结进步方面的经验和做法予以全方位的采访和报道。全区城市民族工作座谈会代表和南宁市中小学德育年会代表也先后于 2011 年 7 月和 11 月到我校参观，10 月台北高中体育总会访问团到校参观，11 月、12 月北京市"十二五规划"中学书记高级研修班考察团、北京市教育考察团到我校参观考察，均对我校的办学特色给予了充分肯定。

（2）德育执行体系

一是工作计划成常态。学校每周四下午都会定期召开校务会，总结一周工作，计划下一周工作并形成下一周工作安排表（我校称之为"周程"），周五上午将该周程表印发至每个处室、年级办公室并粘贴于学校公布栏广而告之。全体师生员工也养成了按周程计划一周工作的习惯。学校的任何大小会议，只要不是临时有变动的，从来不必再另行通知。

二是例会制度成体系。我校的德育例会有层次、成体系，并严格例会制度。校务会、年级主任会、年级召开的班主任会议每周一次，无特殊情况均要

召开。学校校务会的召开可谓雷打不动，即使校长和书记不在学校也照开不误。

三是值周制度成规范。学校成立了教师和学生值周制度。教师值周队伍包括一名干部和三名教师（每个年级一人），实现全天候值班制度，负责全校的纪律、卫生、安全等全方位的工作，而且规定了严格的值周要求，值周的干部还必须于下周一晨会上做值周反馈。

计划、例会、值周，三位一体，有效地保障了我校德育工作的贯彻与实施。

（3）考评与激励体系

经过多方研究和不断完善，我校制定出了一系列考核评估制度，如《先进班主任、先进年级主任量化评比制度》《优秀班级量化评估条例》《学生操行评定量化细则》《新学期开门红"十好"班级评比条例》等，对年级主任、班主任和班级管理工作实行量化评估管理，量化评分结果成为班主任和班级评先、评优最主要的依据。科学、公正的量化评估方式，有效地激励了广大班主任以更积极、主动的姿态投入到班级管理工作。

2. 我校打造校本德育文化主要依靠"五项工程"为抓手来实施

（1）德育队伍工程

学校积极完善班主任制度，努力选派出素质好、业务水平高、奉献精神强的教师担任班主任。加强班主任的管理和培训，实行年轻班主任导师制和副班主任制，每学年均对成绩突出的师徒对子予以表彰，每学期开学初都开展班主任培训。而一年一度的德育年会更成为每位班主任都充满期待的一次盛会。

我校的德育年会分三阶段：第一阶段是德育论文的征集和评比，第二阶段是召开德育工作研讨，第三阶段是外出考察学习。每届年会均有一个鲜明的主题，近年的主题主要是围绕班级文化建设开展，如 2008 年主题是"班级文化建设之物质文化建设"，2009 年主题是"班级文化建设之制度文化建设"，2010 年主题是"班级文化建设之主题班会设计"，2011 年的主题是"班级文化建设之特色班级打造"。2011 年《广西教育》第 1 期特意为我校开设了"主题班会设计"专栏，发表了我校六位教师的文章。

（2）班级文化工程

首先是班级物质文化建设。全校 66 个班级本着"实用美观"的原则，立足本班实际，充分利用有限的教室空间，增加内涵，提升品位。每间教室门口均有一张班级名片，名片的内容包括学校 LOGO、班主任照片、班主任寄语和班级全家福。走进教室，每一面墙壁都会"说话"，每一个角落都体现出独具匠心和有品位的文化气息，每一寸空间都充溢着浓烈的读书求学氛围。

其次是班级制度文化建设。一个好的班集体，必有一套好的班级规章制度。各班从本班实际出发，经过讨论，均制定出一套符合班级实际、体现班级个性特色的规章制度或班级公约，从而为全班学生提供符合班级群体利益，自觉约束自己而又互相督促他人的言行指南。

最后是打造班级精神，构建班级精神文化。要求每个班级都要塑造出一种震撼力强、号召力强的核心精神，使全体学生有一种共同的理念、情感、价值取向，有明确的奋斗目标。各班都拟定出一条班训，班训主题鲜明突出、简洁明快，富有教导和劝诫意义，成为指引全班同学前进的一面旗帜。不少班级还有班徽、班歌、班旗，开设了班级博客。博客中有班级日志、班级相片等，成为本班同学交流的一个极其重要的平台。

（3）德育活动工程

学校通过各种仪式、节日、庆典等活动弘扬德育文化的主旋律，营造出和谐向上的校园文化氛围。这些活动主要有体育节、歌圩节、成人仪式、毕业典礼、南宁国际民歌艺术节绿城歌台之沛鸿歌台、校园十大歌手比赛、校园跨年演唱会、红诗朗诵、课本剧表演、主题班会、班级文化辩论赛、爱心在行动、清明扫墓、法制报告会、消防演练等，通过有计划、有层次、有系统的、学生喜闻乐见的活动，让学生在活动中体验过程，收获情感，真正把德育教育渗透到学生校园生活的方方面面。

（4）德育名片工程

红色名片——"国旗班"。

学校国旗班，逢周一早晨或重大节日，均由国旗班挑选六名同学作为升旗手和护旗手进行升旗。旗手们庄严的神情、整齐的步伐、规范的动作，映衬着迎风招展的五星红旗，成为每一周校园里的第一道美丽的风景线。

橙色名片——"三月三"校园歌圩文化艺术节。

每逢"三月三"校园歌圩文化艺术节，我校便处处洋溢着欢快活泼的橙色色彩。该文化节一年一届，活动丰富，形式多样，有山歌歌台、民族舞蹈展演、校本民族体育活动展示、焰火燃放、篝火集体舞会以及民族美食一条街等活动。活动设计充分实现了民族教育与地方民族特色、学校特色的融合，为我们的校园注入了民族文化的内涵。

绿色名片——"全员军训"。

在我校，除了高一必须参加军事训练之外，每学年开学前，高二、高三年级的学生都必须再次走近绿色军营，参加军训。学校对学生参加军训的总要求是：流汗不流泪，宁可晒黑也不能给班级抹黑。多年来，我校学生整体纪律性较强，拼搏精神较突出，应该说跟我们倡导的"全员军训"也是不无关系的。

紫色名片——"歌舞迎客队"。

我校歌舞迎客队，创造出一套独特的迎客仪式。迎客的学生当中每一位学生都身着不同的民族服装，每一位学生均代表在我校就读的一个民族的学生。每逢有贵宾莅临学校，迎客队均会在门口以嘹亮质朴的迎客歌、欢快热情的迎客舞欢迎八方来宾，让来宾们一走进沛鸿民族中学的大门便可以感受到一份犹如"紫气东来"般的祝福。

金色名片——"育人之星"。

学校积极营造"多轮驱动"的激励机制，创造性地打造出独具沛鸿特色的"育人之星"工程。每学期推出一名班级管理工作成效显著的班主任为全校的"育人之星"，并大力宣传，发挥其示范引领作用，从而让这颗"星星"散发的金色光芒辐射到校园的每个角落。

（5）学生自主管理工程

我校逐渐建立起了学生自主管理体系，主要做法如下：一是依托共青团、学生会和学生社团，积极拓展学生自主管理空间；二是成立年级值周班，每班选派一名学生组建年级的值周班，负责年级的学风、纪律、卫生的检查、督促与反馈，时间为一周；三是成立宿舍检查组，学生公寓的各项检查与评比均由该检查组组织实施；四是在学生中倡导志愿服务意识，组建学生志愿者服务队。这些志愿者们活跃在学校的各项重大活动以及学校的日常管理中，如家长会、校运会、艺术节、新生接待乃至每天中午排队打饭的队伍秩序的维持。校园内随处可见志愿者的身影，他们塑造了我校学生不求索取、健康向上的良好形象。

（二）逐渐形成了以人本管理思想成就教学精彩的教学管理特色

1. 以教师实际成长需求为本，分层次打造一流教师队伍

针对三年以内教龄的新教师，每年举行"青蓝杯"课堂教学大赛和结师徒对子活动；针对教有所长的中青年教师，开展"每月一星"课堂教学展示活动；针对教有成就的校内翘楚，举办沛鸿名师讲坛活动。学校通过一系列活动造就了一支整体素质高的名师团队，师资力量雄厚。

2. 以人本思想为管理前提，教学常规坚持六项制度

第一，每位中层以上领导必须做课题的制度；第二，学科集体教研活动制度；第三，教师听课评课制度；第四，教学科研工作会议制度；第五，教师参加教科研"八个一"制度；第六，教师学习研讨、经验交流制度。

由于工作中坚持人本思想，重视教师的个人情况，重视当时的实际境况，精细化管理得到了大家的支持和拥护。

3. 以学生需求为本，在多项活动中促进多元智能发展

我校成立了天文社、文学社、航模社、话剧社、时政研习社、学生讲坛等11个学生社团，每年的全民健身运动会、艺术节、"三月三"校园歌圩文化节、班班午读有歌声、中华经典诵读、丰富多彩的大课间、高考百日誓师大会等系列活动，学生的主体作用得到充分的发挥。

4. 依托教育改革需求，营造新课程理念下的新型课堂文化

随着广西高中新课程改革培训的启动，高中教育有了新的需求。我校领导班子高度重视，积极引导，着力打造"民主、合作、生动、有效"的课堂文化。目前，英语组、数学组、物理组、历史组，率先探索合作课堂教学模式；高一语文备课组开展教师"模块合作教学"实验，都更好地践行了"顺人性""求更好"的发展理念。

（三）渐次以创新"113"为抓手，形成后勤人本管理特点

第一个"1"就是坚守一个承诺——实行三天答复制，用当今流行的说法叫作及时回应群众诉求，针对师生的诉求要求在三个工作日内给予明确的答复。"总务处服务网"是我校去年创新后勤管理重点推出的一项便民服务平台。桃源、江南两个校区分别在校内网上建立服务平台，内容涉及六项：一是相关服务电话公示栏，将分管总务后勤工作的副校长，总务处正、副主任，水电工，电教设备管理教师等员工的电话号码在服务平台上公示，便于师生反馈情况；二是总务处公告栏，将涉及师生事情公之于众；三是卫生保洁情况反馈栏；四是水电报修栏；五是多媒体故障报修栏；六是其他报修或建议提交栏。开通以来，所有师生的诉求在三个工作日内答复率为100%，即便是一时难以解决的诉求，我们都会在三个工作日内给予明确的答复，受到了广大师生的高度关注与欢迎。第二个"1"就是要树立一心一意主动服务师生的意识。工作效果要求师生诉求答复实现"零"投诉，即不满意率为0。"3"就是形成三个育人，即劳动锻炼育人、校园环境育人、食堂文化育人。

首先是劳动锻炼育人。

学校长期坚持将校园卫生责任区划分到各年级、班级，责任到每一个班集体。要求各班坚持每天一小扫，每周两大扫的保洁劳动；种植"班树""未名柳"，给实验楼走廊三角梅浇水、补种；倡议"一屋不扫何以扫天下"的宿舍卫生活动，参与"城乡清洁工程"活动，参与南宁市创建全国文明卫生城的校园清洁劳动；等等。通过劳动，不但锻炼了学生的坚强意志，也塑造了学生们的优秀品质和美好心灵。

其次是校园环境育人。

一是校园设施力求体现民族特色。在江南校区，颇具民族特色的建筑、民族铜鼓广场与古壮文镌刻的石头、绿色的草坪相映成趣。学校建筑群保留壮族坡屋顶、翘角屋檐的民族特色。校大门、广场、教学楼、实验综合大楼、办公楼、逸夫图书馆等主要建筑，均以壮锦或壮族铜鼓造型装饰。学校大门两侧的"铜鼓"浮雕以及教学楼前大型的铜鼓广场，用古壮文镌刻在石头上的"学会感恩，不忘勤奋"的校长寄语和"自强""厚德""和谐""思"等校园文化，均具有浓郁的壮民族特色文化，让学生尤其是少数民族学生在进入校园的第一时间就有了认同感，产生了归属感。

二是校园环境追求绿化、美化、亮化。①超前规划，科学设计。学校按照规划设计单位对校园规划建设设计的要求，在进行基础设施建设的同时就把绿化建设规划贯穿其中。②领导重视，认真落实。始终把绿化建设作为重点工作来抓，做到校长亲自抓，分管副校长具体抓，总务处抓具体，一级抓一级，层层抓落实；先后投资了一百多万元进行了 28 项绿化、美化和亮化工程。③因地制宜，顺应自然，突出生态园林，尊重人本的绿化特色，真正做到春有绿、夏有荫、秋有果、冬有青，四季常青，月月花开。④圆满完成绿化目标和义务植树任务。学校规划用地占地 101 338.4 平方米，土地证面积为 80 293.4 平方米，其中，道路规划占地面积为 18 245 平方米，建筑规划占地面积为 14 230 平方米，目前我校已绿化的绿地面积为 37 911.3 平方米，除去塑胶运动场地，绿地率达 47.22%，绿化率达 100%，绿化覆盖率达 100%，已全部消灭了黄土裸露并且做好日常绿化护理工作。

三是立足小行动，创建大文明，努力提升办学品味。校园内景色优美，空气怡人，生机盎然。宽敞明亮的教室和学生宿舍，整洁的食堂、卫生的伙食，教育方针设置在学生公寓一号楼醒目的位置上，高档次的文化宣传橱窗分布在教学楼大厅两侧和教学楼与综合实验楼的连廊以及师生食堂楼前面。在卫生间安放了由学生自觉自愿出钱统一购买的手纸，目的是培养学生的集体观念和互帮互助的大气胸怀以及节约意识和环保意识。

最后是食堂文化育人。

我们抓进餐风尚，倡文明进餐。文明排队、学会谦让、节约用水、感知粮食粒粒皆辛苦的珍贵、体会食堂工作人员做饭的辛劳等方面都会在食堂宣传栏上进行宣传教育。在餐厅内张贴一些激励的名言警句，同时开学初在班级进行用餐教育，每学年年初由部分学生志愿者来维持就餐秩序以及监督学生的用餐保洁，逐渐地在学生当中已形成了一种自觉的文明行为。现在，按顺序打饭、爱护粮食、珍惜粮食、助人为乐、文明礼貌、拾金不昧的良好风气在食堂随处可见。

学校食堂在元宵节、"三月三"、端午节、中秋节、春节等传统节日开展庆典活动。元宵节包饺子，做汤圆；三月三美食文化节在校道上示范包粽子、做发糕、蒸五色糯米饭；端午节包粽子，送给每位学生祝福粽；中秋节给留校学生发月饼、水果；春节前由学校出资在食堂举行全校团拜会；等等。尊民风，顺民俗，戴校长、劳书记以及学校的其他领导干部与师生一起在学校食堂过节，发表即兴讲话，忆古思今，让学校食堂变成家里的厨房，让学生在品食中成长，在品食中成人，在品食中成才！

五、课程实施亮

（一）认真全面落实国家课程计划

开足国家学科类和综合实践活动类必修、选修课程，开发微型学校选修课，践行学生发展"综合＋特长"办学理念。

（二）大力开设综合实践课

劳动技术教育类课程：航模、陶艺、贴画、机器人竞赛等。

社区服务类课程：社区历史调查、南博会问题研究、拒绝毒品等。

社会实践类课程：邕江、南湖水质调查，废旧干电池与环保，生态与旅游，军事训练等。

（三）积极开发学校微型选修课程

民族特色类：民族音乐欣赏、毽球、珍珠球、竹铃球、跳房子、板鞋游戏、天地球、民族服饰研究等。

学科拓展类：学会学习讲座、小说鉴赏、物理学史、悬浮列车原理、关于原子核、南宁国际民歌节对南宁经济发展的推动作用、党的十六届三中全会的重大突破和创新、网络信息技术与历史学科的整合、抽屉原则、英语竞赛等。

学科活动类：语文百花园、语文综合活动——辩论、白色污染、扑克中的数学游戏、高中美术欣赏、英语课外活动、向性活动研究、古代钱币研究等。

心理健康教育类：我们欣赏这样的男（女）生、我给自己评个分、明天更辉煌——成功与失败得失谈、我们需要朋友等。

六、教育科研实

（一）以课题研究形式推进"科研兴校"

十一五期间我校共立项开展的国家、自治区、市、校四级课题 20 个，十二五目前立项各级课题四个。

课堂教学，学生学法研究有"高中语文新教材学法指导实验与研究""初中语文新教材学法指导实验与研究""语文教学'课堂·能力·创新'的研究""初中英语分层学法指导与研究""探索如何在课堂教学中引发学习兴趣，激活学习动机"等课题。

教育教学研究有教育部重点课题"义务教育中学体育与健康课程标准和教科书及教师用书可行性实验与研究"子课题、"新课程标准实验过程中，学生探究性学习的研究"、"研究性学习与学生综合能力培养的探索与研究"等课题。

教育科研有"南宁沛鸿民族中学综合性、民族性办学特色研究""雷沛鸿教育思想研究与实践""学校团体心理辅导与共青团活动的研究"等课题。

信息技术与学科整合研究有"中学校园网络辅助教学实验与研究""利用信息技术构建以学生为主体的中学教育教学辅助系统"等课题。

（二）课题引领，校本教学卓有成效

经过几年的探索，我校在以教为本、科教结合，以新课改的理念开展教学与科研工作，教育科研始终贯穿教学常规的全过程，促进教学策略和教学模式的展开研究方面取得较好成效，目前已形成"学校（核心课题）——各教研组（子课题）——教师个人（研究重点教学问题）"的校本研究课题网络，注重校际合作和专家引领的作用，以学习、实践、反思为平台，定期组织教学研究和观摩活动，发挥教学课堂引路、研讨、开放、考核的目的和作用。2010 年 10月，成功承办南宁市中学校本教研工作经验交流会暨校本课程开发现场观摩会。《广西教育》2010第2期刊登专栏，介绍南宁市中学校本教研经验交流会以及校本课程开发和管理专题，同时发表了我校几位课题组长的论文。

校本科研促教，实现教育教学"三个创新"和教研工作重心"三个转移"，教育教学质量全面提高。

1. 教育科研促进课堂教学改革，实现了三个创新

教育教学思想创新："让每位学生心智健康成长"是我们的追求，全体教职员工将学校承诺"关爱和培养好每一位学生"内化为自觉行为。

教育教学方式创新：教师们抛弃了以往"满堂灌"的教法，在课堂积极引导学生自主学习、主动探究，教会学生"渔"的方法。

教育教学手段创新：多媒体走进课堂，实现了现代信息技术与学科教学的良好整合。

2. 以"课题"为载体，教研工作重心实现三个转移

由以教材教法为中心的"文本"教研转向以学科指导为中心的"人本"教研。

由特级教师、高级教师承担了"高中语文新教材学法指导实验与研究"等五个课题。教研组以课题为载体以学法指导为突破口，开展教研活动。

由以灌输为主的指导性教研转向以教学实践探讨为主的反思性教研。

校领导、教研负责人与教师，以一种积极互动的方式，以参与、合作、研究者身份，平等交流，共同切磋，开展教研。

由以单一封闭的个人研究转向多维互动的群体研究。

七、办学规模与质量稳

七年来，我校高中部每个年级两校区合计最少时10个班，最多时达16个班。从2007年秋季学期正式启动高、初中分离"三步战略"起，所有工作稳步推进，到2012年秋季学期，每个年级都将达到控制规模12个班。截至2011年12月，全校高中共有38个教学班，学生共1 920余人。

（一）高考、会考呈现出两大亮点

亮点一：高考创"低进高出"的奇迹。

我校连续14届获得南宁市高三毕业班工作成绩优秀奖（卓越奖、优胜奖），均为同类学校最高奖。2006年高考本科上线人数高达285人，实现文、理两科考生最高分在全区排位，江南校区考生一、二、三本上线人数及上线率等八项新突破。

2007 年高考再创"低进高出"的奇迹,其中高三(9)班张时选同学取得 644 分的好成绩,列全区 16 万多理科考生第 244 名,桃源、江南两校区一、二、三本上线总人数全面提升,本科上线总人数创新高,达 353 人,比 2006 年增加 69 人(二本以上增 49 人),上线率提高 3.07%,高三(2)、(3)、(4)、(9)班高考本科上线率均超过 90%。

2008 年,在桃源校区生源入学成绩排第六位、江南校区学生入学成绩更低的情况下,2008 届高考,我校再次喜获巨大丰收,大学本科上线人数高达 381 人,再创历史新高!桃源校区、江南校区、全校大学本科上线率都再创历史新高,桃源校区本科上线率高达 76.4%,本科上线 321 人,相比该校区位居南宁市第三名的 2005 年高考本科上线率 71.71% 提高了 4.69%;江南校区本科上线 60 人,本科上线率达 39.474%,比 2007 年的 34.8% 提高了 4.674%。

2009 年高考一本上线 20 人,二本上线 165 人,三本上线 290 人。其中,高三(4)班二本上线率达 54.4%,本科上线率达 91.2%;高三(6)班二本上线率达 60.8%,本科上线率达 88.2%;高三(5)班二本上线率达 52.6%,本科上线率达 78.9%。

2010 年我校高中各学科毕业生会考一次性通过率都在 97% 以上,优秀率为 21%~76.8%;2010 年大学上线率达 98% 以上,两校区本科上线率首次突破了 70%。

2011 年高考更是实现历史性突破,成绩全面超越 2010 年。参加高考 819 人,大学上线 814 人,上线率达 99.39%。其中本科上线 598 人,本科上线率达 73.02%;二本以上上线 264 人,上线率 32.2%,上线数比 2010 年增加 93 人;二、三本上线人数均创历史新高。

自创办示范性高中以来,就江南校区而言,2009 届本科升学率为 30.1%,2010 年达到 65.95%,2011 年达到了 75.5%,实现了高考的三级跳;就两校区高中部合并考核而言,2011 届高考本科升学率达到 73.1%,是高中合并考核以来的最好成绩。

亮点二:会考成绩值得骄傲。

2006 年会考:一次性通过率 98% 以上,其中 05 年级历史 A 率 76.8%;04 年级政治 A 率 56.3%,生物 A 率 54.4%,物理 A 率 56.7%。

2007 年高中会考一次性通过率均达 98% 以上。

2008 年高 06 年级政治(年级通过率 100%,A 等率 69.2%)居南宁市第一；信息技术（年级通过率 100％，A 等率 65.7％）。

2009 年历史、地理、政治、信息技术通过率都在 100％，为历年之最。其中政治 A 等率达到 70.81％，信息技术 A 等率达到 65.23％。

2010 年、2011 年我校学生参加毕业会考一次性通过率及优秀率均取得新突破。除个别学科外，大部分科目的通过率都是 100％，其中 2011 年毕业会考政治、地理、信息技术的优秀率在市直属学校排名分别达第三、第四名。

（二）学生活动丰富，多元智能长足发展

在大量的以体育、艺术为特色内容丰富的科技教育活动中，在丰富的微型选修课程中，学生的发展是全面的、多元的。我们践行了素质教育领先的承诺。

我校学生代表人物之一是中国科学院院士于起峰将军。2010 年 12 月 2 日，我校迎来久别的校友于起峰将军。他是新中国成立后在我校小学、初中和高中就读的南宁市基础教育培养出来的第一位也是至今唯一一位中国科学院院士。

（三）全面丰收，办学走向辉煌

2006 年，学校荣获青秀区 2003—2005 年南宁市"两基"攻坚与巩固提高工作先进单位、南宁先进科研机构、南宁市思想政治工作"四心工程"创建活动示范单位、广西"以校为本教研制度建设"基地学校、广西中学心理健康教育示范性实验学校、自治区创建学习型先进单位、自治区先进基层党组织、自治区校务公开先进单位、自治区优秀教育工会等荣誉称号。

2007 年，学校荣获全国民族体育先进集体、南宁市先进单位、南宁市"卫生优秀学校"、南宁市绿化先进单位、南宁市绿化达标单位、2005—2006 年度南宁市巾帼文明岗位、2007 年广西中小学（幼儿园）教育教学论文评选工作优秀组织奖、南宁市"两基"攻坚与巩固提高工作先进单位、第一批南宁市中小学校常规管理示范校优秀学校、经济开发区 2006 年人口与计划生育工作先进单位、2006 年南宁市青秀区人口与计划生育目标责任状二等奖、江南校区获南宁市经济技术开发区人口与计生工作先进单位、南宁市中小学校长建设年评估结论（市本级）优秀等级，完成教育工作目标等级评定一等，高三毕业班工作获市优秀奖。学校工会被评为南宁市"建设职工之家，构建和谐校园"先进单位。

2008 年，学校被评为南宁市学习型组织标兵单位、南宁市支教工作先进单位、青秀区"两基"巩固提高工作先进单位，江南校区获"社会治安综合治理

模范小区"称号、自治区文明单位、自治区民族团结进步先进单位。我校体育教研组成绩突出，荣获全国民族体育先进集体称号，是广西中学唯一获此殊荣的学校，最近又被南宁市委和政府授予 2007 年度南宁市先进集体称号。

2009 年，学校荣获全国校园文化建设先进单位，南宁市军（警）民共建精神文明工作标兵单位，南宁经开区"治安模范小区"，市属基层工会重点工作目标考核特等奖，2005—2009 年度南宁市科协先进集体，南宁市安全生产工作先进单位，教育工作目标等级评定一等奖，南宁市绿化先进单位，南宁市青秀区人口和计划生育工作目标管理一等奖，党建工作目标管理责任制考评优胜单位，"人民防空"知识教育工作先进单位，南宁经开区人口和计划生育工作先进单位，南宁市爱国卫生先进单位，南宁市教育系统宣传工作先进集体二等奖，南宁市民族团结专题教育活动先进单位，高中毕业班工作成绩优秀奖，国家级、自治区级招生考试南宁市"考试基地"组考工作"达标考点"，南宁市第一批少数民族传统体育运动训练基地，第十二批自治区文明单位，首府南宁创建全国文明城市先进单位，南宁市实验室工作先进集体"，南宁市"民族团结教育进学校示范点"，广西全民健身示范单位；我校机器人代表队在美国举行的 2009 年 VEX 机器人世界锦标赛上荣获"最佳判断奖"（又译"最高评判奖"）金奖。

2010 年，学校荣获市属基层工会重点工作目标考核特等奖、2008—2010 年度青秀区社会治安综合治理（平安建设）先进单位、党建工作目标管理责任制考评优胜单位、南宁市青秀区人口与计生工作一等奖、南宁经开区人口和计划生育工作先进单位、教育系统宣传工作三等奖、南宁市 2008—2010 年度未成年人思想道德建设工作先进单位、教育工作目标等级评定一等奖、南宁市基础教育科研工作先进单位、广西人事考试定点学校考务目标管理工作优秀单位、南宁市"考试基地"达标考点称号、广西首批民族传统体育示范学校、南宁市高中毕业工作成绩优秀奖、2009—2010 年度南宁市教育局"先进基层党组织"、南宁市科普示范学校先进单位、建设平安青秀区活动平安单位。4 月 24 日，在美国德克萨斯州达拉斯市举行的 2010 年 VEX 机器人世界锦标赛获"最佳创新奖"金奖。

2011 年学校荣获南宁市民族团结教育先进学校示范点，2010—2011 年度南宁市教育局"先进基层党组织"，南宁市爱国卫生先进单位（江南校区），广西全名健身示范单位；桃源、江南校区团委双双获市教育局团委授予 2010—2011 年度南宁市教育局直属学校"顶呱呱优秀团组织"，2011 年南宁市高中毕业工作成绩优秀奖；2011 年 11 月，获 2007—2010 年广西群众性体育优秀单位称号；等等。

八、办学特色显

（一）形成了鲜明的"五性"办学特色

在创建实践中，学校在诸方面形成了自己的办学优势，并得到社会认可，同时我们又赋予学校新的内涵，特别是凸显了"纪念性""民族性"。

1. 纪念性：彰显学校人文特色

雷沛鸿先生是探索有中国特色的教育理论与实践的先驱，他倡导的"教育为公、学术为公、天下为公"的教育思想和他爱国忧民、献身教育的崇高精神及"行为世范，学为人师"的严谨治学精神，是我校宝贵的人文资源和精神财富。学校以"教育为公，不忘百姓，尊师爱生，手脑并用"作为校训，组织"雷沛鸿教育思想研究"市级科研课题，凝聚全区雷研会教育专家智慧，研究和借鉴雷沛鸿先生的先进教育思想，弘扬沛鸿精神，打造经营沛鸿教育品牌。

2. 民族性：凸显学校民族特色

作为中国少数民族人口最多的壮族首府城市唯一的一所具有纪念性、民族性的中学，我们定位是成为培养民族人才的民族教育窗口学校，为发展民族教育，繁荣民族经济做贡献。"民族特色"成为学校办学主要特色在学校凸显。

第一，学校建筑凸显壮族文化特色、风格。

第二，民族师生和睦相处，和谐发展。

第三，扶持品学兼优、家庭困难的少数民族学生完成学业。学校认真落实南宁市、自治区对民族生政策补贴资金，保证按时足额发放。对部分困难生减免学杂费。

第四，积极传承和弘扬民族优秀文化，大力开展富有民族特色的教育教学活动。

开设选修课："民族常识""民族器乐欣赏"。

开发以民族体育为基础的微型校本课程："毽球""竹铃球""板鞋游戏""民族健身操——啪啦啪啦舞""武术操""抛绣球""跳大绳"等。

组建民族艺术团：有民族器乐、民族舞蹈、民族唱法三个训练组。

开展民族文化课题研究性学习：结合高中课改，教师指导学生自主选题开展民族文化研究性学习。

第五，发挥优势，支持边远地区发展民族教育。为落实"东、巴、凤"发展大会战的决定，接收东兰县民族生韦联豪到民族班就读，接收凤山中学副校长、骨干教师到校跟班学习。学校师生捐资手拉手帮扶隆安、天等共54名家庭困难民族生完成义务教育学习，并与隆安那桐中学，布泉中学，武鸣罗圩一中、二中、天等宁干中学五所薄弱中学开展对口扶贫支教，送教、送物、送资下乡到校。根据自治区教育厅、南宁市教育局要求，2004年秋季学期起，扩大民族班招生地区范围和人数。2011年招收市政协"同心育才"工程40名马山县两个瑶族乡的贫寒子弟，免费培养。

第六，弘扬和培育民族精神，把学生培养成既有民族气节又具时代风貌的沛鸿人。学校以中华民族精神之魂"自强、厚德、和谐"为核心内涵，打造校园文化，提升学校培养人的人文品位。

第七，加强中学民族教育研究，创造性推进民族中学发展。承担并开展国家级"少数民族地区基础教育发展研究"子课题"南宁沛鸿民族中学综合性、民族性办学特色研究"课题研究。

3. 实验性：创教改实验、科研兴校特色

学校吸取雷沛鸿先生教育思想中"创造性"的精髓，积极进行教改实验，改进教育教学方法，坚持科研兴校，建设学习型学校、学习型班级，获得了"张思中英语教学法实验先进学校""广西中小学创新教育研究与实验课题实验学校""广西科技教育示范校"等称号。

4. 综合性：创全面发展素质教育特色

我们力求学校各项工作紧紧围绕着全面培养和提高学生的综合素质和能力开展，以努力做到学校发展"综合实力＋特色"，教师发展"综合素质＋风格"，学生发展"综合素质＋特长"，使学校真正成为素质教育的示范校。

5. 开放性：创教育资源、教育空间开放特色

实行开门办学，积极开发和利用外界资源。

教育资源开放：加强与国内外先进地区先进学校的交流合作，共谋发展。七年来，学校接待国内外上百所学校校长、教师来校学习交流。同时，吸引社区、家长参与学校管理和发展，实现学校教育资源和社会教育资源双向开放。

教育空间开放：学校通过与北京四中网校合作办学，开展信息技术教育、研究性学习、社会实践活动等，拓展教育空间，使学生们视野更宽阔。

（二）挖掘民族体育，使之成为广西中小学民族体育校本课程名副其实的源头活水

学校决定首先从弘扬民族体育开始，开发校本课程。体育组在一无做法、二无现成教材的基础上，四出采风，结合实际，首先开发出"抛绣球"的科目，所需的铁筐、绣球都是他们自己制作样品，再拿到市场上定做，其中仅仅绣球内装材料，就经历了沙子、大米、黄豆、玉米、决明子的改变。之后，他们逐步开发出"毽球""珍珠球""天地球""竹竿舞""民族健身操"等13项具有民族特色的校本课程，掀起一股热潮。

其中的"民族健身操"，进入了南宁市中考科目名录。

几年来，我们承担了南宁市乃至广西壮族自治区历次体育教师民族体育科目培训、南宁市历次中学少数民族传统体育运动会及广西历次体育中学生民族体育团体展示，接待了大量的教师观摩活动，是广西中小学民族体育校本课程名副其实的源头活水。

学校连续承办了四届南宁市中小学少数民族传统体育运动会。2009年、2010年在广西两届体育节中，我校均作为全区中学生唯一代表表演大型体育舞蹈。2010年11月，广西第十二届少数民族传统体育运动会，女子毽球队荣获第一名，男子毽球队获第二名；射弩队，一举夺得6枚射弩金牌，扁担舞表演获得二等奖第一名。2011年9月，第九届全国少数民族传统体育运动会，男、女毽球队，分别获得第三、第二名，自治区人民政府时任副主席的陈章良接见了沛鸿民族中学全体师生代表。沛鸿民族中学高三学生玉石同学作为广西唯一运动员代表得到时任中共中央政治局委员、国务院副总理回良玉的亲切接见并与回副总理合影留念。12月8日，我校师生代表在南宁饭店再次受到时任自治区政府副主席的陈章良、高雄等领导的接见和宴请。学校相继成为全国民族体育先进集体、广西民族传统体育示范学校、广西全民健身示范单位、南宁市少数民族传统体育运动训练基地等。

（三）发展特殊智能，开启了"民族艺术"和"机器人竞赛"两个国家和国际交流窗口

2006年以来，学校里学习民族艺术和参加机器人竞赛的学生越来越多，为了学生个性才能的更好发展，我们决定顺应学生个性需求，做强做大这两个板块，并最终开启了两个交流和展示的窗口。

1. 民族艺术走进了人民大会堂

自 2007 年上半年起，我们着手成立南宁沛鸿民族中学民族艺术团。

经过几年的努力，我们取得了不菲的成绩。我校民乐队演奏的曲目《辉煌》一举荣获南宁市金奖第一名，全区中学生艺术汇演一等奖，全国三等奖。2009 年 1 月，我校大型舞蹈《温飘贝哲》首次进京参加"魅力校园"第四届全国展演，荣获金奖，颁奖大会在北京人民大会堂隆重举行。2010 年 1 月，全国民族中学首届文化艺术节上，获得优秀组织奖，五个节目分别获歌唱类一个银奖、一个铜奖、三个优秀奖，温智淞老师获优秀指导奖和唯一的"特别贡献奖"，是参赛学校获奖最多的学校。

2. "机器人竞赛"走向了世界

2003 年 3 月，我们开始尝试电脑机器人活动，2006 年以来大力开展，取得了瞩目的成就。每年都代表广西参加全国青少年电脑机器人大赛，2006 年至 2011 年共参加六届比赛，共收获金牌（奖）2 枚（项），银牌（奖）1 枚（项），铜牌（奖）4 枚（项），共参加了常规、足球、创意、VEX 机器人世界锦标赛、BDS 机器人亚洲锦标赛等多项活动，多项多次获得南宁冠军、广西冠军。2009 年和 2010 年，我校代表中国赴美参加世界 VEX 机器人锦标赛分别获"最高评判奖"金奖和"最佳创新奖"金奖，赢得了国际声誉。电脑机器人活动为现代信息技术与机械技术的综合、软件技术与硬件技术的结合，培养了大批爱好者，有两名学生因此获得了高考保送生的资格。

九、示范作用强

（一）南宁市、自治区两级大型活动的承办地

七年来学校分别承办或协办了南宁市、自治区优质课、课改观摩课、高考复习研究课、心育课及高考学科研究等大型教学科研活动三十多次。是连续四届南宁市中小学少数民族传统体育运动会承办单位，是广西体育节连续两年的开幕式举办单位。

（二）享誉国内外，成为当地教育交流窗口学校

近年来，学校分别接待过台湾、香港、澳门、北京、上海、浙江、广东、福建、沈阳、宁夏、内蒙、新疆等 25 个省、直辖市、特别行政区等全国各地及区内等共一百多所兄弟学校校长、教师来校学习、交流，还接待日本、越南、法国、泰国等国外教育参观团考察交流。2011 年 7 月，我校与越南孔敬市

瓦卡郎中学结为友好学校。

（三）发挥优势，帮扶薄弱学校

近年来，对武鸣、天等、隆安、凤山等九所学校帮扶支教，送教、送物、送资下乡到校。每年送教下乡不少于 10 节，同时在学校管理、教学科研、课改等方面重点帮扶，《南宁市支教工作简讯》多次报道我校支教成果，有三位教师分别评为南宁市、自治区"优秀支教队员"。连续多年，我校被评为南宁市支教工作先进单位。

图16　2007 年 11 月 14 日，全国民族中学新课改经验交流会首次在广西南宁召开

（四）学校办学管理经验广为传播

学校为南宁市"校长负责制"等六制改革试点校，在坚持"以人为本"的学校管理实践中不断改革、发展，日趋完善，成绩斐然，成为"广西中学校长培训班见习基地"，北京师范大学教育教学实践基地。戴启猛校长受邀在南宁、河池、柳州、梧州、桂林、崇左、防城、广西民族师范学院、广西师范学院举办的中学数学骨干教师国家级培训班，中学教师学科带头人培训班，中学教务主任、政教主任、科研主任培训班，中学校长培训班讲学。应广西教育学院、南宁地区教育学院邀请，劳以东书记 2009 年 4 月 19 日给参加崇左市中小学后勤副校长和总务主任培训班学院做"当前中小学校后勤管理现状及改革——浅谈中小学校总务主任如何做后勤管理工作"讲座。2011 年 12 月 20 日，南宁市教育局举办"文化立校"开放周活动，选定我校面向全市中小学校长，举办沛

鸿民族中学管理文化论坛活动，戴校长做了《坚持人本管理，建设一流学校》的演讲。《南宁晚报》《南国早报》《广西教育》，区、市电视台，南宁市法制简报，绿色杏坛等报刊，电视新闻媒体对学校办学成果进行了近 90 次宣传报道。其中《广西教育》先后两次用主题宣传的方式，用一组版面专门介绍我校的管理经验。

（五）高考成绩突出，成为学习交流研究中心

由于学校特殊的地理位置，学校担负起解决中央、自治区驻邕单位，南宁市等有贡献人才子女入学的问题，由此造成学校生源差异大、入口成绩偏低，但历年学校高考成绩名列同类学校前茅，连续 14 年获得毕业班工作优秀奖，均为同类学校最高奖。学校接待了二十多所市内外兄弟学校来校学习交流。

（六）成为英特尔未来教育培训基地

为南宁市英特尔未来教育培训 7 期共 130 名教师。

（七）广西中小学民族体育校本课程名副其实的源头活水

几年来，我们承担了南宁市乃至广西壮族自治区历次体育教师民族体育科目培训、南宁市历次中学少数民族传统体育运动会及广西历次体育中学生民族体育团体展示，接待了大量的教师观摩活动。

十、未来努力方向明

2004 年自治区示范性高中评估组曾对我校创建示范性高中提出的五点改进意见：①加大对管理的传承与内化；②发扬雷沛鸿教育思想；③加快基础设施建设，增加实验室、图书馆开发等；④提高高考质量；⑤科研上课题思想要渗透到教育教学中。这五点意见我们沛鸿民族中学的管理者不敢忘记，我们的广大师生们也没有忘记，经过七年的努力，应该说我们自己与自己比是有了很大的提升，不过我们清楚地明白，所有一切离党和政府的要求、专家的期待及广大市民的愿望相比，我们还是有差距的。

学校的办学要实现"三个发展"的目标，一是教师要发展，二是学生要发展，三是学校要发展。随着学校领导班子本届任期的终结，我校将全面完成桃源校区高中部移师江南校区办学格局的调整，未来教育教学发展趋势决定了桃源校区初中办学逐步走向优质化发展，江南校区高中办学逐步走向特色化发展，这是沛鸿民族中学要实现可持续又好又快发展必须坚持的目标和方向。基于这样的发展方向定位了沛鸿民族中学未来五年发展规划，就是"围绕一个中

心，搭建两个平台，实施三大工程，实现四大目标"。"一个中心"就是以高效课堂为中心；"两个平台"，一是教师学科教学研讨平台，二是学生个性特长展示平台；"三大工程"，一是学校精细化管理工程，二是教师专业发展工程，三是学校文化建设工程；"四大目标"，一是有效德育，二是高效管理，三是特色学科，四是一流学校。

回顾建设自治区示范性高中这忙碌而充实的七年，在中共南宁市委、市人民政府、市教育局的正确领导下，在市民委、自治区教育厅、自治区民委的支持下，我校领导班子成员和谐共处、团结协作，广大教职员工忠于职守、求真图强，为努力办好这所学校而艰苦奋斗。然而我们必须清醒地认识到，要实现"沛鸿"未来的可持续发展，要实现"沛鸿"做强做优，让"沛鸿"品牌真正成为凝聚人心、鼓舞士气的标杆旗帜，我们还有一段很长的路要走，需要全校广大教职工以科学发展观为统领，进一步振奋精神，继续团结奋斗，继续锐意进取，改革创新，与时俱进。让我们携手，努力做好本职工作，共同为南宁沛鸿民族中学整体工作再上新水平、再攀新高峰做出积极的贡献！

让我们一起祝福我们的学校明天会更好！

（本文是 2011 年作者担任南宁沛鸿民族中学校长时主持撰写的广西壮族自治区示范性普通高中建设复评自评报告）

赴加拿大培训所见所闻与所思

2008 年 2 月 27 日至 3 月 27 日，本人有幸作为南宁市第一批赴加拿大教育培训的一员和其他 18 位校长（书记）一道来到万里之外的加拿大学习、培训、观光。因为有市教育局领导的精心策划，加之接待方的周到安排和全体团员的共同努力，为期一个月的教育培训可谓圆满。我们每个人都经历了一次行万里路，胜读万卷书的感受。一个月的时间虽短，但这一个月的所见所闻所思，我相信对我们每一个人今后的工作和生活都会产生巨大的影响。

一、培训内容丰富，充分体现加拿大教育注重参与、以人为本的现代理念

外培一个月，我们首先在加拿大的第三大城市温哥华市进行了为期三周的集中培训，接着我们对加拿大的几个主要城市，如多伦多、渥太华、蒙特利尔、魁北克和金斯敦进行了为期一周的文化考察。在三周的集中培训中，我们先后在 Simon Fraser University（缩写 SFU，西蒙弗雷泽大学），Coquitlam International Education College of BC, Canada（缩写 CIC，加拿大高贵林国际教育学院），Leo Marshal Curriculum Center（缩写 LMCC，音译：里奥马歇尔课程中心）及 Van West Center（International ESL School，国际语言学校）集中授课（有些走班读书的感觉）。接待方组织我们参观了三所大学：Simon Fraser University、University of British Columbia（不列颠哥伦比亚大学）和 British Columbia Institute of Technology（不列颠哥伦比亚理工学院）；两个教育科研机构：Leo Marshal Curriculum Center 和 Coquitlam International Education College of BC, Canada；七所中小学：Roy Stibbs Elementary School（音译：罗尔斯蒂本小学）、Maple Creek Middle School（枫叶初中）、North Vancouver Outdoor School（北温哥华户外学校）、Scott Creek Middle School（音译：斯格特初中）、Centennial School（音译：森田尼奥高中）、Montroyal Elementary School（音译：蒙特利尔小学）和 Argyle Secondary School（音译：阿格尔中学）；一所 ESL 学校（Van West Center 即以英语为第二语言的培训学校）和一个学校董事会（North Vancouver School District No. 44 北温哥华市第 44 校区董事会，相当于国内的市教育局机关）。整个培训以参观考察为主、理论培训为辅。三周的培训主要由我们的老师 Gary（加里）负责，对 Gary 的评价正如我们的团长在结业致辞中所说的："Gary 先生为我们设计了丰富的学习、培训内容，包括加拿大教育管理体系、学生的评价、课程的设置及加拿大校长的职责和现代校长的管理模式，使我们对加拿大的教育，特别是不列颠哥伦比亚省的基础教育有了大致的了解。在学习中，我们尝试并积极地体验了参与式的学习方式，我们感受到了学习的快乐和轻松。在课堂学习之余，Gary 先生还联系了多层次多角度的参观考察。所有的参观学习使我们深刻地体会到，加拿大教育理念先进、目标明确，就是使每一个学生成为高素质的优秀公民，通过教育使每一位学生的潜能得到最大限度的挖掘，能力得到最大限度的提升。在我们参观的各级各类学校教育中，我们欣喜地看到，这些理念和目标都得到了很

好的贯彻和实施。学生们自主选择、自主管理，学有所乐、学有所成、学以致用，他们感觉到在加拿大学习、生活是快乐的、幸福的。这些都使我们受益匪浅。这些先进的理念和方法，将会在我们今后的教育工作中逐步渗透。然而更让我们兴奋和感动的是，Gary 先生认真、勤奋、求实的工作态度和热情，我们每天都能如期收到 Gary 先生热情洋溢的问候和关于我们这一天活动的精美照片，每天都能欣赏到 Gary 先生为我们精心制作的课件、FLASH 动画及动听的音乐，每天都能品尝到 Gary 先生为我们特意准备的可口糕点，Gary 先生还把我们作为贵宾邀请到家中热情地款待，和 Gary 先生在一起，我们感到非常开心、快乐和温暖。中国有句古话叫'一日为师终身为父'，Gary 先生以他高尚的人品、丰富的学识，赢得了我们的尊敬和喜爱，他不仅是我们的良师，更是我们的益友。"

尤其值得一提的是无论是课内学习还是课外参观，Gary 总是在大家有了一些感观认识后，他才给大家解释和总结，他特别喜欢同学们提出各种问题，多次在课堂上提醒大家只要有问题可以随时打断他的讲话。他认为同学们想问的才是大家最想知道的，至于他为我们课前准备的并不是最重要的。Gary 先生以自己的言行让我们充分体会到加拿大教育者施教过程中注重学生参与和以学生为本的现代理念。

二、加拿大优美的自然环境和诚信的社会秩序使我们非常震撼

加拿大拥有 998 万平方千米的国土面积，居世界第二位。位于北美洲北部（除阿拉斯加半岛和格棱兰岛外，整个北半部均为加拿大领土），东临大西洋，西濒太平洋，南界美国本土，北靠北冰洋。西北与美国的阿拉斯加州接壤，东北隔巴芬湾与格陵兰岛相望。海岸线约长 24 万多千米。东部为丘陵地带，南部与美国接壤的大湖和圣劳伦斯地区，地势平坦，多盆地。西部为科迪勒拉山区，是加拿大最高的地区，许多山峰在海拔 4 000 米以上。北部为北极群岛，多系丘陵低山。中部为平原区。最高山洛根峰，位于西部的洛基山脉，海拔为 5 951 米。加拿大是世界上湖泊最多的国家之一，其拥有的淡水资源占全世界淡水储量的四分之一。尽管如此，加拿大的人口却非常少，仅三千多万。可谓地大物博人稀。加拿大的自然环境非常好，全国森林覆盖的比率非常高，尤其是我们集中培训的城市温哥华，该城市曾多次被联合国人居署授予全球最适宜人居的城市。

加拿大的水大多是高山冰雪融化的，纯天然，这里的每一条河流都是清澈

图 17　2008 年 3 月在加拿大培训学习期间留影

见底的。据当地人介绍，每年的九、十月成群结队的成年三文鱼都会从大海游入内河沿着山涧的小溪逆流而上进行产卵繁殖。全加拿大的自来水都是可以直接饮用的。我们洗手后的感觉是滑滑的，就像是打了一层细细的滑石粉似的，感觉非常好！

加拿大的空气异常清新，这与加拿大有众多的森林有很大的关系，翻译告诉我们在加拿大没有擦皮鞋这个职业，因为人们压根就没有擦鞋这个概念。一来鞋子很少沾灰尘，二来即使偶尔鞋子脏了，用擦手的纸轻擦一下也就可以了。我们生活在温哥华也有一样的体会，衬衫穿一周领头也不见黑，这要是在国内简直就不可思议，真的，这里只要是有太阳，天空准是蓝蓝的。什么叫晴空万里？什么叫万里无云？在温哥华，在全加拿大境内你都会找到答案。

再谈加拿大的阳光，本来三月初的温哥华应是雨季，可我们在加拿大一个月也就下了两三天的雨，每一天都是阳光灿烂，天是湛蓝的，海水就更蓝了，真个叫蓝蓝的天上白云飘……就连住在市区的我们夜晚抬头看天上，也是无数的星星在闪烁。第一天晚上我们在温哥华散步还有人闹了一个小笑话，散步的过程中偶有人抬头望天，竟有人惊呼："快看呀，天上有好多飞机！"结果有一个同学说了一句："不可能，要是它们都是飞机，那准是小日本夜袭温哥华了！"引发大家哈哈大笑。要知道我们住的地方可是温哥华市区！"由此可见温哥华的空气之清爽，天空的能见度之高。

顺便说说生活在这样环境中的加拿大的人民，加拿大的人民很热情，在公园跑步（我在加拿大生活一个月，几乎每天都晨炼，因为离我们住处不远就有一个中央公园（Central Park），该公园实质上就是一个小小的原始森林，空气特别清新）迎面而来的人总会很友好地向你打招呼："Hi!"走进教室，教师一定会礼貌地主动与你打招呼，学生也一样！加拿大是一个移民国家，他们非常倡导各民族人民和谐相处！我们在加拿大就参观了一所初中，该校目前已有世界上四十多个国家的学生在他们学校学习，校长在给我们介绍这一点时显得非常自豪，而且他还特意把我们带到一个悬挂有四十多个国家国旗的走廊去看，校长自豪地对我们说："在这里每一个国家的留学生都会找到他们国家的国旗，而且来自不同国都、不同民族的学生在这里都相处得很融洽。"加拿大的人民就是在这样一个自然环境非常好的国家里尽情地享受着他们的幸福生活。也难怪在加拿大作为客人的你听到最多的一句祝福肯定是："Have a good day!"

因为加拿大人口少，所以在加拿大劳动力是很贵的。然而整个国家的运行，尤其是公共场所秩序的维护却并没有因为人少而受到一丝的影响。相反，在加拿大很多公共场所是无人看管的，但秩序井然。比如，在停车场停车，虽无人看管，但每个停车的人都在车停下的同时自觉到自动缴费机上打卡缴费（我们亲眼所见往往因无法确定取车时间司机宁愿多交停车费，在魁北克我们就见到一位停车司机往一故障缴费机中重复投了三次费用，因为他一直打不出停车单据）。社区里的体育场馆也是无人看管的，我们亲眼所见偌大一个社区体育场门是敞开的，晚上 8：00 前还有大灯照明（自动控制，不管有无人使用灯都会按时开关），在标准的 400 米塑胶跑道真草田径运动场上踢球一定会有如同白天的感觉。就连坐轻轨（sky train）也不例外，从买票进站（站口有一条买票提示线）到上车、下站无一不是乘客自己照顾自己，即便是自己不小心坐过了，也不要紧，因为在 3 小时内，你仍然可以凭自己买的票再坐回来。那么这样的诚信体系是怎么建立起来的呢？我认为靠的是法律，靠的是严格执法。因为你要是违法了，你会付出很大的代价。得不偿失！比如，你如果逃票或损坏公物，你周边的每一个人都可以报警举报你，一旦查实，你的个人记录就会有这样的不良行为实录。这是非常可怕的，因为一旦一个人的记录不好，那他是很难在加拿大生存的（很难甚至根本就无法找到工作），就拿乘车逃票来说，在北美乘车逃票的概率还不到万分之一。试想连万分之一的人都不愿做的坏事你都会做，谁能相信你，谁又敢与你合作？再如，在北美平均1.6个人就拥有一辆车，可以说人们的生活工作根本就无法离开车，但马路上人、车各行其道，各守各的规则。哪怕是无行人通过的十字路口（即便也没有红绿灯控制），机动车行至路口也必定会先按要求把车停稳了，观察路口确保无危险了再迅速通过。不同方向的车一定会按谁先到谁先通行的规则行驶，因为在北美违犯交通法规的代价是很大的，除在前面提到的会留下不良记录及罚款外，来年个人行车安全的保险费也会提高20%。正因为有这些铁的法律和严格的执法，所以才建立了今天全加拿大的诚信社会。

短短一个月的生活感受，我们每一个人对加拿大优美的自然环境和诚信的社会秩序都发出由衷的赞叹，太令人震撼了！

三、在加拿大无论是当校长、当教师还是做学生真的好幸福

加拿大因为地广人稀，属发达国家办教育，故而学校办学经费充裕，教学设施完善且先进，教师福利待遇和学生福利均很好。教师年收入为5万～8万元加币，校长年收入在10万～12万元加币，学生从一年级到十二年级均为免费教育，其中包括免学费、杂费、课本费、心理咨询费、额外辅导费等。加拿大教育理念与当今世界范围内推崇的先进教育理念完全接轨，以学生为本，关注每一个学生的成长，挖掘学生的各种潜质，帮助智障学生和因非智力因素导致学习困难的学生的种种措施均很到位，如小班教学（每班20～27人），个别辅导，心理问题的矫正，校园安全（校园内无任何员工宿舍、非本校教工不得入内、教师厕所和学生厕所严格分开不能混用），课间学生的娱乐活动均有教师监控，经常组织学生开展社会实践活动，让学生自主选择课程，帮助学生进行职业规划，保证学生活动经费，援助失业人员的子女等。上述种种措施均能得到政府强有力的财政支持和政策支持。

加拿大中小学的作息时间基本上都是上午9：00开始上课，下午3：00至3：15放学，每节课一般是50分钟。中午有1小时的午餐休息时间。无论学生还是教师，放学后的时间完全属于自己，神圣不可侵犯。学生可以利用这个时间按照自己的兴趣发展自己的特长，教师则尽情享受自己的私生活。加拿大人非常重视个人的私生活，他们不喜欢外人侵占他们的休息时间，哪怕是为了工

作。休息时间如要工作，在经本人同意的情况下必须付费。用翻译的话说，哪怕是上司为了业务请下属去陪顾客吃饭应酬也要付费，因为他表面上是在吃饭，但实质上是在工作。

图 18　与加拿大中学生在一起

加拿大教育重动手能力的培养，轻基础知识的夯实。以数学为例，他们七年级的数学教学内容只相当于中国三年级的程度，十二年级的数学教学内容只相当于中国九年级的程度。制定这么浅易的教学目标就是为了实现不让一个学生掉队的理念。在如此浅易的教学过程中如果仍有少数学生跟不上，学校都会不厌其烦地给学生反复辅导直至其跟上其他学生的程度，只需让学生毕业就行。学生在十一年级开始决定是否要读大学，决定读大学就选修相关课程，决定就业就选修与就业相关的技能性课程。学校不管学生的高考，学生很多情况下也是先就业后读大学，以便边工作边思考自己未来的职业兴趣所在。因而加拿大学校的文化课教学很轻松，师生都没有压力，教师想教什么就教什么，学生想学什么就学什么，整天就是在学校里"玩"，这被称之为"快乐学习"。因而学校里学业优秀者多为亚洲籍学生，尤以中国和韩国学生居多。

加拿大学校管理充分体现民主，人际关系和谐，教师间没有竞争，因为从来不搞评优评先活动，只要工作到一定年限便可加薪，教师每年的聘用由校区主管负责，而不是校长负责，一般情况下都会得到聘用直至退休，但不一定在固定的学校，有时会在同一个校区内交流。校长一个月才能召开一次教职工会议，平时的工作布置主要靠年级主任和教研组长来实施，没有中层领导。从加拿大的学校管理体系中可以看出校长的职权很小，没有人事管理权和财务管理权，不用考虑教育经费的筹集，不用考虑教师的引进和聘用，不用考虑教师的工资福利，不用考虑招生，不用考虑学校建设和发展（因为学校都是按标准建设和配置）。

加拿大政府对学校建设的投入很大，对学校办学的相关法律也很健全，对校长、教师、家长的职责均有明确的规定，因而学校承担的责任较小，校长和教师的责任相应也小，既无升学压力和评优评先晋升职称的压力，也无工作岗位缺失的担忧，很少出现家长与学校之间的纠纷，因此无论是校长还是教师工作起来均能放开手脚，心情舒畅。

用北温哥华市第 44 校区董事会的一位董事的话说，现代社会的教育，强调人人平等，人人都有成功的权利。在加拿大，我们不会拒绝任何一个学生。我们的目的就是要培养孩子成为一个能适应这个社会的有用之人，校董事会就是有责任帮助每一个学生达到上述目的。

所以说在加拿大无论是当校长、当教师还是做学生都是非常幸福的一件事。

这里我想特别提一下加拿大的教师工会。我们在参观 Argyle Secondary School（音译：阿格尔中学）时，该校的校长介绍了加拿大教师工会的职责有三：敦促政府改善教师福利、促进教师专业发展、维护教师合法权益。凡是申请从事教师工作的人必须加入教师工会并交纳会费，每年 200 元～300 元加币。通常教师工会经常会就学校的管理和发展向校长提出意见，也会就教师的福利改善问题向政府提出意见，若教师工会和政府之间产生矛盾，教师工会会组织教师罢工，罢工期间政府停发教师工资，教师工会则负责给教师发罢工期间的工资。据翻译介绍，2006 年，在温哥华就曾发生了由教师工会组织为提高教师工资发动的近两个月的罢工，近两个月时间所有的教师罢工，所有的学生无法入学上课，全部待在家中，然而政府竟毫无办法（因为这是合法的），家长怨声载道，最后迫于社会压力，政府与教师工会都各自妥协一步，达成一致后学校才得以恢复正常。

四、他山之石，可以攻玉

以下是在加拿大参加教育培训引发的几点思考。

第一，面对当今中国高中生普遍去挤高考独木桥的现状，我们担心的问题是中国建设工业化国家需要的数以亿计的合格劳动者（指掌握专门技术的产业工人）从什么人群中选择培养。随着党的十七大提出的大力发展职业技术教育的决策，我们深信国人千军万马过独木桥的观念迟早会有所改变。可职业教育是需要大量投入的，我们的中国地方官员们能舍得吗？

第二，中国基础教育学科课程的难度是否真地需要这么深？能否与北美发达国家适当接近距离，从而从根本上减轻学生的课业负担？毕竟我们不能也不可能把所有的中小学生都当作文学家、数学家、物理学家、生物学家去培养。

第三，《教育法》和《教师法》都明文规定，我国广大中小学教师的工资待遇略高于国家公务员的平均水平，可现实却是前者远远低于后者。让中小学教师真正成为太阳底下最光辉的职业，首先要解决一个教师待遇在各行业中必须有吸引力的问题。如果能做到严把教师入口关，加之教师普遍珍惜自己从事的职业，那么变我们人口劣势为人才优势必将指日可待，中华民族伟大复兴也必将指日可待。

第四，在中国当中小学校长确实很累，因为他们什么都需要管，在校长的心目中重要的工作太多，校长不得不有很多杂务；在中国当教师也有很多杂念，因为他们还不可能做到丰衣足食；所以中国的校长和教师大多（除少数）都无法像加拿大的教师和校长那样把自己的工作当作事业来追求。在加拿大学校参观时，我们问校长们最多的一个问题就是：你靠什么来调动员工的工作积极性？因为我们了解到的情况是加拿大中学校长们并没有做任何思想教育工作，但他们居然都倍加珍惜自己的工作，而且还那么有"师德"，这一点很让我们深思。

他山之石，可以攻玉。更何况我们当前的国家发展形势非常好，随着我国经济实力的增强，人民素质的提高，各级领导视野的开阔，我坚信我们也会走上可持续发展的健康发展之路。优美的生存环境及造福每一个人的社会诚信体系都需要我们每一位国人的努力。就让我们这些先觉悟起来的人多出一份力吧！

学生伤害事故赔偿纠纷案民事答辩

事由及诉讼：

梁某，男，汉族，1985 年 9 月 15 日出生，高一学生。于 2003 年 4 月 7 日向南宁市城北区人民法院就在学校被邓某（男，汉族，1986 年 12 月 26 日出生，初三学生）殴打，要求人身损害赔偿提起诉讼，笔者时任南宁市第二十八中学校长（法定代表人），作为第二被告参加了 2003 年 6 月 18 日上午在城北区人民法院的公开庭审，并亲自答辩。

原告梁某诉称：2002 年 11 月 22 日，原告在学校参加完大扫除后与本班另几名同学无故遭到被告殴打。在原告防卫过程中，被告就持凶器将原告刺伤，经南宁市公安局城北分局法医鉴定为轻伤。案发至今，两被告从未对原告履行过任何赔偿，为此，特向法院起诉，请求判令两被告承担前期医疗费、精神损害赔偿费等 11 984.90 元，并要求被告赔礼道歉。

答辩及判决：

被告邓某辩称：此次打架致伤事件是原告用粉笔扔中我引起的，原告还仗着自己身材高大打我，我见打不过他，才拿出铅笔刀来吓唬他。我的父亲已拿了 2 000 元垫付医疗费，原告出院医疗费不到 2 000 元。现原告提出的精神赔偿过高，我只同意支付 1 000 元。

被告南宁市第二十八中学答辩状：因被答辩人（原告人）梁某及其法定代理人于 2003 年 3 月 30 日向城北区人民法院提起民事诉讼，根据该法院转来的起诉状副本，现综合答辩如下。

一、本案民事赔偿属突发伤害事件所致，答辩人作为教育单位，已尽到对学生的教育、管理和保护的责任，答辩人与本案的发生及结果没有必然的因果关系，不应承担民事赔偿责任。

二、本答辩人（学校）从 1992 年秋办学以来，历来重视治安综合治理教育，重视对学生的安全防范教育，制定有完备的规章制度和实施细则，设有政教处负责，有专职人员、各班班主任及政教处干事黄守良同志负责日常政治教育与治安管理工作，常抓不懈，学校多次荣获市、城区级综治先进单位荣誉称号，还在城北区做过治安综合治理的经验介绍。本案发生在 2002 年 11 月 22 日，下午第七节（约 16：30）是全校大扫除，在全校大扫除前，学校行政班子开会决定强调各年级、各班级在劳动开始前要向学生讲明安全事项，对大扫除有关安全事项做出具体要求，总务处为此还专门印发了通知。当天大扫除分两项，一项为打扫教室，一项为打扫室外清洁区，案发所在班级的高 2002 年级 3 班和初 2000 年级 4 班的班主任玉、黄两老师，先在现场监督打扫完教室，后到清洁区检查，恰在此时，原告所在班同学在四楼走廊用粉笔头往下丢中第一被告邓某的头，邓某就立即上楼滋事，乱打别人，与梁某发生斗殴，斗殴中原告面部被划伤，住院治疗。案发后，班主任、政教处领导及工作人员和学校领导及时赶到现场处理，把伤者及时送到医院治疗，事后组织双方协商调解，学校确已仁至义尽。本案的发生，确是第一被告故意所为也是突发的事件，本答辩人与伤害结果没有因果关系，依法不应负民事赔偿责任。

三、本案加害人与受害人明显违反学校规章制度，在学校大扫除期间滋事斗殴，应各自承担其相应的民事责任，请人民法院依法公正判决。

综上所述，本案的发生，学校已尽到教育、管理、保护责任，当事人双方都有过错，应负各自相应的民事责任，请人民法院以事实为依据，以法律为准绳，秉公执法，公正判决。

此致
城北区人民法院

答辩人：南宁市第二十八中学

法定代表人：戴启猛

二○○三年四月三十日

判决结果：经审理查明，原告梁某与被告邓某均系被告南宁市第二十八中学学生。2002 年 11 月 22 日下午，被告邓某参加完学校大扫除后，与同学站在三楼走廊，被从四楼走廊扔下的粉笔砸到，邓某即上四楼找扔粉笔的人理论。上到四楼走廊，邓某询问原告时，双方发生冲突，随即双方相互殴打。邓某打不过原告，即从口袋中掏出削铅笔用的小刀划伤原告。原告受伤后到广西民族医院治疗，经诊断为面部多处软组织刀伤，双上臂软组织刀伤。原告住院治疗花费医疗费 1 984.9 元。2002 年 11 月 25 日，被告邓某法定代理人预付给原告法定代理人医药费 2 000 元。原告出院后，经南宁市公安局城北分局进行人体损伤鉴定，结论为原告所受损伤程度为轻伤。

本院认为，被告邓某因怀疑原告向其扔粉笔，与原告发生冲突，随即双方相互殴打，在相互殴打过程中被告邓某打不过原告即用小刀划伤原告，造成原告面部损伤，原告在与被告发生冲突后，未采取适当方式解决纠纷，而是与被告相互殴打，对造成本案纠纷双方均应承担责任。被告南宁市第二十八中学在事发前已履行了管理责任，对此事件的发生无过错，故不承担原告受伤损失的民事责任。被告邓某的法定代理人已经支付了原告医疗费，故对原告要求被告赔偿医疗费的诉讼请求，本院不予支持。被告邓某就划伤原告脸部，给原告造成了精神损害，应赔偿原告精神损害抚慰金，但原告提出的赔偿金额过高，本院根据原告受损害程度酌情予以确定赔偿金额。因被告属未成年人，其赔偿责任就由其法定代理人承担。综上所述，依照《中华人民共和国民法通则》第一百零六条第二款，《最高人民法院关于确定民事侵权精神损害赔偿责任若干问题的解释》第十条、第十一条的规定，判决如下。

一、被告邓某法定代理人赔偿原告梁某精神损害抚慰金1 000元；

二、驳回原告梁某的其他诉讼请求。

案件受理费489元，其他诉讼费250元，合计739元（原告已预交），由被告邓某法定代理人承担300元，由原告法定代理人承担439元。被告邓某法定代理人欠交的300元，在支付上述欠款时，一并转给原告。

上述债务，义务人应于本案判决生效之日起十日内履行完毕，逾期应加倍支付迟延履行期间的债务利息。权利人可在本案生效判决规定的履行期限最后一日起一年内，向本院申请执行。

反思与体会如下：

根据中华人民共和国教育部令2002年9月1日起施行的《学生伤害事故处理办法》第九条之规定，因下列情形之一造成的学生伤害事故，学校应当依法承担相应的责任：

（一）学校的校舍、场地、其他公共设施，以及学校提供给学生使用的学具、教育教学和生活设施、设备不符合国家规定的标准，或者有明显不安全因素的；

（二）学校的安全保卫、消防、设施设备管理等安全管理制度有明显疏漏，或者管理混乱，存在重大安全隐患，而未及时采取措施的；

（三）学校向学生提供的药品、食品、饮用水等不符合国家或者行业的有关标准、要求的；

（四）学校组织学生参加教育教学活动或者校外活动，未对学生进行相应的安全教育，并未在可预见的范围内采取必要的安全措施的；

（五）学校知道教师或者其他工作人员患有不适宜担任教育教学工作的疾病，但未采取必要措施的；

（六）学校违反有关规定，组织或者安排未成年学生从事不宜未成年人参加的劳动、体育运动或者其他活动的；

（七）学生有特异体质或者特定疾病，不宜参加某种教育教学活动，学校知道或者应当知道，但未予以必要的注意的；

（八）学生在校期间突发疾病或者受到伤害，学校发现，但未根据实际情况及时采取相应措施，导致不良后果加重的；

（九）学校教师或者其他工作人员体罚或者变相体罚学生，或者在履行职责过程中违反工作要求、操作规程、职业道德或者其他有关规定的；

（十）学校教师或者其他工作人员在负有组织、管理未成年学生的职责期间，发现学生行为具有危险性，但未进行必要的管理、告诫或者制止的；

（十一）对未成年学生擅自离校等与学生人身安全直接相关的信息，学校发现或者知道，但未及时告知未成年学生的监护人，导致未成年学生因脱离监护人的保护而发生伤害的；

（十二）学校有未依法履行职责的其他情形的。

第十二条规定，因下列情形之一造成的学生伤害事故，学校已履行了相应职责，行为并无不当的，无法律责任：

（一）地震、雷击、台风、洪水等不可抗的自然因素造成的；

（二）来自学校外部的突发性、偶发性侵害造成的；

（三）学生有特异体质、特定疾病或者异常心理状态，学校不知道或者难于知道的；

（四）学生自杀、自伤的；

（五）在对抗性或者具有风险性的体育竞赛活动中发生意外伤害的；

（六）其他意外因素造成的。

此外，第五条对学校应尽的职责进行了界定。学校应当对在校学生进行必要的安全教育和自护自救教育；应当按照规定，建立健全安全制度，采取相应的管理措施，预防和消除教育教学环境中存在的安全隐患；当发生伤害事故时，应当及时采取措施救助受伤害学生。

学校对学生进行安全教育、管理和保护，应当针对学生年龄、认知能力和法律行为能力的不同，采用相应的内容和预防措施。

综合上述规定，笔者的体会是判断一起学生伤害事故学校是否有责任关键是看在事件发生的全程中，学校是否做到了硬件达标、教育到位、管理得当、求助及时。

学校宣传画册侵犯原告摄影作品著作权纠纷案答辩

事由及诉讼：

原告诉称，原告李某与被告南宁外国语学校 2004 年合作，由原告拍摄照片制作被告宣传简介。2005 年，双方不再合作，但被告未经原告同意，裁剪、使用原告拍摄的被告宿舍区、教学楼外景照片制作 2005 年宣传简介，并且未付任何费用。被告是南宁市一所比较出名的学校，每年招生很多，在校学生1 352 名，每人学费高达 3 500 元（每学期）。被告裁剪、使用原告拍摄的精美照片宣传学校，也未依法支付费用，侵犯原告摄影作品完整权、复制权和获得报酬权，给原告造成精神上、物质上的损失。故请求判令被告：①停止侵害、消除影响、赔礼道歉；②赔偿原告经济损失 4 000 元；③赔偿原告律师费用800 元；④负担本案诉讼费用。

答辩及判决：

尊敬的法官先生：

刚才我们听了原告诉我校侵犯其摄影作品的著作权（复制权、获取报酬权、作品完整权）纠纷案的起诉状，我们认为该起诉毫无道理，于法不符，于情不容。具体理由陈述如下：

第一，南宁外国语学校是政府投巨资兴建的一所承担基础教育公益性事业的国有学校，学校创建于 1998 年，经过七年一大批教育工作者的艰苦创业、奋力拼搏，尤其是在南宁市委、市政府的正确领导下，在社会各界的关心和支持下，学校由小到大，由弱到强，由一所办学效益很低，甚至连生源都无法保证的薄弱学校发展成为广西示范性高中、广西示范性特色学校，成为南宁市乃至广西的一所名校。这应归功于党的好政策，各级领导的支持和几千南宁外国语学校师生的共同努力。而绝非像原告所陈述的拍了几张精美的照片，学校就获取了巨大的办学效益。

第二，原告为我校拍摄照片是有偿服务，应当应份。所摄照片也已按双方约定由原告交归我校所有。

原告在诉我校侵犯其摄影作品的著作权纠纷案的起诉状中提到的四幅作

品，分别是我校举行中大型会议的报告厅、计算机课、学校教学楼及学校田径运动场场景，原告为什么要到外国语学校会议室、课堂及运动场拍摄照片呢？其实原告在起诉状中已表达清楚："原告与被告2004年合作，由原告拍摄照片，制作南宁外国语学校简介。"这就是说所有这些行为是有前提的，原告是受我校委托，是有偿服务。根据《中华人民共和国合同法》第二百六十一条承揽人完成工作的，应当向定作人交付工作成果，并提交必要的技术资料和有关质量证明。定作人应当验收该工作成果。特别强调的一点是原告在2004年5月9日收到我校支付的所有相关费用后，比较好地履行了双方的约定，即把按我校要求所拍摄的19张照片全部交归我校所有。对此我们对原告2004年所承揽的工作是满意的。这里必须指出原告在诉我校侵犯其摄影作品的著作权纠纷案的起诉状中提到的四幅作品就在这19张照片之列。可是让我们不能理解的是，既然是我校所拥有的照片，我们自己选用，又何必向他人付费，又如何谈得上侵权呢？这就好比，我们请一位专业摄影师到单位来给大家照相，谈好价钱，剩下的事是否就应该是定作人支付报酬，承揽人按照定作的要求完成工作，交付工作成果留下照片呢？难道事后我们选用其中的照片还要再找这位摄影师回来，征求他的同意，再付费不可？天底下哪有这个道理啊！

第三，根据《中华人民共和国著作权法》第十一条规定，原告在诉我校侵犯其摄影作品的著作权纠纷案的起诉状中所提到的四幅作品应视作单位作品（法人作品），而非个人作品。法院应依法驳回原告的所有诉讼请求。

根据《中华人民共和国著作权法》（以下简称为《著作权法》）第二章（著作权）第二节（著作权归属）第十一条的规定：著作权属于作者，由法人或者其他组织主持，代表法人或者其他组织意志创作，并由法人或者其他组织承担责任的作品，法人或者其他组织视为作者。

据此规定，被视为单位作品（法人作品）应具备三个要件，一是该作品必须是在单位主持下完成，二是该作品必须代表单位的意志创作，三是该作品出品后由单位承担责任。

那么诉状中所提到的四幅作品是否具备这三个要件呢？

如果我校不邀请原告来参与制作我校2004年学校简介，原告会有机会到南宁外国语学校摆弄他那套摄影的设备吗？因我校是封闭式管理，恐怕原告连学校的大门都进不了。难道原告能代替我校对完成这些作品的主持地位吗？

2004年制作的南宁外国语学校简介必须体现学校的意志，这就是说，选用什么照片在简介上，用还是不用，就是确定选用的景，原告也必须根据我校的想法和要求来完成作品，否则你只能是徒劳，做无用功。这就是原告为什么在2004年5月到我校照了19张照片，最后我们只用了比较能符合我们意图的四张照片的原因，所以原告在我校拍摄照片完全是为了满足我校制作简介的需要，完全是依据我校意志的一次创作，而绝非李某个人创作欲望使然，绝对不能等同于平时我们看到美景，有一股冲动和欲望用摄影作品去表现它。这也许就是个人作品和单位作品的最本质的区别。

2004年制作的南宁外国语学校简介，通篇共30幅摄影作品外加几千文字说明，反映的是我校办学的整体情况和办学成果。整个简介不仅无原告李某二字，每页落款也均为南宁外国语学校。大家想一想，你们说作品出品后若有责任，谁来承担？事实上，作品出品后一年多时间，所有看过简介的人，都只会有一个结论——这是南宁外国语学校，南宁外国语学校是一所令人向往的学校，绝不会有人会认为这是原告的东西。

综上所述，原告在诉我校侵犯其摄影作品的著作权纠纷案的起诉状中所提到的四幅作品已完全具备单位作品（法人作品）的三个要件，即由法人主持、代表法人意志创作、由法人承担责任的作品。当然这四幅作品的作者就应该是我南宁外国语学校。故人云："皮之不存，毛将焉附。"为此我们请求法官先生主持公道，依法驳回原告的所有诉讼请求。

谢谢！

判决结果：

2005年9月13日，南宁市中级人民法院民三庭开庭审理李某诉南宁外国语学校招生宣传画册侵犯其摄影作品的著作权纠纷案。2005年10月13日，南宁市中级人民法院做出民事判决书。法院认为：

一、涉案摄影作品的著作权属于原告

《著作权法》保护的作品是指文学、艺术和科学领域内，具有独创性并能以某种有形形式复制的智力成果。独创性是作品取得法律保护的条件，原告在被告的特定场景进行拍摄所形成的照片是经过其独立构思，运用其摄影技巧而成，具有独创性，是受法律保护的作品。原告2004年为被告拍摄学校照片，并设计、制作被告2004年学校宣传简介，被告支付原告总费用3 000元，原告、被告之间除了有加工承揽印制2004年学校宣传简介合同关系外，还具有著作权法上的作品委托合同关系。委托作品是指委托人向作者支付的创作报酬，由作者按照委托人的意志和具体要求而创作的特定作品。原告、被告双方没有签订书面委托合同，但双方的履行过程证明原告是应被告的要求和按照被告的意图拍摄照片，被告也按约向原告支付了包括排版、印刷、拍摄照片在内的费用，这符合委托作品合同特征。因此，原告拍摄的照片属于受委托创作的作品。原告拍摄的照片不属于合同创作作品，被告虽然对原告的创作提出了特定的要求，但仍要原告通过自己实施的创作活动将自己的创作意图、构思表现出来，故被告的要求只能为原告的创作限定范围，并不能取代原告的创造性智力成果。被告在原告的摄影过程中，为原告提供场景或其他物质支持，但这不是创作活动。我国《中华人民共和国著作权法实施条例》第三条第二款规定："为他人创作进行组织工作，提供咨询意见、物质条件，或者进行其他辅助工作，均不视为创作。"因此，被告协助原告摄影所进行的活动不属于创作活动，不能认为是与原告共同创作完成本案讼争的摄影作品。原告拍摄的照片也不属于法人作品，委托作品与法人作品不同，委托作品的创作是作者根据委托合同而履行其义务，而法人作品的创作则是作者履行法律或劳动合同所规定的义务，这种义务往往与作者的本职工作有关。原告不是被告的职工，也未与被告形成雇佣劳动合同关系，原告为被告创作摄影作品，是基于被告的委托而履行创作义务，故被告引用《著作权法》第十一条第三款的规定，提出讼争的摄影作品是在被告主持下完成，代表被告意志，属于法人作品的理由不成立，本院不予支持。因原、被告双方没有约定拍摄照片著作权的归属，依照《著作权法》第十七条的规定："受委托创作的作品，著作权的归属由委托人和受托人通过合同约定。合同未做明确约定或者没有订立合同的，著作权属于受托人。"故本案摄影作品的著作权属于原告。

二、被告没有侵犯原告摄影作品的复制权、获得报酬权

最高人民法院法释【2002】31 号《关于审理著作权民事纠纷案件适用法律若干问题的解释》第十二条规定："按照著作权法第十七条规定委托作品著作权属于受托人的情形，委托人在约定的使用范围内享有使用作品的权利；双方没有约定使用作品范围的，委托人可以在委托创作的特定目的范围内免费使用该作品。"本案涉讼原告拍摄的照片为委托作品，被告于 2004 年委托原告拍摄照片的目的是为了用于制作学校宣传简介，而被告于 2005 年使用原告拍摄的照片同样是使用于学校宣传简介，其目的范围是相同的，因此，虽然双方没有明确约定使用作品范围，但被告作为委托人可以依据上述规定在委托创作的特定目的范围内免费使用该作品，故原告诉称被告侵犯其摄影作品复制权、获得

报酬权理由不成立，本院不予支持。

三、被告没有侵犯原告摄影作品的完整权

保护作品完整权，是指保护作品不受歪曲、篡改的权利。自主创作的作品是反映作者的意志、思想、情感，未经作者同意，他人不得擅自删除、变更作品的内容，或者对作品进行破坏其内容、表现形式和艺术效果的改动。但委托创作的作品，反映的是委托人的意志，体现的是委托人的特定要求，因此委托人在使用委托作品时，在委托创作的目的范围内，可以以委托作品进行合理的、适当的修改和取舍。因为如果不允许委托人对委托作品进行合理的、适当的修改和取舍，委托人就很难达到委托创作的目的。最高人民法院法释【2002】31 号《关于审理著作权民事纠纷案件适用法律若干问题的解释》第十二条也没有规定委托人在使用委托作品时，必须是使用作品的全部，因此，可以理解委托既可以使用作品的全部，也可以根据实际需要使用作品的一部分，只要委托人不对作品进行歪曲、篡改，不能认定委托人侵犯作品的完整权。就本案而言，被告在制作 2005 年学校宣传简介时虽然仅使用了原告拍摄照片中的学校宿舍区、教学楼部分，裁剪了该照片中的天空和学校操场部分，并对学校宿舍区、教学楼进行技术处理，使画面略显朦胧，但这只是被告作为委托人对委托作品进行合理的、适当的修改和取舍，以此照片作为宣传简介的整版背景，使该简介版面更加生动，以达到制作学校宣传简介的最佳效果，这种技术处理，符合原委托作品的制作目的，并没有歪曲、篡改原告作品，也无损原告之声誉和人格利益。因此，不能因为被告没有完整地利用委托原告拍摄的整幅作品，就认定被告侵犯原告作品的完整权，故原告诉称被告侵犯其作品完整权，没有事实和法律依据，本院不予支持。

综上，由于被告的行为不构成侵权，原告要求被告停止侵害、消除影响、赔礼道歉、赔偿损失 4 000 元以及代理费 800 元没有事实和法律依据，本院不予支持。依照《中华人民共和国著作权法》第十七条、最高人民法院法释【2002】31 号《关于审理著作权民事纠纷案件适用法律若干问题的解释》第十二条的规定，判决结果如下：

驳回原告李某的诉讼请求。

本案案件受理费 202 元、其他诉讼费 100 元，合计 302 元（原告已预交），由原告负担。

反思及体会如下：

通过本案的答辩，笔者体会到本案争议的焦点有三：一是涉讼摄影作品著作权属于我们还是原告？二是我们是否侵犯原告摄影作品的完整权、复制权、获得报酬权？三是原告要求我们停止侵害、消除影响、赔礼道歉、赔偿损失4 000元及代理费800元有何依据？应该说这场官司打下来，最大的收获不是赢了官司，而是长了见识，尤其是对著作权属有了非常清晰的理解。应该说委托他人为学校宣传拍摄作品是学校较为普遍的工作，我校的这场官司给人的启示就是任何人、任何单位在签订类似委托合同时，一定要界定清楚拍摄作品的著作权属及其使用范围。

此外，为了确保在庭审中答辩自如，作者还就庭审答辩中预设的几个问题做如下应辩准备（现场答辩时没有用上），但愿对遇到类似问题的人有所启发。

其一，刚才在原告的陈述中我们注意到原告多次强调冒着生命危险寻找多个合适位置，从多个不同的角度来拍摄我校的校景，直至令我校完全满意，这也从另一个角度说明原告的创作行为完全是为了体现我校的创作意志，即以让我校满意为最高工作标准。

其二，原告按约收取了报酬，也按约将其与我们合作期间的工作成果（照片）交付被告，这些都是不争的事实，所以被告是这些照片的当然拥有者。

其三，原告所拍摄的照片是对特定物的摄影，它不同于自然景物的摄影，这些照片除被告有可能使用外，原告无其他任何使用价值。相反原告在其他场合使用，则构成对被告的侵权。

其四，我们认为选择诉讼完全属个人行为，打官司，只要对你有利，你就可以起诉或应诉；只要你有能力，你就可以选择打到底。但诉讼是有风险的，这一点我想原告在起诉时不会不知，因此我们不认可原告将诉讼的风险强加给被告这种做法，在司法界无此惯例，也无法可依。

其五，合同是五环彩印公司与南宁外国语学校签订的，期间如有不和应由五环彩印公司作为合同主体起诉南宁外国语学校，李某作为五环彩印公司的雇员毫无资格起诉。

在北京大学南宁教师专业化发展高级研修班开班典礼上的讲话

尊敬的北京大学党委闵书记、广西壮族自治区政协马主席，尊敬的厉以宁教授、南宁市人民政府臧副市长、各位领导、老师、同学们：

大家好！

今天，我们来自南宁的百名教师以一名普通学员的身份怀着无比虔诚和激动的心情，走进神往已久的求学圣地——北京大学，坐在百年纪念讲堂里，参加北京大学南宁教师专业化发展高级研修班的开班典礼，我相信同学们和我的心情一样，心中都充满自豪和感激。我们为自己作为一名普通的教育工作者能获得在北京大学研修学习的机会而自豪！更对各级领导为我们创造这样的学习机会充满感激。在此，请允许我代表在座的全体学员及南宁市基础教育战线六万多教师向各位领导及为此研修班付出辛苦劳作的各位北京大学的教师表示崇高的敬意和衷心的感谢！

同学们，北京大学是一块圣地。在不同的历史时期，北京大学的命运始终与国家和民族的命运紧紧连在一起，在中华民族谋求独立和解放、振兴与发展的艰难历程中，北京大学都做出了不可磨灭的重要贡献。北京大学又是一座崇高的学术殿堂，这里成长着中国几代最优秀的学者，他们中间有北京大学老校长严复、蔡元培、马寅初先生，哲学大师冯友兰、张岱年先生，我国近代物理学的先驱杨振宁和李政道先生的恩师吴大猷先生，还有王竹溪、周培源先生等。当然还有现在仍活跃在学术前沿的国学大师季羡林先生、历史地理学家侯仁之先生、经济学家厉以宁先生，等等。据不完全统计，北京大学校友和教师中涌现出了四百多位两院院士。北京大学更是莘莘学子的乐土，这里大师云集，精英荟萃，人文气息浓郁，学术气氛活跃。未名湖的波光塔影、勺海的荷塘垂柳、燕南园的曲径幽深，无不让人心旷神怡、流连忘返。

就是这么一所令人神往的学府，我们有机会走进来了，当一回北大的学生！佩戴上崭新的北京大学校徽便意味着从此刻起，我们将拥有一个共同而自豪的名字——"北大人"，正如谢冕先生在《永远的校园》中写到的："一旦佩上北大校徽，每个人顿时便有被选择的庄严感……因为这里是一块圣地。从上个世纪末叶到如今，近百年间中国社会的痛苦和追求，都在这里得到集聚和呈现。"为了这份庄严和神圣，更为了我们在即将开始的三周北大研修中能圆满完成学习任务，在此请允许我代表班委会向各位同学提三点倡议。

一、珍惜机会，潜心学习

作为基础教育战线的教育工作者，各位同学在自己的工作岗位上都做得非常出色、非常优秀，党和政府也给予了大家很多、很高的荣誉，但这都是过去，今天北大的领导和教师们牺牲暑期休息时间为我们创设机会，让我们圆了学生时代的"北大梦"，得以以一名学生的身份在北京大学学习研修，我想大家一定没有像今天这样兴奋和自豪。同学们定会珍惜机会，潜心学习，因为我深信优秀的教师当学生也一定会成为优秀的学生。

二、博采众长，思考并行动

大家都知道，此次北京大学研修，南宁市、广西壮族自治区、北京大学等领导们尤其是我们南宁市教育局的夏建军局长和北京大学教育学院的领导们不知为此付出了多少心血，前期的策划及准备不知又有多少人付出了辛劳，政府投入巨资不说，荣幸的是北京大学等高校研究院所的一批名师大家将亲自为我们上课，学习机会实在难得，我等能遇上，实乃荣幸之至，大家理当博采众长，用心研修，并结合自己的工作思考与行动，追求个人最大化的学习成果，为日后南宁基础教育又好又快的发展做出自己更多更大的贡献。

三、劳逸结合，用心感悟

此次研修，尽管我们是以普通的学生身份来北京大学学习，但毕竟和我们的学生参加高考考取北京大学来学习又有所不同，在座的同学年长的已近六旬，年轻的也已过不惑之年，希望大家在三周的学习中要注意劳逸结合。其实我们此次来北京大学学习重要的不是读多少本书，听多少节课，而是来感受百年北京大学浓郁的人文气息，体验北大兼容并包、学问至上的优良传统，亲历做一名北京大学学子的学习和生活。衷心祝愿各位同学在北京大学学习期间出入平安，生活愉快。

各位领导、同学们，从我们背着行囊，告别妻儿，踏进北京大学校门的那一刻起，我们就已经成为这所百年名校的崭新一员，我们的生命中也将永久地烙下北大的印记，从此我们将享受这印记带给我们的荣耀和成就感，与此同时，我们也将承担它带来的沉甸甸的责任和使命感。就让我们携手努力，让百年北大所形成的"爱国、进步、民主、科学"的光荣传统和"勤奋、严谨、求实、创新"的优良学风在我们身上传承，并协力通过我们出色的工作赋予她更崭新的内涵，因为"北大人"这个光辉的名字，不仅代表着智慧和才华，更代表着时代先锋的责任和追求卓越的信念。谢谢！

（2007 年 7 月，北京大学教育学院承办的首届北京大学南宁教师专业化发展高级研修班开班典礼在北大百年纪念讲堂隆重举行，本文是作者作为学员代表所做发言的发言稿）

在北京师范大学教育教学实习基地授牌仪式上的讲话

尊敬的北京师范大学韩震副校长、南宁市教育局夏建军局长、各位校长、老师们、同学们：

大家上午好！

今天我很荣幸能在我们学校的江南校区迎接北京远道而来的客人！更感荣幸的是，今天我能代表南宁七位北京师范大学教育教学实习基地的学校校长们在这发言！我想要说的话真得很多，但最想表达的就两个字——谢谢！感谢市教育局领导牵线搭桥让我们有机会结识北京师范大学的老师和同学们！感谢北京师范大学的领导对我们的信任和重视，北京距南宁有 2500 多千米，各位领导千里迢迢把实践基地的牌匾带来，匾薄情义重啊！感谢在座的北京师范大学2007 级赴广西西部生源地教育创新实验区实习的 47 名同学，你们用自己特有的朝气和才智，把北京师范大学良好严谨的学术精神带到了广西家乡，带到了我们南宁市的七所学校。当然我也要特别感谢市教育局的领导对我校的信任，把这样一个重要的会议安排在我们学校，这是我校 3600 多师生的莫大荣幸！也借此机会欢迎来自南宁市各中小学、幼儿园的校长、园长，感谢你们长期以来给予我们工作的指导！我更要代表沛鸿民族中学特别感谢北京师范大学决定在我校投资建设一个微格教学专用教室，让我校教师不仅可以在自己的学校进行微格教学研究，更有机会与北京师范大学的网络相连，享受到北京师范大学优质的教育资源。谢谢！

北京师范大学是教育部直属重点大学，是一所以教师教育、教育科学和文理基础学科为主要特色的著名学府。它是中国历史上第一所师范大学。百余年来，北京师范大学始终同中华民族争取独立、自由、民主、富强的进步事业同呼吸、共命运并发挥了重要作用。如今的北京师范大学更是发展成为国家人文社科科研和科技创新的一支重要力量，当之无愧地成为全国师范院校的最高学府！说实在的，能与北京师范大学建立教育教学业务方面的交流，尤其是能得到校领导和专家们的指导和帮助，这应该是全中国千万所中小学梦寐以求的事。今年的秋季我们南宁市的七所学校遇上了，我们感到真得很幸运！感谢南宁市教育局！感谢北京师范大学！

同学们，免费师范生教育实习是国家培养基础教育优秀后备师资、落实国家师范生免费教育政策的重要环节。为了将此项工作做好做实，广西壮族自治区教育厅、南宁市教育局领导高度重视，我们南宁市教育局夏建军局长亲自督办指导此项工作，市教育局人事科的两位科长具体负责，挑选南宁最有特色的五所示范性高中、区直属幼儿园、自治区特教领衔的市盲聋哑学校作为同学们的实习基地。在你们报到入校开始的几天里，市教育局的政策法规科苏净科长、人事科谢智福副科长代表教育局到每一所实习学校具体指导，各实习学校也是高度重视。盲聋哑学校的杨校长把自己休息的床位腾出来，南宁一中把新入职的年轻教师的宿舍腾出来，三十三中为学生提供卧具……我们沛鸿民族中学的各个部门也通力协作，早早做好了精心准备和周到安排。学校专门召开了欢迎会，还指定一名教务科研处副主任李煊老师全程负责协调你们的实习事宜，学校安排了在教学和班主任工作上有丰富经验的教师给同学们当师傅，为实习生们准备了新的全套卧具。9月6日下午，南宁市教育局还为全体实习生们召开了专门的欢迎大会……一切的一切都表达了家乡的领导及教师们对同学们的热情和期待。

同学们，时间如梭，转眼你们的实习期已过了大半，此次北京师范大学的韩震副校长带队专门来看望大家。他们不仅会带来北京师范大学母校教师对你们的慰问与关心，他们更希望了解你们在各个学校实习的情况。所以我要借此机会说说你们在我校实习的情况，至少是我所看到的你们的表现——你们的谦虚、勤奋、好学、团结都给我校师生留下深刻的印象！你们勤奋地听课，认真地批改作业，精心地备课和修改教案，用心地上课；你们认真组织召开一次次主题班会；你们积极地参加我校的各项活动……学校的首届英语文化活动周有你们熟悉的身影，江南校区第二届"青蓝杯"教师课堂大赛你们如饥如渴、认真观摩，你们还积极协助我校教务科研处组队参加南宁市"中华经典诵读"大赛，等等。所以，今天，我可以高兴而自豪地向你们的校长、老师、教育局的领导汇报，我们学校对你们的实习工作是肯定而满意的，你们在我们学校的实习是扎实而有收获的！我们学校的师生也因你们的到来而感受到了开放、崭新的学术气息！我们的学校得到了北京师范大学优质教育资源的帮助！

各位北京师范大学的同学们，根据免费师范生的政策，你们毕业后都将回到生源所在省份中小学任教。希望大家能在最后一个月的实习时间里，以更饱满的热情投入到实习工作中，不仅给自己实习工作画上一个圆满的句号，更留给家乡广西一个美好的愿望，那就是，回到广西，回到南宁工作！谢谢！

(2010 年 10 月，北京师范大学教育教学实习基地授牌仪式在南宁沛鸿民族中学江南校区隆重举行，本文是作者作为校长代表而做发言的发言稿)

常怀感恩之心　享受成长快乐
——在桃源校区 2012 届初三年级部分学生及其家长会上的讲话

尊敬的各位家长、老师、同学们：

非常感谢各位家长在休息时间来学校参加今晚学校召开的初三学生分层家长会。

今天下午我们在学校操场举行学校初三年级 5 月月考表彰会，会上我们对在学校组织的 5 月月考中取得优异成绩的几十名同学进行了表彰，我在会上给大家讲了一些勉励的话。我说，再过几天我们高三年级的学长们就要参加高考，去接受祖国和人民的挑选。学校教务处，在考前给每个同学发了一份彩页，上面有全体高三教师的合影及每一位高三教师给同学的留言，教务处韦主任也约我写一句话，赠送给孩子们。我思考了一下，写道："感恩伴高考，自信向未来。"今天我也送一句话给初三年级的同学们："常怀感恩之心，享受成长快乐。"

我为什么会选择送大家这句话呢？缘于我在 2008 年北京奥运会举行期间（2008 年 8 月 23 日）在《人民日报》上读到的一篇署名（高云才）文章《常怀感恩之心》。文章对在 2008 年奥运会上获得举重 62 公斤级冠军的张湘祥有这么一段感人的描述："在获得冠军之后，满含热泪的张湘祥亲吻着杠铃，在地板上四方跪拜。他感谢的是培养他的祖国，感谢养育他的母亲，感谢他的教练、体校和国家举重队。更重要的是，他要离开举重竞技场，这是他举重运动员生涯的完美谢幕。因此，他要感谢多年来一直支持他的人们。小伙子千言万语，不知从何说起，虽然是个硕士，但最直接、最朴素、最简洁的表达方式莫过于四方跪拜了。"

张湘祥为什么会有如此发自内心的感恩之举，还是让我们来了解一下张湘祥的成长历程：张湘祥出生于福建龙岩。16 岁时，张湘祥是中国男子举重队里最年轻的队员，也是唯一一个利用业余时间练习举重被选入国家队的运动员。2000 年的奥运会，张湘祥发挥稳定，获得了男子举重 58 公斤级第三名的好成绩。悉尼奥运会的出色表现，让 17 岁的张湘祥成为雅典奥运会上的夺金热门人物。就在张湘祥备战雅典奥运会时，一场疾病让他几乎与死神擦肩而过。张湘祥在这样消极的情绪和困惑中度过了四年，而他的队友杨帆、邱乐、毛角在国内外各种大赛中表现出色。2008 年的全国举重奥运选拔赛上，张湘祥以一个冠军向人们示意，他又回到了这片熟悉的赛场。就是这么一个历经磨难的青年，只有他自己知道这金牌的背后所付出的艰辛和众人的帮助。

这不禁使我想起四川农业大学一位畜牧业专家讲的故事。他说，小牛犊出生后，立即挣扎着要站起来，但怎么也站不住，四方跪拜之后就站起来了。因为，小牛犊懂得感恩。我们不知道小牛犊是否真地懂得感恩，但怀着一份感恩的心情，的确是人类精神的崇高。在北京奥运会上，我们再一次看到了这种崇高。

荷兰运动员范德韦登在男子 10 公里马拉松比赛中勇夺金牌，当得知他居然曾经是白血病患者的时候，我们的心灵再一次被触动，因为他要证明生命的价值，感谢那些给他第二次生命的所有襄助。33 岁的德国体操选手丘索维金娜为了给患白血病的儿子治病，在奥运赛场夺得银牌，给儿子以战胜疾病的精神动力和支撑，她感谢所有支持她事业的人们。俄罗斯美女伊辛巴耶娃，一个神奇的撑杆跳高魔女，在夺得女子撑杆跳高冠军之后，又向世界纪录发起了冲击，在两次试跳失败后，她终于跃过了 5.05 米的新高度，刷新了世界纪录。赛后，她发自肺腑的话，就是感谢所有支持她的人们。

感恩，为什么竟有如此巨大的能量？因为，感恩，是获得心理支撑的重要方式。有了心理的支撑，就有信念；有了信念，就有了希望，就有了机会。虽然心理品质并不是竞技体育获胜原因的全部，但心理品质是继战术实力之外的最重要因素。

竞技体育如此，胜于体育比赛的中考及高考又何尝不是如此啊。有梦才有远方，感恩方能行远。居里夫人曾说过："不管一个人取得多么值得骄傲的成绩，都应该饮水思源，应该记住是自己的老师为他们的成长播下了最初的种子。"知恩图报，善莫大焉。同学们一定要记住：活着，是因为很多人帮助，成功，是因为很多人支持，所以我们要学会感激他人。学会感激他人，会使你一路鲜花，一路阳光，会使你的胸怀比天空更广阔，你的世界也会因此而更加美丽。我们要感激父母，是他们把我们抚养长大；我们要感激师长，是他们辅助我们强健了体魄，丰富了精神；我们要感激同学，是他们陪伴我们收获金色童年，终成美好少年。无论将来你走到哪里，请记住，他们是你曾经三年朝夕共处的兄弟姐妹。所以校长今天要重复对大家说的话就是"感恩伴中考，自信向未来"。刚才我们讲了感恩的话题，相信大家已明白它的内涵，那么自信从何而来呢？尤其是近一段时间，在中考备考关键的 23 天中，我们的学生及家长应如何与我们的教师一起齐心协力，科学备考，努力去续写我校中考的辉煌成绩呢？

对待同学们的备考，校长想给在座的同学及家长们提几点建议。

第一，稳定情绪，减少浮躁心理，扎扎实实地投入到备考复习中。

前段时间经过分流，我们已有个别同学选择放弃中考就读职业高中，我希望其他同学不要受到这些同学的影响，我们的家长也要帮助孩子避免一些不良情绪的干扰，要配合教师帮助自己的孩子端正学习态度，树立正确的考试观。

同学们要明白，人活在世上，就是为了实现个人的自我价值，而个人价值的实现就在于个人对社会的贡献。今天学习不努力，明天你就会努力找学习！明天你有所得，今天你就必有所失！

同学们要明白，生活的理想绝不单纯是物质的极大满足，更多的应该是心灵自由和精神愉悦。只有把自己的理想与国家的前途、人类的命运结合起来，我们的人生才有价值。青年人只要胸怀祖国，放眼世界，再大的挫折也能承受，再多的苦难也无所畏惧。立志成才，报效祖国，这是考试的最高境界。

我希望每一个同学都应该相信自己的选择，尤其在教师的帮助下，我们每一个人都打下了扎实的学科文化基础，现在需要的是稳定情绪，减少浮躁，沉下心来，认真听从教师的指导，再扎扎实实地拼搏 23 天，当你收到重点高中或普通高中的录取通知书的那一刻，你会体会到你今天的付出是多么得值！

第二，保持优势学科成绩，找差补漏，提高劣势学科成绩。

多分析原因，在教师的指导下改进学法，找差补漏，尽可能提高劣势学科成绩。

中考成绩不允许有一门弱科，同学们要明白"5＋0＝0"的道理。这方面我们年级的教师会帮助你们！我们的家长也要积极与班主任及相关科任老师保持密切联系，为孩子们提供必要的技术帮助、名师指点。

第三，合理安排时间、科学安排复习内容，提高复习效率。

提高自习课的质量，合理安排课余时间。早晨应花点时间背东西，下午和晚上应侧重理解、答题。

此外，我们要特别提出一个话题，那就是帮助我们的孩子调好生物钟。中考的时间是上午 9：00—11：00，下午 3：00—5：00，而不少人在这段时间生物钟处于低谷，所以，有不少考生反映明明在家做模拟题时思维敏捷，答题准确率较高，可是在考场上却会因缺少兴奋点而昏昏欲睡，这就是所谓的"场上昏"。人体生物钟处于低谷是"场上昏"的一个很重要原因。所以，建议考生在家自由复习时，尽量调整原有的生物钟规律，让自己的兴奋点在每天的9：00—11：00 和下午 3：00—5：00 达到高峰。并且，尽量按照中考的考试时间来安排自己做模拟题的科目，从而使自己的状态就像黄金频道一样，一到这个时段，状态自然显现。在这个问题上，我们年级的教师也会组织同学生一起做相应的训练。

第四，制订一个切实可行的计划。

现在是中考复习的冲刺阶段，时间非常紧迫，七门功课都要复习，所涉及的课本多近 40 本，加上各科的笔记和资料，那么多，怎么复习？没有一个科学的安排，势必会打乱仗。

凡事"预则立"。学习计划的制订就是一种对自己学习预期目的的确定，在分析自己学习情况的基础上，选择达到目的的措施，在时间上做一个合理安排，使学生的学习生活丰富而不紊乱，紧张而有秩序，这是考试取得最后胜利的重要保证！

建议我们每一个同学都能设计一个不是为了给别人看，而在于激励自己的学习目标和每天的学习计划，既不好高骛远，也不要过于自卑，最好是通过自己的努力能达到，以增强自己的奋进信心！每天一小步，23 天积累下来也是很大的进步啊！更何况制订并执行学习计划，这本身也是一种能力，也是一个好的习惯，可谓终身受益。

第五，加强锻炼，注意劳逸结合。

进入最后阶段的复习，同学们的学习压力和负担是很重的。学习越是紧张，越是繁重，越要坚持锻炼，要注意劳逸结合。

据报道，人们每天的学习与工作，都需要用脑及消耗氧气，大脑的重量只有人体重量的 1/30，但大脑一天的耗氧量却占全身耗氧量的 1/4，消耗能量可达 1/5，心脏每分钟输入血管的血液中有 16％ 供应大脑，可见大脑在消耗氧气、养料方面占的比重很高。大脑对缺氧、缺血又是十分敏感的，一旦氧气养料供给不足，大脑细胞的工作效率就会下降，思考、理解、记忆的能力就会降低，表现为头昏脑涨，全身乏力，想睡觉，肌肉松弛，工作和学习精神不能集中，理解力和记忆力下降，综合分析能力减弱，情绪不稳定，容易出差错等。特别是连续紧张学习或工作一定时间后，脑细胞就会出现疲劳，这时如能合理调整，到户外去稍稍活动一下，如听音乐、做广播操或到户外呼吸新鲜空气，就会消除疲劳，恢复精力。特别强调，积极参加体育锻炼，不仅可以增强体质、预防疾病，而且对改善大脑的功能，促进血液循环，增大呼吸量，使大脑更好地进行新陈代谢、消除疲劳有积极的作用。

同时，我们还要特别注意心理调节，使自己有一个稳定而健康的心理。我很欣赏一句话：胜不骄，败不馁。一个人不可能一帆风顺，也不可能诸事都不顺，同学们要学会心理调节，学习上有什么困难、生活中有什么烦恼等都可以向学校心理咨询室的老师咨询。

当然此段时间还要注意安全，注意饮食卫生也是非常重要的，以免影响学习，耽误大事！

我们的孩子们已经进入了他们人生的第一个也是最重要的一个十字路口，俗话说："人生能有几回搏！"让我们在老师的指点下，注意交流，加强沟通，按照教育的规律及孩子成长的规律，积极配合，为实现孩子们的梦想也是我们自己的梦想，努力吧！

第六，给家长一句话的忠告：剩下这 23 天，孩子的事再小也大，大人的事再大也小。

孩子从小学到初中，从初一到初三，不懈地坚持到现在是很不容易的，

"成功往往在再坚持一下之中产生"。就剩这 23 天了，我们家长的事再大也没有孩子上学的事大。因此，不妨把我们的事放一放。一桩生意不做，一场麻将不打，一桌酒席不陪，能有多大损失？请各位家长抽时间和老师坐一坐，抽时间和孩子聊一聊，多关心关心孩子的事。这里我想给家长提两点要求。

一是当好勤务兵。多关心孩子的饮食起居，多加强他们的营养，使他们有健康的身体迎接下一阶段的复习。由于同学们平日在学校学习非常紧张，所以周末、假日，大家一定在可能的情况下抽空陪陪孩子，烧一些可口的饭菜，炖一盅鲜美的老汤，都会使他们获得巨大的动力。这样平凡而伟大的父爱母爱往往比批评责骂来得更有效。

二是当好知心人。多一些沟通，多一些激励，多一些家庭的温馨。我们的家长应多抽点时间陪他们谈谈心，帮助他们缓解心理压力。不要吝惜一句温暖的话语，因为一句温暖的话语可以让他们激动好一阵子。父母应努力创造良好的家庭环境。切不可在孩子面前红一次脸、吵一次架，必要的应酬应尽量回避孩子在家休息的日子，更不能在孩子在家自习的日子打麻将、看电视、搞聚会。

此外，一些孩子的家长出现了比孩子还要紧张的现象，那么我就要告诉你，想让孩子在考试时正常发挥，家长要有一个正常的"备考"心态。在发现孩子有这样的紧张情绪时，不妨对他们说："孩子，只要尽力就行。"而在孩子准备中考的关键时期，家长应该适时进行角色的转换，将自己从"主持人"变成"听众"，去倾听孩子的心事和苦恼，给孩子一个减压的机会。家长万万不要给孩子任何承诺，如旅游、买东西、给钱等。应该让孩子明白学习是为自己增长知识，而非为某种物质目的而学习。

最后，希望各位家长切记两个"不能"。一是不能过度家教。有些家长望子成龙，不惜血本请来名师"助考"。其实在最后这 23 天里，让学生独自系统地整理，自由消化才最重要。二是不能转嫁紧张情绪。在中考前，"千万不要紧张"是家长对孩子常说的话，这其实是家长内心紧张的表现，而越向孩子传达这样的信息，孩子也越容易感染到紧张的情绪，而导致中考发挥不利。所以中考前家长一定在孩子面前保持冷静，营造"战时"如"平时"的学习环境，用平和的心态去感染子女。

各位家长，我们的目标是一致的，我们的愿望都是迫切的。那就让我们拧成一股绳，齐心协力，为我们的学生、你们的孩子的成功铺平道路。我相信，2012 年的中考辉煌一定属于我们的学生，属于在座的每一位家长，属于我们沛鸿民族中学。谢谢！

感恩伴高考　自信向未来

——在高三学生成人宣誓仪式暨迎高考百日
冲刺誓师大会上的讲话

尊敬的各位家长、老师们、同学们：

大家早上好！

今天，我们在这里隆重集会，举行高三年级学生成人宣誓仪式暨迎高考百日冲刺誓师大会。在这个特别的时刻，我谨代表全校师生员工祝贺高三同学们，祝贺你们加入我们共和国成年公民的行列，祝愿你们吹响青春的号角，扬起理想的风帆，树立必胜的信念，在人生新的征途上勇往直前！怀着感恩之心奋战一百天，在金色的六月谱写青春华章，用自己优异的高考成绩向多年来为你们健康成长付出心血的父母和老师们表示衷心的感谢！

亲爱的同学们：十八岁，风华正茂，每一代人的十八岁都充满了不同的憧憬和追求。战争年代，革命先辈为实现民族的独立和解放，上下求索，英勇奋斗，用青春和热血谱写了壮美的乐章。和平年代，一批又一批青年为谋求国家的繁荣和富强，团结、拼搏、奋发进取，用他们的智慧和汗水铸就了辉煌的人生。而今，对成长在改革开放进程中的同学们来讲，生逢其时。时代为你们施展抱负提供了良好的机遇和广阔的舞台。

记得我曾在一次学校五四论坛上对青年教师做过一个演讲，演讲的题目是《不要等，现在就行动，一切皆有可能》，在那次演讲中我提到了三个人，第一位是现任团中央第一书记——陆昊，陆昊出生于1967年，他28岁就任北京某大型国企老总，35岁当选北京市人民政府副市长，一位刚满41岁的青年，成了当年中国最年轻的正部级高官。第二位是前几年就任俄罗斯总统的梅德韦杰夫，应该说梅德韦杰夫是当时世界上最年轻的国家首脑，42岁就任俄罗斯总统，实在是不简单！我们除了佩服梅德韦杰夫的出众能力外，我们更为俄罗斯人民的大胆选择表示由衷的钦佩。第三位就是在网上曾热议的当时中国最年轻的厅官——共青团山东省委员会副书记张辉。这三个人我们把他们联系在一起，不仅仅给我们以震撼，更是给我们一个强烈的信号，一个呼唤人才辈出的时代已经到来，当今世界没有什么不可以，也没有什么不可能，就看你敢不敢，想不想，做不做。

今天，同学们即将在这里庄严宣誓，告诉世界、告诉自己，你们已经长大，已经站在人生又一个新的起点上。但是，你是否做好了成年人应承担责任的准备？是否能让父母和师长放心地将你放飞？是否已有计划承担成年人应尽的回报父母双亲、报答师长亲朋、反哺社会人类之心之举呢？我们可暂不展望未来，就是眼前，你是否明白自己当下的责任和使命？你是否知道自己现在应该做什么？又应该如何去做？如果你还迟疑，那么校长就告诉你：怀着感恩之心奋战一百天，努力在金色的六月谱写青春华章。

同学们都知道，今天离我们六月的高考还有整整 100 天。也许有的同学感慨离高考越来越近，我还没有准备好，学习上也似乎困难越来越多。那么今天校长再告诉你：感到困难越来越多的时候也是我们离成功最近的时候。离高考还有 100 天，这是冲刺的 100 天，不仅是学生冲刺的 100 天，更是我们教师冲刺的 100 天，家长冲刺的 100 天。为了我们与会每一位教师、同学、家长共同的梦想，我想给同学们提出如下六点要求。

一、正确理解高考的意义，准确为自己定位

高考是一次全国性的选拔人才的大型考试，虽然它存在着这样、那样的弊端，但它是经过长期实践，现时仍在实行，并将在一定时间内继续实行的竞争机制，总体来说，它是公平的，它是在同等条件下，对大家过去一阶段学习的一个综合考查。择优录取是任何竞争机制都必须遵循的原则，所以作为高中学生，首先要认识到自己越优秀越有可能被选中。我们应当通过自己的不断努力，来不断提高自己的成绩，来不断地适应这种选拔的需要。千万不可因少数不法分子的作弊行为而心存侥幸，以为自己可以铤而走险，也不可把希望寄托于找熟人、走后门，这些都是一个正当的正直的竞争者所不齿的。作为祖国的未来和希望的我们一定要有真才实学才行，那些靠弄虚作假获得机遇的人，终会被时间和现实所淘汰。

能否实现自己的人生目标，与高考也是密切相关的。为了能在高考中取得优异的成绩，作为刚刚起步走向高考的我们，应当把心中对高等学府的期盼，对美好未来的憧憬转化为自己不断努力的动力，这种动力会始终激励我们自强不息，这种动力会迫使我们勇往直前、义无反顾。但是在中学生朋友中，普遍存在着几种不良的思想情绪：一是自觉水平低下，毫无希望而丧失信心的低落

情绪；二是自以为是、高傲自大、目空一切的狂人思想；三是只许成功，不准失败，一旦失败就"无颜见家中父母"的高压心理。这几种情绪都是要不得的，都将影响我们的进取，都可能直接导致失败。因此，我要奉劝那些目空一切者：你敢保证你一定能考取"一本大学"吗？要提醒那些悲观失望者：条条大路通罗马，高考不是唯一的出路，更何况高考的录取率在70％以上，只要是付出了努力的人都会得到相应的回报。要告诫那些压力过大的同学：谋事在人，成事在天，你的心理负担只会蒙蔽了你的心智，反而不利于发挥你正常的水平。

适时制定阶段性目标，是不断取得进步的关键。同学们制定自己的目标，要遵循心理学中的"最近发展区"原理。把桃子挂在高处，如果猴子跳一跳能够够到，那么它就会想方设法去够，如果挂得太高，猴子无论如何够不到，那么猴子就会放弃。同样，如果对于一个班级里面三四十名的同学来说，一下子把自己的目标定在"一本大学"，那么这对于他来说等于没有目标。如果先把目标制定在"普通三本"，那么他就觉得很有希望，从而不断地为此奋斗，而一个月下来，他进步到二十名左右，那么他就可以将目标改为"普通二本"，再过一个月，他又进步到十名左右，他就可以再适当提高自己的目标。所以大家一定要先制定一个适合自己的、通过努力能够实现的目标，等这个目标实现了，再慢慢地提高，千万不要好高骛远，否则会适得其反。

二、注重自己的成绩与进步，轻松愉快地学习

有这么两位同学（甲和乙），他们进入高三的时候，基础一样差，两位老师（A和B）分别对他们进行辅导。A老师先让甲学生做简单的题目，并告诉他，你做得很好，比上次有进步，因此这位学生每次拿到题目都会尽快地完成，迫不及待地请老师批阅、点评；而B老师则让乙学生做中等难度的题目，然后总是指出这些题目都不难，与高考的题目相比较要容易得多，你一定要更加努力，你才有希望。渐渐地乙同学总是不愿来接受辅导，平时看见老师也躲得远远的，半年下来，甲同学进步很大，乙同学却我行我素，原地踏步。

这件事当然可以从很多方面分析其成败得失，但我这里要指出的是A老师的做法让甲同学知道自己会了什么，取得了什么成就，B老师的做法让乙同学越学越知道自己的不足，但效果却截然不同，这就是时下很多专家都在研究的"成功教育"与"成功学习"。作为学生老是学而知不足，就会觉得自己这也不懂、那也不懂，结果会信心大减。而一个小小的成绩，却会使学生的身心得到

愉悦，从而增加进一步探求的欲望；一个小小的提高，会使人感到意外的惊喜，从而增强对自己的信心。

所以奉劝我们的同学，在学习的过程中，一定要多考虑自己学会了什么，有多少进步，取得了什么成就，使自己身心愉快，充满信心。

三、发挥自己的主观能动性，科学有效地听好每一节课

作为老师，为了能在短短的一节课中，让同学们学到最多的知识，会竭尽所能，精心设计好每一节课的教学内容，精选的题目都有明确的目的，所授知识、方法都具有代表性，但是在很多同学的眼中，老师的课就是"几个概念＋几个例题＋几种解法"，这样的认识非常肤浅，这样的同学学习知识很被动，没能有效地领略老师的意图。

为了能够深刻体会老师的意图，同学们听课时必须发挥自己的主观能动性，必须有自己的思想，必须主动去研究老师的课，对于每一节课大家不妨在认真听讲的基础上思考以下一些问题：①老师所讲的题目代表哪些知识点？老师究竟想教给我什么？②老师设计的问题，我自己能解决吗？老师的解法与我自己的想法有何不同？各自的优劣是什么？老师的解法有何特别之处，有何可借鉴之处？③这些技巧、方法、思路除了用于这些题目，还能迁移到哪一类题目上？④我发现了一类题型的本质了吗？⑤我受到什么启发？还有什么疑问？

诸如此类的问题，虽然只在一念之间，却充分体现了你学习的主观能动性，加深了你的印象，加强了你对知识的理解，否则就成了中国古人说的"学而不思则罔"。我们只有在学习的过程中，学思结合，将很多问题"类化""方法化""模型化""系统化"，才能将实践上升到理论高度，使自己对问题的认识更加成熟、更加完备。

四、认真对待每一次考试，绝不放过每一道做错的题目

考试，正是对你所掌握知识程度的一个考查，他的目的在于弄清楚你学会了什么，还有什么不会。因此，我们在庆幸自己取得成就的同时，绝对不可放过自己出现的每一个错误，这个错误正是你学习的漏洞所在，正是你知识体系的断层所在，正是你逻辑推理有误的体现。所以紧抓住这个错误，从错误着手，找出问题的关键之所在，打破砂锅问到底，究竟是什么导致了我的错误，是某一个概念不清，还是某个方法不会，或某种演绎不到位？因为知识具有系统性，一步不懂，整个知识链就断了，凡涉及这一点的题目都会出错，所以建

议大家对待错误就像对待敌人一样，要将它彻底消灭，绝不能浮光掠影，草草了事。有的人简单地将很多错误归结为粗心，其实我们学习中出现的错误往往都不是偶然的，你认为是粗心，但下次遇上还会错，是因为你对某个问题没有足够的经验，没有深刻的认识，你的观点、你的意识、你的思维都有必要做进一步的修正。所以，第一，请同学们准备一个笔记本，凡出现错误，及时记录在案，并标明出自何处，认真写出出错原因和正确解法，并反问自己，是否再也不会犯同样的错误。第二，有不懂的问题，尽量向老师请教，并非只有老师才能帮你解答，而是因为老师会诊断出你出错的真正原因，找出你知识体系中的盲点，给你最合理的建议和解决方案。

五、把握遗忘规律，适时做好复习工作

我们经历过的很多事情都如过眼烟云，不复记忆，但有的东西却印象深刻，终生难忘，这说明我们的记忆是有选择性的。

刺激的强弱是影响记忆程度的一个方面，所以对某个知识你越是觉得重要，你就越容易记住，所以那些被老师特别强调的具有代表性的概念、性质、方法、思想，正是老师在加强它们对你的刺激，你应该主动思考，分清老师在"刺激"你的时候有无强弱，不要只是盲目地跟着老师做一个听课的机器、记录的机器。

德国心理学家艾宾浩斯在 1885 年通过实验得到了著名的"艾宾浩斯遗忘曲线"。这一曲线表明，遗忘在学习之后是快速发生的，以后随着时间的流逝而逐渐变慢。我们所接受的信息先是暂时性地记在大脑中，随时间推移，它们有两种流向，一是遗忘，二是转变为永久性的记忆。为了让永久性记忆的部分尽量地增加，我们建议同学做到如下两点：①每节课下课时，花两分钟时间回忆本节课的内容；（这样会使你的遗忘减少40%）②每天晚上上床睡觉之后，并不是马上入睡，借临睡前的一点时间，像放电影一样，回忆一天所学内容，先上了什么课，再上了什么课，哪节课上有什么印象特别深刻的事情，今天一天学会了什么，还有什么疑问，有时想到一个问题，马上会觉得心里不踏实，说明这个问题还没有完全弄懂，在你反复思量之下，也许会豁然开朗，也许会不复记忆，那么第二天再想方设法把它弄懂，这样，它们就成了你永久性的记忆。（这是我上学时的切身体会，那时，很多点着煤油灯苦学到深更半夜的同学都考不过我，每每想到这种方法，我都觉得那是我中学学习过程中最大的心得）

古人云，"吾日三省吾身"，而我们今天的求学者应从中得到启发，做到

"吾日三省吾学"，常此以往，定能取得很大的进步。

六、抓差补缺，合理利用时间

由于同学们课务繁杂，难免会出现一两门弱科。毫无疑问，我们应该把自己的学习时间适当地向弱门学科倾斜，但这种倾斜只能是适当的，以不超过它应分配时间的120％为宜。如果分配的时间太多，则会影响到别的学科，结果会得不偿失。所以我们对于弱门不要急于求成，不要一味地花时间，应该正确对待。作为学生，可以主动地多与这门课的老师交流，让老师了解你，让老师发现你的缺陷，发现你问题之所在，请老师为你出谋划策，针对你制订你的学习方案，并经常请老师点拨，要取得进步还是很容易的。对于弱门，我们的目标应该定在"有所提高"，不必把目标定在"超过或赶上强门"。

一门功课一次学习多长时间，是一个值得探讨的问题。有的同学把时间分得太零碎，一门功课学不到半小时就去学别的学科，这是很不好的，因为半小时的学习，只在大脑中建立了初步的认识或联系，如果马上去学别的知识，那么刚刚建立的脆弱的联系，就会因别的信息的干扰而中断，这样的学习往往会无功而返。所以，大家一门功课一次学习的时间应控制在1~2小时，学习过程中可以适当休息，但尽量不要去学习别的东西，以保持思维的连续性。

同学们，俗话说："人生能有几回搏，此时不搏待何时。"十八岁如旭日东升，朝气蓬勃，希望无限。愿你们心中永远珍藏这美好的一刻，满怀信心地去迎接高考。同学们，冲刺高考的战鼓已经擂响，坚冰已经打破，航线已经开通，未来充满希望，让我们去搏击！去奋斗！去攀登！成功就在眼前！祝愿我们的六月是收获的六月！金色的六月！辉煌的六月！谢谢大家！

在校友、中科院院士于起峰教授荣归
母校欢迎大会上的讲话

尊敬的于起峰教授，尊敬的各位领导、老师们、同学们：

大家好！

今天是一个让人激动的日子。我们南宁沛鸿民族中学前身（南宁市第十六中学）74 届高中校友、中国科学院院士于起峰教授荣归母校。在此，我谨代表南宁沛鸿民族中学全体师生员工对于教授的到来表示热烈的欢迎，并致以良好的祝愿！

于起峰院士现任国防科学技术大学航天与材料工程学院教授、博士生导师，教育部长江学者特聘教授，2009 年当选中国科学院院士，同年被授予少将军衔。于教授出生于革命军人家庭，1981 年毕业于西北工业大学飞机系，大学毕业时，他怀着献身国防科技事业的远大理想，考入国防科技大学攻读硕士学位，1984 年获国防科技大学硕士学位，从此与国防科技与教育事业结下了不解之缘。1990 年，组织上选派于起峰校友赴德国攻读博士学位，他以强烈的使命感和紧迫感只争朝夕地刻苦学习，仅用三年时间就完成了通常需要六年的博士课程，并于 1995 年获得德国不来梅大学授予的应用光学研究所博士学位。学成回国后，于教授一直致力于光测实验力学条纹图像分析研究，根据我军未来武器装备发展需求，在突破制约部队现代化建设的核心技术上不懈探索。经过十多年锲而不舍的努力，创立了一套比较完整的干涉条纹图处理理论体系，解决了多项困扰国际条纹图处理领域的基本理论问题，开辟了光学干涉条纹图处理理论应用的新途径。该成果被应用到我军所有有光测需求的试验靶场，成为靶场判读装备主力，被誉为"国内靶场四十年来判读系统的新变革"，获首届全军杰出专业技术人才奖。他主持完成国家自然科学基金、国家"863 计划"、"921 工程"、重点武器型号工程等科研项目数十项。先后获国家技术发明二等奖 1 项、军队科技进步二等奖 7 项，获国家发明专利 21 项。

"我们中国人够聪明，能吃苦，不需要总跟在别人后面。只要不懈努力，就能够做出创新，解决重大科技问题，走在世界前列。"这是于教授刚担任中国科学院院士时的感言。诚如斯言，他的确能吃苦，并不断创新，而且成为了光测世界的领军人。"十年寒窗无人问，一举成名天下知。"要想品尝收获的甘美，必先尝尽耕耘的劳苦。于教授的成功正是他几十年如一日，持之以恒，不懈努力的结果。

于起峰教授用显著的成绩为国家、为社会做出了令人敬佩的贡献，为母校赢得了荣誉，增添了光彩，为学校的发展注入了坚定的信心和巨大的动力！我们感到由衷的赞叹和敬佩。今天他满怀豪情回到母校，是我们全校师生的荣幸，更令学校蓬荜生辉。

最后，请允许我代表南宁沛鸿民族中学并以我个人的名义，向于起峰教授致以最美好的祝愿，祝于教授身体健康，工作顺利，家庭幸福！谢谢！

在传承中创新　在创新中发展

——在全国优秀中学校长"高中课改与课堂文化" 主题论坛上的演讲

尊敬的各位领导、专家及诸位同人：

大家下午好！

首先我谨以论坛承办方的名义感谢大家在百忙之中抽空从全国各地会聚南宁沛鸿民族中学参加此次论坛！

我们知道：今天论坛的主题是"高中课改与课堂文化建设"，那么高中课程改革究竟要改什么呢？我以为其核心在课程，但最终的落脚点在课堂。我想，再美好的课改理论最终还得靠全体一线教师落实到课堂中去才能真正取得课改的实效。

那么，如何落实？如何通过以教师教学方式的改变促进学生学习方式的改变？我们的回答是：构建新的课堂文化。在此，便引申出两个重要的概念——文化及课堂文化。

什么是文化？我的理解是：文化是一种符号，是一种印记，更是一种力量，是一种让置身其中的每一个人都会受到潜移默化影响并获得正负能量的氛围。好的文化让人获得正能量，受到积极的影响，能促进师生的健康成长；坏的文化让人获得负能量，受到消极的影响，会阻碍师生的健康成长。

那么，什么是课堂文化呢？我以为课堂文化是教师和学生等多种教育要素在课堂教学过程中形成的影响师生获取正负能量的课堂印记、课堂力量，它包括课堂风气、心理环境、价值观念、思维方式与行为方式等。课堂文化既有受制度文化制约的相对稳定的特征，又具有主体间对话、互动而动态变化、不断生成的特性。课堂文化的核心，是课堂教学的价值取向和教学方式。课堂文化强烈地影响着教师和学生的课堂生活和行为，对课堂改革具有重要的制约作用。课堂改革能否顺利推行，关键是看课堂文化能否为其提供合适的生长环境。从这个意义上说，课堂改革同时也是课堂文化的转型，是对课堂文化的重塑。

在新课程进入课堂的实施过程中，人们发现课堂里并没有真正发生课程改革所期望发生的这些变革，理论并没有转化为课堂现实，课堂教学在很大程度上仍然在原来的轨道上运行。课程改革仅仅局限于课堂教学活动本身，没有触及支撑课堂教学活动的课堂文化，这是产生这种现象的重要原因。课程改革、课堂教学活动和课堂文化这三者的关系，就像海面上的风、海面和深层的海水一样，当风从海面上刮过，海面可能涌起波涛，但是深层的海水却可能还是那样平静。自上而下的课程改革，若没有课堂文化变革的呼应，课堂教学活动极有可能在喧嚣与躁动一阵之后复归于平静。

课程改革的深入推进为课堂文化的重建提出了紧迫要求，课堂文化的变革或重建势在必行。正如福建师范大学基础教育课程研究中心余文森教授所言："课堂教学改革是课程改革的重头戏，课堂教学改革绝不仅仅是观念、模式、方式、行为的变革，即教学活动本身的改革，它首先而且主要是课堂文化的重建——这是核心、根本和终极追求。"

面对高中课改，我们想构建什么样的课堂文化？我校在全体教师的实践研究与民主讨论的基础上，提出构建"民主①、合作②、生动③、有效④"的课堂文化。

我们认为，"民主、合作、生动、有效"八个字是落实新课程的核心文化。

首先，民主意味着自由、平等、尊重、多元、宽容、协商。民主是对人的本质的解放，而人的本质在于创造。构建民主的课堂文化对于培养学生的创新精神与民主意识，促进学生全面而有个性的发展具有重要意义。

其次，合作就是个人与个人、群体与群体之间为达到共同目的，彼此相互配合的一种联合行动、方式。通过师生、生生的合作，让学生学会正确认识自己，尊重他人，有助于培养学生的交流与合作能力，培养学生的团队精神和开

---

① "民主"即教师教态亲切自然，课堂氛围轻松和谐，用心倾听学生的不同见解，多方式多渠道地与学生平等交流；积极鼓励学生对老师或同学的观点大胆质疑；注重开发和利用学生资源，激发学生学习兴趣，及时提醒注意力分散的学生。

② "合作"即至少提出一个引发学生合作（形式不限）互动的有价值的问题，善于利用动态生成性资源激活教学。

③ "生动"即教学语言生动，教学内容的呈现形式丰富；师生互动、生生互动；至少有1/5的学生有独立阐述自己观点的机会。

④ "有效"即学生能理解并掌握基础知识与基本技能；学生能经历并体验知识产生和发展的过程与方法；学生的情感态度与价值观得到升华。

放意识。

再次，生动指的是"具有活力能使人感动的"。新课程强调以人为本，课堂是人与人的交流，只有让课堂"动"起来、"活"起来，在"动"和"活"的过程中生成新的知识、技能与情感，才能使课堂焕发生命的活力。生动课堂是师生、生生交往，积极互动和共同发展的活动，它关注课堂中的每一个人，关注个性的彰显，关注师生情感的体验和发展，顺应了教育的基本规律，还原了课堂教学的应然状态。

最后，有效是课堂的最终目的，教师在教学的设计及课程的实施中要牢固树立"有效"的意识。有效的标准即是否落实了新课程所要求的知识与能力、过程与方法、情感态度与价值观。因此，每节课都要围绕新课标去设计，通过民主、合作、生动等表现形式去达到教学的有效，从而实现新课程目标。

那么，如何让一种新的课堂文化成为一种符号、一种印记、一种力量，潜移默化影响师生，成为师生的一种自觉行为，并获得正能量呢？这就需要通过课堂文化建设，让它成为师生的一种文化自觉。下面我将就我校"民主、合作、生动、有效"课堂文化的形成与建设历程向各位领导、专家做一汇报，以期斧正。

一、通过有效课堂大讨论，达成新共识

华东师范大学博士生导师冯大鸣教授认为，文化建设不同于制度管理，不能依靠由上至下的垂直贯彻，而主要依靠同事间日常共处中的横向弥漫。正是基于对此观点的认同，我们在构建新的课堂文化时，坚持走群众路线，即从群众中来，到群众中去；注重传承，理念引领，在传承中创新，在创新中发展。

2011年春季学期，我校分别在两校区二十多个教研组中开展有效课堂的大讨论，要求各教研组集中回答校长向全体教师提出的三个问题，即就本学科课堂教学而言，我们存在的最大问题是什么？我们应遵循哪些教学原则？我们应关注哪些教学环节？经过近两个月的讨论与思考，每一个教研组均提出本学科课堂教学改进和加强本学科课堂文化建设的意见。与此同时，学校从两校区选派优秀骨干教师在学校领导的带领下，分三批到南宁市隆安中学、山东昌乐中学等学校听课观摩其"合作课堂"模式。

在此基础上，我亲自在桃源校区主持教研组长会议，集中讨论学校应努力构建怎样的课堂文化。经集体的智慧，最终达成一致共识：打造"民主、合

作、生动、有效"的课堂文化。

接着，学校要求各学科组就上述"八字"课堂文化，结合本学科教学特点，深入讨论如何在课堂教学中体现民主、合作、生动、有效。2012 年春季学期开学，我就"民主、合作、生动、有效"课堂文化建设分别在学校中层干部春季培训会及新学期教职工集中大会上又提出了自己的理解和想法，引起与会干部和教职工们的热议。

随着"民主、合作、生动、有效"课堂文化建设的推进，教师们迫切需要一个能指导他们教学的意见，为此，我与教务科研处的同志认真思考，在讨论并充分发表意见的基础上大家形成共识，制定了《南宁沛鸿民族中学"民主、合作、生动、有效"课堂文化建设观察量表（试用）》，根据"民主、合作、生动、有效"四个观察视角，梳理出 11 个观察要点。这就是刚才我所提到的我校的核心课堂文化。

二、通过课堂教学大引导，渗透新理念

（一）通过课堂教学观念的引导，渗透新理念

课堂教学观念是教育实践的内在动力，它对课堂文化的形成起着指导和统帅作用。课堂文化的建设必须以观念的突破和更新为先导，尤其教师内在观念的改造更为根本。观念的改造是教师内在深层次的教育教学精神的改变，如果观念得以更新，哪怕在传统的教学行为中也可以体现出新的理念来。

为此，学校在各种大会上反复强调学校工作的一个中心就是构建"民主、合作、生动、有效"的课堂文化，并把这一内容写入学校未来九年的发展规划，目的在于引导教师教学观念的更新。为了全面更新教师教学观念，构建新型的课堂文化，学校以加强教研组文化建设为抓手，要求各教研组长组织本组教师认真学习"民主、合作、生动、有效"课堂文化建设观察量表并贯彻落实到课堂教学之中，同时，引导各教研组的教研活动要围绕"民主、合作、生动、有效"的课堂文化建设为中心。

为进一步推进"民主、合作、生动、有效"的课堂文化建设，2012 年春季学期，我校在江南校区召开"民主、合作、生动、有效"的课堂文化建设推介会。在这个会上，教务科研处刘方富主任从内涵、理论依据、实践操作等层面深刻解读了"民主、合作、生动、有效"八个字的课堂文化，并给全体教师发放了解读文章，使教师们进一步了解了"民主、合作、生动、有效"课堂文化

的基本框架与意义。

当然，作为校长我也时常借助教职工集中大会的机会把自己的一些读书学习的心得与教职工们分享，以此来引导教职工去思考和实践。比如，在谈到课堂观察量表中的第六项"善于利用动态生成性资源激活教学"时，我引用了华东师范大学叶澜教授在《让课堂焕发出生命活力》中的一段话："教师只要思想上真正顾及了学生多方面成长、顾及了生命活动的多面性和师生共同活动中多种组合和发展方式的可能性，就能发现课堂教学具有生成性的特征。因为课堂上可能发生的一切，不是都能在备课时预测的。教学过程的真实推进及最终结果，更多是由课的具体行进状态，以及教师当时处理问题的方式决定的。"我们把学校课堂文化建设的目标定在让学生在课堂焕发生命活力，就是引导广大教师构建师生全身心投入的课堂，在这样的课堂，师生不只是在教和学，他们还在感受课堂中生命的涌动和成长，只有这样的课堂，学生才能获得多方面的满足和发展，教师的劳动才会闪现出创造的光辉和人性的魅力；也只有在这样的课堂才不只是与科学，而且是与哲学、艺术相关，才会体现出育人的本质和实现育人的功能。

（二）通过改革师生评价机制，引导新型课堂文化的建构

评价对于课堂文化的构建非常重要。没有评价内容和评价方式的变革，建构新型课堂文化就无从谈起。传统的教学评价以甄别、选拔为主，以掌握多少知识，提升了多少能力为唯一标准，强调统一要求，用"一把尺子"衡量所有学生，忽视学生的个体差异与实际发展。课堂文化的重建就必须改革现行的评价制度，明确评价以促进学生发展为根本目的，凸显评价的诊断与服务功能，注重评价的鼓励性、及时性和正效性，坚持评价的多元化，突出学生的主体地位。

因此，我们在设置"民主、合作、生动、有效"课堂评价量表的评价内容时，始终以高中新课程理念引领课堂的评价，关注学生的兴趣与个性差异，鼓励教师开发和利用学生资源；重视倾听学生的不同见解，多方式多渠道地与学生平等交流，积极鼓励学生对老师或同学的观点大胆质疑；要求课堂至少有1/5的学生有独立阐述自己观点的机会。从有效的标准上，我们更强调的是让学生经历并体验知识产生和发展的过程与方法，目的在于促进学生生动、活泼、全面而有个性的发展，为学生的终身发展服务。

此外，为使新的课堂文化转化为教师的实际行动，我们建设了一个相对宽松的外部环境。而这种宽松的外部环境突出地表现为一种与新观念相一致的评价制度。如果现有的评价制度不改，那么将会使得教师不敢或不能轻易改变已有的经验和做法，不敢放开手脚大胆地去尝试种种新的思路和方式，建构新型课堂文化也将无从谈起。例如，我们在课堂教学效果评价定性等级上只设三项（很好、好、一般），不设"差"等级，以减轻教师们尝试的压力，同时，并不要求大家做好每一项指标，先挂靠后完善。

又如，为引导年轻教师把新的课堂文化转化为自觉的教学行为，从今年开始，我校的"青蓝杯"课堂教学大赛，课堂评价标准统一用"民主、合作、生动、有效"课堂文化建设观察量表中的 11 项指标作为评价项目，按"民主"占 20％，"合作"占 15％，"生动"占 30％，"有效"占 35％的比例赋予分值，经过对比赛结果的统计分析，16 位参赛选手在"民主"项目的平均得分为17.77，占满分的 88.5％；"合作"项目的平均得分为 12.31，占满分的82.07％；"生动"项目的平均得分为 26.82，占满分的 89.4％；"有效"项目的平均得分为 32.19，占满分的 91.97％。可见，表现突出的是课堂的生动与有效。

（三）通过教学常规管理，引导新的课堂文化形成

我们通过课堂教学的常规管理，使"民主、合作、生动、有效"课堂文化建设常态化，让课堂文化弥漫我们的课堂。例如，每学期的开学第一天，我们要求每一位教师至少要听一节课，以南宁沛鸿民族中学"民主、合作、生动、有效"课堂文化建设观察量表作为课堂观察的视角并做评价记录，听完之后统一上交科研处统计分析。从秋季学期开学第一天听课反馈情况来看，高一课改年级的课被评为很好的占 72.18％，高二年级占 61.85％，高三年级占54.27％。如果计算被评为好以上的在内，高一一年级的课被评为好以上的占97％，高二占 96.2％，高三占 94％。

此外，我校还建立推门听课制度，倡导教师之间开放课堂，在我们学校教师之间随时可推门进去听课。学校教务处相应也建立了"民主、合作、生动、有效"课堂文化建设巡查制度，每天安排人员随机观察课堂上教师的教与学生的学。

三、通过微型课题大调研，形成新思想

课堂文化建设是课堂深层结构的变革，它需要教育理论工作者和教育实践

工作者自觉地、积极地从理论和实践两方面进行不断探索与实践，以寻求课堂文化建设的有效途径。因此，学校组织教育理论工作者、一线教师分别从自身的角度加强对课堂进行合作研究。

（一）微型课题全覆盖，学校总课程总支撑

为充分发挥教育科研的引领作用，解决高中新课程与课堂文化建设中遇到的问题与困惑，总结提升"民主、合作、生动、有效"课堂文化建设研究成果，科研处启动了学校承担的龙头课题"民主、合作、生动、有效课堂文化建设研究"项目。力图通过研究，建构符合新课程理念的"民主、合作、生动、有效"有机结合的科学系统的课堂文化；制定符合"民主、合作、生动、有效"课堂文化的可操作性的课堂评价体系；让"民主、合作、生动、有效"课堂文化潜移默化地影响教师、学生与课堂，从而转变课堂教学模式，改变学生的学习方式，积极推进学校新课程的实施，从而提高课堂教学的效益和质量。

为营造教研促教、科研兴校的浓厚氛围，引导教师从依靠经验向依靠教研转变，实现从精英科研向全员科研转变，形成基于校本实践取向的教育科研方式，把教学实际问题解决作为科研的原动力，学校倡导广大教师重点围绕"民主、合作、生动、有效"课堂文化建设开展微型课题研究，并制定了《南宁沛鸿民族中学微型课题管理办法》，明确提出一线教师如果没有微型课题，则年度继续教育经费不能使用的规定。

为引导教师有目的地开展研究，科研处组织科研骨干深入课堂听课，进行了微型课题大调研。通过调研，制定了切合实际的《南宁沛鸿民族中学教育科学"十二五"规划微型课题研究指南》，其中围绕课堂文化建设的微型课题共有50项供教师们选择。经过教师们的申报，学校组织科研骨干进行评审，最终立项微型课题共有55项（两个校区），如"师生互动策略研究""历史教学中捕捉与利用学生资源的方法研究""关于新课程下高中数学课堂有效提问的研究""高中数学新课引入的策略研究""高中英语有效作业的研究"等。

语文教研组遵循"教师与语文课程同步发展"的重要理念，对原有的教学模式进行反思，开展教师"模块合作教学"实验，力图打破原有的固定教师、固定教学班级、固定教育对象、固定教学行为的模式，探索一种既可以激励教师专业发展，又有利于学生自主发展的新的教学模式，目的只有一个，就是不断创先争优，持续提高教学质量，促进学生全面健康发展，从而更好地践行

"顺人性""求更好"的发展理念。

（二）积极开展微型课题研究培训

为提高广大教师的课题研究水平，更好地建设与提升课堂文化，我们采取邀请专家到校指导与校本培训相结合的微型课题培训会。

首先，精心组织专家讲座。我们邀请了南宁市教科所科研室耿春华主任到我校给全体教职工做"微型课题研究"讲座。耿主任用通俗易懂的语言深入浅出地介绍了什么是微型课题，其特点是什么，以及我们教师为什么要进行微型课题研究等。她还介绍到教师为什么要做研究。她说道，一是从过程的角度考察，通过研究使教师成为反思者；二是从意义的角度考察，通过研究赋予教育教学工作以乐趣和价值；三是从结果的角度考察，通过研究使教师成为成功者。为成人而科研——在成事中成人，通过成事促进成人；在成人中成事，通过成人促进成事。讲座使大家茅塞顿开、豁然开朗。

其次，积极开展校本培训。2012年春季学期，江南校区（高中部）科研处组织了微型课题研究推介会。在会上，时任分管教学副校长的郑应（现任书记）给全体教师做了很好的引导，记得当时他重点强调了以下三点。

一是教师要一改自己以前的"教书匠"的角色定位，认识到自己是课堂研究的主体，增强课堂研究的意识。教师要成为行动研究者，把课堂文化的研究纳入到自己的行为当中来，运用自己的智慧和创造性，对教育理论进行批判性学习和研讨，对教学实践进行归纳性总结、提炼，对影响课堂文化的因素进行去伪存真的分析、评价，寻求制约课堂文化发展的内因和外因。这样通过不断地发现问题→提出解决问题的策略→对行动进行反思→调整策略，循环不断，以持续地提高课堂文化的质量和水平，达到不断优化的效果。

二是科研处要引导教师作为研究者学习和掌握基本的研究理论与方法，还要在工作中把教育理论工作者的研究成果、自己的研究成果和教师的研究成果统一起来，为理论向实践转化提供必要的范例和指导，以帮助教师更加有效地开展课堂文化研究。

三是教师应勤于反思。反思是课堂文化重建的关键。这是因为教师是课堂文化建设的主体，他们以自己的实际行为维持或改进课堂文化。教师在长期的教育实践中会形成各种信念和假设，这些信念和假设既有可能是正确的，也有可能是不正确的。如果不对其进行反思，教师就有可能认为它们都是正确、合

理的，并成为自己课堂行为的指导和教学思想。这必然会阻碍新型课堂文化的
形成。

据此，我们在教师中特别强调，教师要将反思作为自己教学行为中的重要
组成部分，作为职业生活的一种方式，增强反思意识，掌握一定的反思方法，
持续不断地提高自我反思的能力。通过不断地反思自己的知识、信念、行为和
各种视之为当然的观点，转变那些不正确的假设、信念，修正自己不合理的行
为，改进课堂中已有的弊端，提升教学水平，以创建更加和谐、高质量的课堂
文化。

（三）提升教师研究课堂的技术手段

工欲善其事，必先利其器。为方便教师研究课堂，我校两个校区均建设了
高标准的微格教室。微格教室是在装有多媒体、电视摄像、声像编辑录制系统
等设施的特殊教室，它是借助摄像机、录像机等媒体，进行教师技能训练和教
学研究的良好环境。微格教室具有实况录像、播放和转播功能，在中心控制室
可以转播任一模拟教学现场供其他模拟教室或示范观摩室的师生观看，方便组
内教师研讨和执教教师研究某个教学环节及课后反思。微格教室最受教师欢迎
的就是教师上完课，教研组（备课组）即可根据录制好的视频资料与主讲教师
一起分析、学习试讲内容，纠正其错误和不良习惯，以提高主讲教师的授课水
平和心理素质。事实证明，这种把教学能力和过程细分后进行训练的方法，对
教师的教学行为，启发教师创造性教学行为起到了显著的作用。

为了更好地适应现代教育信息技术发展的需要，实现信息技术与学科教学
的有效整合，我校早在 2006 年就启动了多媒体进教室工程，目前已完成更新，
换第二代产品。2012 年秋季学期，学校给教师专门购买了《教师微型课题研究
指南》（袁玥著）等研究资料（人手一册），为一线教师更新了办公电脑（人手
一台一体机）；学校还在专设的合作课堂教室安装了交互式电子白板教学设备。
这些资料和设备为教师研究课堂，提高课堂的有效性、生动性提供了良好的技
术支持。

四、通过典型榜样大展示，培育新文化

人们常说，榜样的力量是无穷的。有了榜样，就会有努力的方向和赶超的
目标，就能从榜样成功的案例中得到激励。为了加强课堂文化建设，促使"民
主、合作、生动、有效"课堂文化在教师中横向弥漫，学校充分发挥各教研组

的团队引领作用，在五年以上教龄，40 岁以下骨干教师中精心培育先进典型，每一个教研组各推出一名典型代表给全校教师上一节"民主、合作、生动、有效"课堂文化展示课，以达到课堂文化榜样引领的作用。在展示过程中，将安排执教者围绕"民主、合作、生动、有效"八个字进行授课反思、听课者畅谈观感和专家现场点评。力图通过此项课堂文化展示活动创设"民主、合作、生动、有效"课堂文化情境，从而潜移默化地去引领大家，形成新型的课堂文化。

除校内的"民主、合作、生动、有效"课堂文化展示活动外，学校还抓住各种对外交流的机会进行课堂文化展示，目的在于集思广益，吸收先进的教育理念，不断完善课堂文化。

例如，2012 年 2 月 22 日上午，南宁市教育局、南宁市教科所牵头组织的全市普通高中 2012 年高考备考视导调研活动在我校江南校区举行，为了充分展示我校"民主、合作、生动、有效"课堂文化建设成果，我校给参加此次活动的领导、教师共二百多人发放《南宁沛鸿民族中学"民主、合作、生动、有效"课堂文化建设观察量表（试用）》作为听课反馈表，精选沛鸿名师、沛鸿优秀教师上视导课。通过反馈情况来看，我校的"民主、合作、生动、有效"课堂文化建设得到了与会领导、专家和同行的充分肯定，被南宁市教育局杨捷副局长称赞为"走在高中新课改的前沿"。

再如，2 月 24 日，南宁市江南区（含经开区）——沛鸿民族中学城乡初中学校共同体建设启动仪式暨课堂文化交流活动在我校桃源校区举行。启动仪式后，与会的市教育局章志宏副局长，市教科所邓雅学所长，共同体成员学校领导及语文、英语、政治三个学科的教研组长近 250 人参加了我校语文、英语、政治三个学科的"民主、合作、生动、有效"课堂文化建设展示交流活动，也得到与会领导、专家的高度评价。

当然，我校构建"民主、合作、生动、有效"课堂文化的实践，虽说是在广西实施高中新课程改革之前就已谋划并富有成效地开展，但与来自全国其他各省兄弟学校相比，我们在这一块的工作只能算是刚刚起步。尽管在行进的路上也赢得了同行们的一些认可与肯定，但我们深知这是大家对我们的鼓励与鞭策。我们将继续探索，不断反思，注重在传承中创新，在创新中发展，努力为南宁市、为广西推进高中新课程改革做出我们应有的贡献。

附录：南宁沛鸿民族中学"民主、合作、生动、有效"课堂文化建设观察量表（试用）

表3 "民主、合作、生动、有效"课堂文化建设观察量表（试用）

时间		姓名	班级	课题		
观察记录		观察视角及要点		效果评价		
				很好	好	一般
	民主	1. 开发和利用学生资源，激发学生学习兴趣，及时提醒注意力分散的学生				
		2. 用心倾听学生的不同见解，多方式多渠道地与学生平等交流				
		3. 积极鼓励学生对教师或同学的观点大胆质疑				
		4. 教态亲切自然，氛围轻松和谐				
	合作	5. 引发学生合作（形式不限）互动的问题（至少一个）有价值				
		6. 善于利用动态生成性资源激活教学				
	生动	7. 教学语言生动，教学内容的呈现形式丰富				
		8. 师生互动、生生互动。至少有1/5的学生有独立阐述自己观点的机会				
	有效	9. 学生理解并掌握基础知识与基本技能				
		10. 学生经历并体验知识产生和发展的过程与方法				
		11. 学生的情感态度与价值观得到升华				
	亮点与建议：					

（2012年11月，作者参加全国优秀中学校长"高中课改与课堂文化建设"论坛，本文是由论坛上的演讲稿修改而成）

传 递 篇

以人为本　制度立校
——记南宁沛鸿民族中学校长、特级教师戴启猛
本刊记者　马超勤

2009年春节前夕，寒凝大地，一个潇洒帅气的瘦高个男子带领众人在南宁火车站急切地盼望着。从北京开往南宁的列车到站了，他们捧着鲜花，敲起锣鼓，拉开鲜红的横幅……原来，这是南宁沛鸿民族中学舞蹈团携节目《温飘贝哲》赴京参加魅力校园第四届全国校园文艺汇演暨第九届全国校园春节联欢晚会汇演，经过激烈角逐脱颖而出，在北京人民大会堂领取金奖之后，载誉归来。学校校长戴启猛带领学校部分中层以上领导和教师赶到火车站来迎接他们。当满身疲惫的舞蹈团师生们走出站台，看到鲜艳的横幅，听到欢快的锣鼓声，接到教师们献给他们的鲜花后，感动不已，这对他们是多么大的肯定和鼓励啊！戴启猛得知还有一部分师生因为春运票源紧缺，不得不乘坐另一辆火车凌晨一点多才抵达，他当即决定和部分教师继续留守，直到把参赛师生全部接回。冬夜凌晨，冷清的车站寒意逼人，当来接孩子的家长得知眼前这位和自己一起守候多时的高大男子就是学校的校长后，内心无比温暖："孩子能在这样的校长率领的学校里学习，我们放心！"

赏罚分明治理学校

戴启猛经常说："做教师就要做学生喜爱的教师，当校长就要当师生拥戴的校长。"他从教 26 载，在担任学校领导 19 年间七易工作单位，近九年来他先后在南宁市教育局直属三所高中（其中两所是自治区示范性高中）任校长。不论在哪所学校任职，他总能针对所在学校的实际，把团结学校领导班子全体成员、凝聚全校教职员工人心作为第一要务，用真情把学校维系起来。他通过与干部谈心，深入年级了解实情，走进课堂（每年校内、外听课均超过 100节）把握学校教育教学现状，通过召开座谈会、教代会，开设校长信箱，公开校长电子邮箱、手机电话号码等渠道获取学校教育教学及管理中的大量信息，及时了解到学校教育教学管理中存在的众多"漏洞"和个别师生的消极情绪。他会仔细分析各种信息，从中筛选出教职工们普遍关心的几个热点问题，然后谦逊地请全校教职工就这些问题和学校未来的发展出谋献策。他推崇阳光操作，在学校校级领导班子中带头做到事前集体决策，事中相互通气，事后结果通报。一些涉及学校发展的重大问题，坚持提交职工代表大会讨论、决议，从而为学校的发展营造了良好的内外部氛围。

2002 年 10 月至 2004 年 8 月，戴启猛曾到一所完全中学任校长，该校建校之初曾有过骄人的教学成绩，但因种种原因未能继续，学校教学质量一年不如一年。他到任后深入调查研究，了解到学校办学已陷入恶性循环的困境——中考、高考成绩滑坡，招生数量、生源质量下降，学校收入减少，办学经费紧张，办学条件难以改善，教职工各类津贴、结构工资难以保障，教职工积极性下降，人心思动（调动）。他详细分析教职工队伍的基本情况，发现教师，要么陶醉于过去，不思进取；要么觉得自己怀才不遇，消极工作，得过且过；要么因在人事制度改革过程中工作有变动或受到批评、处分而心存芥蒂，甚至散布各种不良言论。学校赏罚不明的做法，影响尤其恶劣。例如，有一家住校外的年轻女教师长期周一早晨不参加升旗，学校领导也管不了；学校设立考勤签到本，迟到早退或缺勤者可随意托人代签补签；有少数教师嗜酒如命，甚至有个别教师喝醉酒竟在学校办公楼大厅及校道撒尿；在校内宿舍区猜码斗酒及过量饮酒后走进教室更是家常便饭，严重影响教师在学生中的整体形象。

目睹现状，戴启猛认为，学校要想获得良性发展，必须彻底根除这些恶习。为此，他掷地有声地对全校教职工说："我们只要坚持维护大多数教职工的利益，坚持维护学校的整体利益，尽可以放手去做去干。当校长绝不可以做老好人，当和事佬，更不要妄想他人能代替你去处罚违规违纪的教职工，指望有人会代替你去做'恶人'，你来做'好人'。当校长就得爱憎分明，奖罚分明。"他先和领导班子达成要认真整治学校不良现状的共识，然后通过行政办公会和教职工代表大会出台了比公安部颁布的禁酒令还要早的教职工禁酒三项规定：①严禁酒后上课或从事其他教育教学活动。②严禁采用猜码等过激方式拼酒、斗酒。③严禁过量喝酒。相继制定了《教职工出勤奖惩条例》和《教师职业道德十不准》，同时推出《违规处理办法》。这些规定出台后，戴启猛言必行，行必果，坚决按照规定办事，给予违规者不留情面的处罚。他处事公道、勤政廉政，工作讲效率，敢于承担责任的作风，犹如一股清流涤荡着往日污浊的校园。在他大刀阔斧的改革下，学校里昔日散漫无序的风气消失了，想干事的教师看到了希望，他们勤于钻研，认真教学，学校教风、学风逐渐好转。2004年，该校中考在完成升重点率计划的前提下，"意外"收获两名南宁市中考状元，改写了建校11年中考无状元的历史，高考实现了"文、理、体、艺齐头并进，全面发展"的总目标，取得了由2003年正读生上本科线4人，上升到2004年上本科线42人的好成绩。

不遗余力育名师

戴启猛深知，学校的优质发展，需要一支团结、和谐、奋进的优秀教师队伍的支撑。而课堂教学是教师职业生涯最基本的构成，如果教师能在本学科教学中成绩优异，会让他在实现个人价值的同时，拥有对职业成就的幸福感。对教师而言，最大的福利不是物质奖励，而是精神引领，是专业发展，是获得尊重。作为特级教师，广西"21世纪园丁工程"第一批A类学员（自治区级培养对象），戴启猛充分发挥他先进理念在办学中的引领作用，积极为每一位教职工的发展提供支持，不遗余力地帮助教师成长。

　　思维敏捷、思路清晰、谦虚好学是戴启猛给学校教师的一个深刻印象，他经常会在适当的场合向教师们推荐他读过的好文章，他学有所获的一本好书，甚至是感动了他的一部好电视剧……他常对学校师生们说："读万卷书，交四方友，行万里路都是学习。"因为博览群书，酷爱学习，他经常带给教师新的理论、新的观念、新的启迪。戴启猛坚信："要把教师变成有深刻思想的教育者，校长必须要有超前的思想、敏锐的洞察力，不仅要精通一门学科，更要博览群书，了解多种学科，以便督导教师们的教学，促进学校的发展。在博览群书的同时，能够学到先进的教育教学管理理念，把这些先进的理念运用到教育教学管理之中，对于学校管理来说会起到事半功倍的作用。"学校是传递文化的机构，教师是传递文化的使者，教师喜欢读书，才能引导学生读书，学校才会充满浓郁的书香。在他的感召下，沛鸿民族中学的教师勤于读书，积极提高自身的专业素养和文化积累。

　　此外，戴启猛深谙要搞好教学，必须要牢牢守住课堂这个主阵地的道理。他每年深入课堂听课不少于100节，听完课后，他会与授课教师商讨，指出其课堂教学存在的优劣。沛鸿民族中学教师李坚，从教10年，基本功扎实，但因性格内向，教学特色不突出，在比赛课中鲜有亮眼的表现。为了让李坚获得突破性的进步，戴启猛在百忙之中，和她一起备课，商讨教案，共同探讨如何在课堂上做到关注每一个学生；如何设计有效的课堂提问，成就高效的课堂教学等。他一次次地去听李坚的课，课后讨论交流，再去听课。当李坚正式在全国民族中学新课改经验交流会上上展示课时，戴启猛特意率全体数学组成员陪她一起去。校长的关怀鼓舞，终于让内秀的李坚超越了自我，她在来自全国的同行面前淋漓尽致地展现出自己独特的教学风采，随后又在"西部地区基础教育发展"师资培训和"两基"攻坚师资培训上成功地上了优秀的示范课。

　　与此同时，戴启猛以自治区示范性普通高中评估验收及全区中小学校规范管理示范校评比为契机，全面规范办学行为，坚持以创新为本的教师培训机制，狠抓教育教学常规落实，着力打造沛鸿名师团队。针对学校实际，他提出在学校推选"教学之星"，评选"育人之星""服务之星"；推出"我为学校发展献一策"，设"诤言奖"；组织教研组建设研讨会，提出教研组建设做到"三个一"：学一篇教育教学好文章，听评一节本学科研究课，集体研讨下一周教学内容；在校内开展学情调查和毕业班备考视导活动；安排校级领导下到毕业年级每一个班召开班级备考分析会……通过创新教研、关注课堂、聚集课堂，沛鸿民族中学教研活动蔚然成风。近几年，学校有一百多人分别被评为南宁市教坛明星、南宁市学科带头人、南宁市教学骨干等，学校的学风、教风、校风都明显提升。

戴启猛曾说："校长要学会为他人创造幸福，让置身校园中的每一位师生感受到温暖和幸福。"2006年，特级教师邱蕾的父亲病故。痛失亲人的邱蕾打理着父亲的后事，心里却忐忑不安："现在刚巧香港大学的师生来我校访问，又逢开学，正是学校最忙的时候，眼看父亲的追悼会就要举行了，我该不该通知学校领导来参加？"再三思量，顾全大局的邱蕾决定不通知学校领导，自己默默地与亲人一起料理父亲的后事。但她万万没有想到，在自己父亲的追悼会上，戴启猛校长竟然带领着整个班子的领导成员、教研组的全体教师出现了！意外而又激动的邱蕾忍不住痛哭失声："校长，以后学校的事情，只要您说一声，我一定会用自己的工作来报答您，报答学校！"此后，邱蕾越发忘我地工作，2007年，她竞聘任学校桃源校区教科研处副主任，大力开发民族体育校本课课程的研究，使民族体育与竞技体育相结合，教学效果显著。她的"天地球""毽球""珍珠球"等民族体育教学课在全国体育教学比赛中荣获一、二等奖，自治区民委、自治区体育局授予她"广西壮族自治区少数民族体育先进工作者"的光荣称号，2009年被评为全国优秀教师。

不拘一格用人才

戴启猛从来不认为人才是用来装点门面的，他选人用人，从不好高骛远。在他眼里，人才的条件要与学校的条件对等，真正适合学校岗位的，对中学教育有感情的人，才是最好的人才。每每遇到这样合适的人才，他会创造各种机会，把人才留住。

刘方富，2007年从广西师范大学硕士毕业后，因故错过了全市新教师和教育局局长的见面会，为帮助他能够顺利和教育局签约，当戴启猛得知南宁市教育局夏建军局长在中考的第一天将到沛鸿民族中学桃源校区巡考，他一方面电话通知刘方富从江南校区立即赶来桃源校区恭候，另一方面电话请示夏局长能否抽空在自己的办公室与刘方富见面、考核，从而使刘方富顺利入编进入沛鸿民族中学。

区内某重点中学的数学名师要去北京学习一年，点名要沛鸿民族中学桃源校区教务科研处主任、教学能力突出的韦仕喜去带他上两个尖子班的课，并提出把韦仕喜调到那所重点中学去。一时间，学校里议论纷纷，在反复挽留无果的情况下，戴启猛在学校校级领导班子讨论人事工作的会上引导大家分析道："韦仕喜想去首府南宁的重点中学发展，这是包括我在内的广西一线中学教师的梦想，我们应予以理解和包容。再说，韦仕喜这几年在我们学校已经获得南宁市优秀教师、南宁市数学学科带头人等颇多荣誉，虽然作为教务科研处主任突然要调离，一时学校的管理及教学会面临困难，但他的调离，对要求进步的教师和中层干部不仅是一种机会也是一种激励。更何况，他是到区内著名的重点中学代在区内外有广泛影响的名师的班，说明我们"沛鸿"的数学教师还是很有水平的。"在与韦仕喜告别谈话的时候，戴启猛送给韦仕喜一句话："沛鸿的大门会对你一直敞开，如果你有意回来，桃源校区的教务科研处主任一职我会给你留一年。"一年里，教育教学能力拔尖的韦仕喜在那所重点中学所带班级被评为自治区优秀班级，他个人获得了学校教育教学一等奖、学校优秀班主任、学校科技节优秀组织者等荣誉称号，但因种种原因，他尽管人事关系早已调离"沛鸿"，但一年后竟义无反顾地提出请求调回"沛鸿"。霎时间，校园里又众说纷纭。戴启猛毫不犹豫地说："欢迎你回来。学校仍旧给你提供干事的舞台和位置。"对于不同意见，戴启猛是这样做工作的："韦仕喜要调回来，说明我们沛鸿民族中学有魅力，而且，他在区内重点中学替代名师工作了一年，他的回来，不仅会给我们带回名校的教育教学管理的经验和教训，而且还会促进我们与这所重点中学在教育教学方面的民间交往。我们还可以认为这所重点中学免费为我们培训了一名优秀的教师，何乐而不为呢？"统一了学校领导班子的意见后，戴启猛校长亲自为韦仕喜老师找领导走"后门"办理了调动手续。

或许是戴启猛光明磊落的性格使然，他总是会屏蔽事物消极的阴暗面，用积极阳光的心态工作。中国缺少的不是人才，而是真正珍惜人才的人，戴启猛的真心让教职工抛掉顾虑倾情工作。刘方富把他教研能力强的优势运用到课堂教学中，工作满三年，他带的第一届高三就在高考中取得了优异的成绩，2010年秋，他本人也在中层干部竞聘中脱颖而出，成为江南校区的教务科研副主任。韦仕喜调回"沛鸿"后，根据学校竞聘上岗规定的程序，重新竞聘桃源校区教务科研处主任一职，并赢得广大教职工的高度认可，顺利回到他熟悉的管理岗位，继续认真踏实、勤恳敬业地工作，2009年被评为自治区"21世纪园丁工程"优秀学员，被聘为"国培计划——初中数学教师国培导师"。

搭建舞台圆梦想

戴启猛特别注意给想做事的人以希望，并切切实实采取种种措施，努力做到让想干事的人有机会，会干事的人有岗位，干成事的人有地位，增强教师们实现个人价值的职业生活幸福指数。

从担任校长伊始，戴启猛创造性地提出在学校里进行中层干部竞聘上岗方案，并先后在他领导的三所中学里实施。他提出的方案，科学规范。从根据学校中层管理岗位的现状，研究制订竞聘上岗的工作方案，经学校党政班子集体研究决定后公布方案，宣传发动符合条件的人采用个人自荐、他人推荐和组织推荐相结合的办法报名；到由考核小组审核、确定进入考核面试的人员名单，让符合竞聘条件的人员在全体教职工大会上演讲；到在全校范围内对竞聘人员进行民主测评（原则上竞聘人员赞成票得票率不低于60%、优秀率不低于30%），择优确定考核对象并提出聘用人员初步人选；再到召开党政联席会议，研究拟聘用人员名单，并进行任前公示；最后由校长在全校教职工大会上向新聘任中层干部颁发聘任证书，签订岗位任期目标责任书。由于中层干部竞聘上岗的整个工作计划周密，规范有序，群众全程参与、全程监督，赢得了广大教职工的热情拥护。

众所周知，一所学校的校长是承受着巨大的压力的，但戴启猛却常告诫自己：学校有师生几千人，在办学的过程中有些失误出点问题是难免的，当工作中存在失误时，当校长的绝不可推卸责任，因为在师生们面前，下属承担责任的压力要比校长主动承担责任的压力大得多。基于此认识，对干部在工作过程中出现的问题，他一般不批评，而是委婉地给予提醒和帮助，并给他们以精神上的宽慰："对这事，校长也没想好，想得也不是很全面，这回做得不够好就算了，前事不忘后事之师嘛，下回注意吸取经验教训就好了。"对竞聘出来的学校领导，戴启猛没有耳提面命的倨傲，而是合理授权，最大限度地激发他们的工作能力和热情。他认为，聪明的学校领导者和管理者，应该善于借鉴同类或更优秀学校的管理智慧和教训去布置实施学校的各项工作。校长并非全才，时间和精力也有限，没有必要事必躬亲。校长只要弄清楚什么事要亲自去做，什么事需要通过授权来完成即可。他将职责内的工作任务合理有序地委派给下属，并运用各种有效措施促使其完成，对下属或学校各职能部门在自己职权范围内能够决定的事，能够处理的问题不插手，让他们去解决。自己则腾出时间来完成规划者、引领者和指挥者的重要工作。

他认为，一个成功的校长，不是看他自己具体做了什么工作，而是看他在学校提出了什么理念，安排了什么工作。他说："校长要会分解工作，给予副职相应的权利。作为校长，要放手培养副职和骨干教师，要让全体教师人人有事做，人人有责任承担，岗位明确、分工明确，让大家感到自己在团队中不可或缺。"这些鼓舞人心的想法和做法，极大地调动了教师工作的积极性，让教师们获得了最大限度的发展。以沛鸿民族中学为例，他带领的学校领导班子在两届六年的任期中，共从一线教师队伍中直接提拔到中层领导岗位的有沈锋、邹南勇、李赛琴、邱蕾等13位教师，同时鼓励其中的佼佼者向更高层次的岗位挑战，成为出色的管理人员。例如，学校经考核公示获市教育局提拔任用从中层提拔到副校级岗位的有郑应、谢朝晓等四位副校长，从副校级到校级正职岗位的有李小明、徐元生两位校长。

除了教师，他也不忘搭建多种让学生感受喜悦的平台。他常常提醒教师们要想方设法让学生在校园里获得积极的情感体验，受到感动；要创造机会让每位学生都有机会走上领奖台；争取让每一位学生都有机会在全校师生面前登台领奖……

在戴启猛的意识深处，成绩是集体创造的，是大家共同努力的结果，而不是哪一个人的功劳。他常常提醒自己："校长要有一种境界，不可居功自傲，在荣誉面前要懂得谦让，出了问题，要勇于承担责任，要多从自身找原因。"当校长的这十多年，每年学校无记名推选市级以上各种先进，他几乎都能高票当选，但他多次找各种理由把机会让给了其他教师。一次，他在年底校级领导干部年终述职中这样说："尽管一年来，我个人没有得到什么奖励和荣誉，但我领导的学校获得了南宁市、自治区级十多项集体荣誉，学校中的一大批教师受到了上级主管部门的表彰，学校中的一大批学生在各级各类竞赛中获奖，实现了多项历史性的突破，中、高考成绩稳步提升，我对广大教职工们是满意的，我对学校领导班子是满意的，我对我自己也是满意的。"

汗洒杏坛知甘苦，笑看桃李尽芬芳。26年一路走来，戴启猛在为学校发展倾心尽力的过程中赢得了同事们的认可、爱戴和感动。他的团队、学生，在他倾心搭建的梦想舞台上，尊严地工作、阳光地生活、快乐地学习。他在点亮别人的同时，自己的生命之花也越发灿烂。

（本文原载于《广西教育》2011 年，第 5 期）

2004 年"六一"儿童节前夕给女儿的一封信

莎莎：

  你好！

  再过一周就是"六一"儿童节了，记得自你出生，尤其是自你上托儿所、幼稚园开始，爸爸和妈妈，还有姥姥、姥爷总要以一定的方式来庆贺，因为我们都希望看到你快乐。今年你已年满 14 岁，一个月前你又光荣地加入了中国共产主义青年团。在这告别金色童年，步入青年行列的人生转折点，爸爸和妈妈应你们学校号召，给你写这封信，我认为是必要而有意义的！也许写信对现代人来说是"落后"了些，什么电子邮件、QQ、短信、电话，多快捷，多方便啊！但爸爸认为我们在享受"现代"的同时，也不应忘记一些好的"传统"，一些"古典"的交流方式，因为它给人的感觉是一些"现代"方式所不及的。今天我们就以一种"古典"的心情，以"古典"的文字进行世间永不停息的父女思想交流。

  莎莎，提笔写信之前，我就在想究竟和你谈一些什么，和你说一些什么。记得过去爸爸做学生的时候最怕写作文和信，因为爸爸过去的文字水平确实很差，我也曾跟你说过爸爸读高中的三年，语文测验考试几十次，但没有一次能及格，直至爸爸当年上了大学，是你爷爷"逼"爸爸回了近百封家信，才逐渐改善了爸爸对文字的"胆怯"。说实在的，爸爸在这方面不及你，这不是谦虚，这是心里话。爸爸很欣赏你驾驭语言文字的能力！你为制作电子暑期作品输在电脑里的几篇作文，爸爸读了很多遍，爸爸欣赏你看一些问题的深度和对一些日常小事的独到见解。从你在作文中对一些精彩文段的恰当引用可以看出你平时的阅读是多么得丰富而有效！你爱阅读，你好积累，爸爸相信这一难得的良好习惯一定会让你受益终身！正所谓"腹有诗书气自华"，如果我们注意观察，就不难发现那些文化层次不高的人，其眼神多少有点浑浊、蒙迷和呆滞，而那些学问修养深厚的人，则目光坚定、炯炯有神，放射出智慧的光芒。坐在他们身边，即使默默无语，也能感受到一种博大与深厚，如同夏日的月夜坐在海边。爸爸说这些，不仅有对你展露出来的文学才气表露自豪，同时也有对你不改的阅读爱好转达支持。

莎莎，你是一个有责任感、上进心而且乐于助人的好孩子。记得从小学一年级第一个学期起，开学第一天你总要提前近一小时到学校，因为你已把帮助你们的班主任注册、收费，检查同学们的假期作业当作自己开学必做的一件事情。如果有一天轮到你值日，那么你一定比平时更提早到校。你已上学八年，没有迟到一次，这是很难做到的，但你做到了。爸爸为有你这样的女儿而骄傲！尽管你妈妈平时总为担心你的学业成绩不能在年级名列前茅而唠叨，但爸爸从平时对你的观察，尤其是你上进的表现断言——我们的莎莎是好样的！爸爸对你的现状很满意！爸爸相信你一定会为实现自己的目标而努力！爸爸期待着你的每一点进步！

图19 首次进藏在拉萨布达拉宫前与女儿合影

莎莎，最近爸爸借外出开会闲暇的机会再次阅读了北京师范大学肖川博士著的《教育的理想与信念》，书中提及一个话题，那就是"教育给了我什么?"，在大学课堂肖川博士曾以此题要求他的学生反思总结自己对于基础教育的体会，有一个同学的发言让爸爸深思。这位同学说，当她拿到大学录取通知书时，她猛然觉得12年的寒窗苦读换来的除了一张通知书，似乎什么都没有——没有朋友，没有刻骨铭心的体验，没有美好的回忆，没有对于生活的热情，没有稳定而深刻的兴趣与爱好。这位同学的感觉无疑是可悲的，但这种可悲又是谁造成的呢？家长，教师，学校，还是当前基础教育的评价制度？应该说，分数面前人人平等的高校招生制度，相对来说是最公平的。可是，我们为了公平所付出的代价是非常巨大的，那就是牺牲了整整一代人的自由和谐的发展。为了在高考中尽可能地得高分，不得不压抑自己的兴趣和爱好，花成倍的时间和精力去钻研自己不喜欢、不擅长的学科。结果是全面的丰收，导致全面的平庸。

莎莎，爸爸不希望你为了那所谓的名次，为了那无谓的同学竞争而导致内心的畸变和人格的扭曲。爸爸希望你成为一个自信、活泼、上进、勤于思考、乐于助人、宽容而能保持个人情趣的健全人。为此，爸爸建议你能在紧张学习的同时，抽一些时间，带着一份闲适去弹一会儿琴；能在较长时间阅读之余，带着一份闲适去画一幅卡通画或写一幅字；能在高效完成功课之余，带着一份闲适陪同爸爸妈妈去南湖边散散步；能在自己感觉比较紧张之时，带着一份闲适和同学或好朋友去欢聚……因为理性的顿悟、灵性的开发需要闲适；心灵的舒展、视界的敞亮也需要闲适。创意，往往在闲适轻松时翩然而至；情趣，也每每在闲适从容中一展风采。

虽然"六一"儿童节已不属于我们，但我们仍应以一颗童心去度过每一年的"六一"儿童节！

请转达爸爸、妈妈对关爱你成长的所有教师一份深深的谢意！

爱你的爸爸
2004 年 5 月 26 日于菩提山庄

向学生及家长推荐《爱的教育》一书的采访实录

采访：南宁电视台《校园在线》栏目记者陈颖予
被访：南宁沛鸿民族中学校长戴启猛
地点：南宁沛鸿民族中学桃源校区图书综合楼二楼阅览室

一、采访中心问题

1. 为何推荐此书？

2. 应该怎样去读这本书？（从孩子、家长、教师等教育者三个不同角度）

二、采访过程

记者：戴校长您好！在 2007 年寒假即将到来之际，同学们将会有更多的时间坐下来和父母长辈一起共同读一本好书。请您给我们推荐一本适合孩子与家长一起阅读的书。

戴启猛：说到给孩子与家长推荐一本一起阅读的书，我得先讲一件事。2002 年，我和市教科所的邝国宁老师一起代表南宁市去西南师范大学参加全国首批课程改革实验区西南片课程改革研讨会，当时与会的所有人员一起聆听了北京师范大学教育系肖川博士的一个报告——《新课程与教师成长》，当时肖川教授报告中说了一段话，很让我深思，这段话当时我没有记全，但后来在其所著的《教育的理想与信念》中找到了："什么是良好的教育呢？也许我们很难给予它一个周全的描述，但我们可以肯定地说：如果一个人从来没有感受过人性光辉的沐浴，从来没有走进过一个丰富而美好的精神世界；如果从来没有读到过一本令他（她）激动不已、百读不厌的读物，从来没有苦苦地思索过某一个问题；如果从来没有一个令他（她）乐此不疲、废寝忘食的活动领域；从来没有过一次刻骨铭心的经历和体验；如果从来没有对自然界的多样与和谐产生过深深的敬畏，从来没有对人类创造的灿烂文化发出过由衷的赞叹……那么，他（她）就没有受到过真正的、良好的教育。"[①] 听了这话，我当时就在想，我有没有受过真正的、良好的教育呢？在我的脑海里马上印出我十多年前看过的一本书，那就是由意大利著名儿童文学作家德·亚米契斯撰写的《爱的教育》[②]，当时我记得真的是一口气把它读完的，读这本书的时候真的是热血沸腾，激动不已。要是我们周围的人也都能像书中所描写的既深情地享受着别人的爱，同时也深深而真挚地爱着他人该多好啊！所以你要我推荐一本书给孩子

---

① 肖川著，《教育的理想与信念》，33 页，长沙，岳麓书社，2002。

② 埃迪蒙托·德·亚米契斯，1846 年 10 月 31 日生于意大利。自幼酷爱学习和写作，1868 年发表处女作《军营生活》，并由此出名。1886 年，《爱的教育》出版，使他的创作生涯达到顶峰。

和家长，首选《爱的教育》。

记者：为什么在众多的名著当中，您会挑出意大利儿童文学作家德·亚米契斯的《爱的教育》，推荐给我们的学生和家长呢？

戴启猛：这要让我们首先大概了解一下《爱的教育》。

《爱的教育》是1923年介绍到我国来的，在《东方杂志》上连载。这本书原名《考莱》，在意大利语是"心"（Coure）的意思。原书发表于1886年，1904年在全世界已印三百版，各国大概都有译本。《东方杂志》是成年人读的一种综合性月刊；后来由开明书店出版单行本，作为《世界少年文学丛刊》的一种。这本书的翻译夏丏尊先生在《译者序言》里说，他在1920年得到这部小说的日文译本，一边读一边流泪。他说他把自己为人为父为师的态度跟小说里写的相比，惭愧地流下了眼泪；又说小说固然是虚构的，但是他觉得世间要像小说里写的那样才好，又感动地流下了眼泪。他当时许下心愿，一定要把这部小说译出来，不光是给孩子们读，还要介绍给父母们和教师们读，让父母和教师都跟他一样，流一些惭愧的眼泪，感动的眼泪——他认为这比给孩子们读更为重要。夏先生把译文先交给《东方杂志》发表，可能就是这个意思。

在《译者序言》里，夏先生把办学校比作挖池塘。他说，我国办学校以来，老在制度上、方法上变来变去，好像挖池塘，有人说方的好，有人说圆的好，不断地改来改去，而池塘要成为池塘必须有水，这个关键问题反而没有人注意。他认为办好学校的关键是必须有感情，必须有爱；而当时的学校所短缺的正是感情和爱，因此都成了没有水的池塘，任凭是方的还是圆的，总免不了空虚之感。夏先生给这部小说的评价很高，说作者写出了理想的教育境界。就是把学校、家庭、社会都建立在感情的基础上，建立在爱的基础上。小说原名《心》，夏先生觉得这个书名不醒豁，不能表明内容，先想改成《感情教育》，最后决定用《爱的教育》。

《爱的教育》一出版就受到教育界的重视和欢迎，可以说超过了任何一种《教育学》或《教育概论》。

听到这，各位同学们和家长切不可误认为这是一本专为教师写的书，其实作为教育工作者不仅要好好阅读，但作为成长中的学生和望子成龙或望女成凤的家长更应该阅读。

记者：《爱的教育》用最朴实的语言，讲述着100个与孩子有关的故事，像《扫烟囱的孩子》《班长》《穷人》《虚荣心》《感恩》《妒忌》《争吵》《告别》等，描述了孩子许多至真至纯的情感，您能否在这100个故事中，挑选让您触动最深的一两个故事为例，说说您的感受？

戴启猛：好啊！其实这 100 个故事，每一个都让我感动，但要说感动我最深的，或是最能打动我的还是文中主人翁——安利柯的父亲和母亲写给小安利柯的几封信，如《我的母亲》，我可以读几段吗？

记者：好啊！

戴启猛：

安利柯！当你弟弟的先生来的时候，你对母亲说了非常失礼的话了！像那样的事，不要再有第二次啊！我听见你那话，心里苦得好像针刺！我记得，数年前你病的时候，你母亲恐怕你病不会好，终夜坐在你床前，数你的脉搏，算你的呼吸，担心得至于啜泣。我以为你母亲要发疯了，很是忧虑。一想到此，我对于你的将来，有点恐怖起来。你会对你这样的母亲说出那样不该说的话！真是怪事！那是为要救你一时的痛苦不惜舍去自己一年间的快乐，为要救你生命不惜舍去自己生命的母亲哩。

安利柯啊！你领记着！你在一生中，当然难免要尝种种的艰苦，而其中最苦的一事，就是失了母亲。你将来年纪大了，尝遍了世人的辛苦，必然会几千次地回忆你的母亲来的。一分钟也好，但求能再听听母亲的声音，只一次也好，但求再在母亲的怀里作小儿样的哭泣，这样的时候必定会有的。那时，你忆起了对于亡母曾经给予种种苦痛的事来，不知要怎样地流后悔之泪呢！这不是可悲的事吗？你如果现在使母亲痛心，你将终生受良心的责备吧！母亲的优美慈爱的面影，将来在你眼里将成了悲痛的轻蔑的样子，不绝地使你的灵魂苦痛吧！

啊！安利柯！须知道亲手之爱是人间所有的感情中最神圣的东西。破坏这感情的人，实是世上最不幸的。人虽犯了杀人之罪，只要他是敬爱自己的母亲的，其胸中还有美的贵的部分留着；无论如何有名的人，如果他是使母亲哭泣、使母亲苦痛的，那就真是可鄙可贱的人物。所以，对于亲生的母亲，不该再说无礼的话，万一一时不注意，把话说错了，你该自己从心里悔罪，投身于你母亲的膝下，请求赦免的接吻，在你的额上拭去不孝的污痕。我原是爱着你，你在我原是最重要的珍宝。可是，你对于你母亲如果不孝，我宁愿还是没有了你好。不要再走近我！不要来抱我！我现在没有心来拥抱你！

——父亲

还有《贫民》，我也读几段让各位同学和家长欣赏一下。

安利柯啊！像隆巴尔地少年的为国捐身，固然是大大的德行，但你不要忘记，我们此外不可不为的小德行，不知还有多少啊！今天你在我的前面走过街上时，有一个抱着瘦弱苍白小孩的女乞丐向你讨钱，你什么都没有给，只是看着走开罢了！那时，你囊中应该是有铜币的。安利柯啊！好好听着！不幸的人伸了手求乞时，我们不该假装不知的啊！尤其是对于为了自己的小孩而求乞的母亲，不该这样。这小孩或者正饥饿着也说不定，如果这样，那母亲将怎样的难过呢？假定你母亲不得已要对你说"安利柯啊！今日不能再给你食物了！"的时候，你想，那时你的母亲，心里是怎样？

给予乞丐一个铜币，他就会真心感谢你，说"神必保佑你和你家人的健康"。听着这祝福时的快乐，是你所未曾尝到过的。受着那种言语时的快乐，我想，真是可以增加我们的健康的。我每从乞丐那里听到这种话时，觉得反不能不感谢乞丐，觉得乞丐所报我的比我所给他的更多，常这样抱了满足回到家里来。你碰着无依的盲人、饥饿的母亲、无父母的孤儿的时候，可从钱囊中把钱分给他们。单在学校附近看，不是就有不少贫民吗？贫民所欢喜的，特别是小孩的施与，因为大人施与他们时，他们觉得比较低下，从小孩受物是不足耻的。大人的施与不过只是慈善的行为，小孩的施与于慈善外还有着亲切，——你懂吗？用譬喻说，好像从你手里落下花和钱来的样子。你要想想：你什么都不缺乏，世间有缺乏着一切的；你在求奢侈，世间有但求不死就算满足的。你又要想想：在充满了殿堂车马的都会之中，在穿着美丽服装的小孩们之中，竟有着无食的女人和小孩，这是何等可寒心的事啊！他们没有食物哪！不可怜吗？说这大都会之中，有许多素质也同样的好，也有才能的小孩，穷得没有食物，像荒野的兽一样！啊！安利柯啊！从此以后，如逢有乞食的母亲，不要再不给一钱兀自走开了！

——父亲

再一个是《小石匠》中的一个片断，安利柯的父亲为了让自己的孩子学会与人交往，常要求安利柯邀请同学来他们家做客。这里有一个细节给我留下了很深的印象：穿着父亲旧衣服的小石匠在安利柯家吃完午饭后站起来的时候，安利柯看见小石匠坐的那把椅子靠背给小石匠衣服上的石灰弄脏了，安利柯刚要伸手去擦，不知为什么，父亲却止住了他。事后父亲对安利柯说了一段话，值得让人深思。

安利柯啊！你去拭椅子的时候，我为什么阻止你，你不知道吗？因为如果在朋友面前拭，那就无异于骂他说："你为什么把这弄脏了？"他并不是有意弄污，并且他衣服上所沾着的东西，是从他父亲工作时沾来的。凡是从工作上带来的，绝不是肮脏的东西，不管他是石灰、是油漆或是尘埃，绝不肮脏。劳动不会生出肮脏来，见了劳动者的人，绝不应该说"啊！肮脏啊！"应该说"他身上有着劳动的痕迹。"记住我的话吧！你应该爱"小石匠"，一来他是你的同学，二来，他是个劳动者的儿子。

安利柯父亲的这种引导孩子学会尊重别人和学会尊重劳动、热爱劳动是多么得具体和到位。丝毫没有半句大道理！

还有《争吵》中安利柯与同学可莱谛吵架后，安利柯的心里活动描写得也非常细腻。安利柯一会儿想到父亲"应该知错认错"的话来，一会儿又想着父亲对他说过的："要是你错了，别人打你，你千万不要回手，只要防御就是了。"这使我想起著名特级教师魏书生先生在其著作《班主任工作》中曾说过的一句话：作为教师应坚持每位学生都是自己的助手，教师必须坚信，学生不管多么难教育，他毕竟是青少年，他的内心深处一定是一个广阔的世界，而世界必然是假恶丑与真善美并存的世界。不管学生多气人、多淘气，当他站在你面前时，你都要坚信，他的内心深处便潜在着你的助手。你要穿透学生那使人生气的表情，看到他那广阔的内心。当教师挑动学生内心深处的真善美与假恶丑斗争、抗争的时候，教师就在学生的心灵深处找到了自己的助手。

可以说《爱的教育》一书以一个小男孩安利柯的眼光，从10月四年级开学第一天开始写起，一直写到第二年7月，全书共100篇文章，包括发生在安利柯身边各式各样感人的小故事、父母在他日记本上写的劝诫启发性的文章，以及10则教师在课堂上宣读的精彩的"每月故事"。每章每节，都把"爱"表现得精髓深入、淋漓尽致，大至国家、社会、民族的大我之爱，小至父母、师长、朋友间的小我之爱，处处扣人心弦、感人肺腑。一百多年来此书一直畅销不衰，并且曾多次被改编为动画片、电影、连环画，读者遍布全世界。所以每一位成长中的学生，为人父母的家长及为人师的教育工作者都应该好好阅读，读后必定受益终身。

记者：八十多年前，夏丐尊先生第一个把《爱的教育》译成中文，推荐给中国读者。他在《译者序言》中说，他是一边读一边流泪。他说他把自己为人父为人师的态度跟小说里比，惭愧得留下了眼泪。你在读着本书时，最强烈的感受是什么呢？您既是孩子的父亲，又是学生的师长，从这两个不同的身份来说，这本书给了您什么启发呢？

戴启猛：最大的一点启发是，学会应怎样去爱自己的孩子和怎样去爱自己的学生，同时也应学会如何去接爱别人的爱。

2005年夏，我在广西艺术学院汇演中心聆听"阳光家庭教育"主讲人——柴洁心的一个家庭教育讲座，收获很大。柴洁心老师是中国国际家庭教育论坛终身形象大使、《家庭教育报》创办者。您想让孩子学会爱吗？您想让孩子快乐吗？您想让孩子可以笑对困难吗？柴老师用真实的故事、动情的语言告诉您，为人父母者重在"言传身教"。柴大姐在报告中讲了她自己的一个真实的故事，让我深受启发。柴大姐给自己大院的孩子出了一个题目："三八节"，你为妈妈做些啥？

……

可令人遗憾的是一些孩子的表现及家长们的反映真让人担忧！

我认为，"爱的教育"，应该是全民众的事，需要我们每一个人、每一个家庭、每一个社会团体的参与，尤其是需要重新创建我们这个民族的文化，毁掉有过的"恶"的文化，建立新的"爱"的文化，摒弃曾经渗入我们骨血的那些"仇恨"的情感，让我们和我们的孩子学会爱和宽容，对于别人给予的爱要学会感恩，尤其是要学会将爱这种温暖的感情，在不抱有任何功利性的目的的情况下，给予别人——爱的施予，是爱的教育的主题。

记者：看过这本书后，你再看待如今许多父母为了子女的升学、就业以至练琴、奥林匹克班、游泳班、暑期班等名目繁多的事情操心费力，花费精力，倾注财力时，你会有什么看法？

戴启猛：我认为最重要的是要培养孩子学会爱，要学会爱自己的父母、亲人和朋友，爱我们身边的每一个人，爱地球上的每一个人；除了爱人类之外，我们还要学会爱动物，爱植物，爱自然，爱我们生长的这个地球——只有学会爱，我们才能感觉心灵深处的温暖，感觉到人一生的幸福，感觉到人在世间的责任……

有了责任，便有了向上的动力，求知和创业的冲动。

记者：对于孩子进行爱的教育，进行情感教育，这是一件功德无量的事情，但愿通过对这本书的阅读，让我们意识到这件事情的重要性和紧迫性。

在广西军区边海防部队军官子女就读食宿站挂牌仪式上的讲话

尊敬的军区首长、市教育局夏建军局长、各位领导、家长代表、老师们、同学们：

大家上午好！

今天和大家相聚在广西军区幼儿园，共同庆祝广西军区边海防部队军官子女就读食宿站挂牌庆典仪式，在此，我谨代表南宁沛鸿民族中学向一直关心支持我校发展的上级领导、有关单位和社会各界人士表示衷心的感谢！

广西军区边海防部队军官子女就读食宿站建成启动，让边海防军官子女有了一个安定、舒适的成长环境，也为广西边海防军人安心成边卫国提供了有力的支撑，其意义是深远的。今年秋季学期，我校无条件志愿接收了十名边海防部队军官的子女入学，适逢食宿站挂牌成立，我作为南宁沛鸿民族中学的现任校长，今天应邀站在这里，心情是很不平静的。记得两个月前应市教育局领导的要求，我曾带领我校的几位干部来考察准备改建的食宿站，当时我对陪同的部队同志提出了多条整改的要求，今天我来到这里看到的是一个全新的景象。我为十位孩子有如此好的生活条件和成长环境而高兴，我从心底里钦佩部队首长对戍边干部子女关怀的决心和付出，同时我也感到从未有过的压力和责任。作为孩子们教育的主要支持单位，我们能提供给孩子适合而满意的学校教育吗？三年后，我们会交给十位守卫边陲海疆的干部以怎样阳光而健康的少年呢？为了今天的挂牌仪式，我特地挑选了十位孩子的任课教师、班主任代表一同参加，我向军区的首长及教育局的领导表态，我和我的同事们一定会给予孩子们更多的关爱，让孩子们在南宁就像在家里一样，不仅有食宿站管理人员在生活上无微不至的关怀，更有学校教师和同学们学业和生活上热情似火的帮助。

各位领导、同志们，我校是南宁市一所国有公办高级完全中学，是全国民族中学示范校、自治区示范性高中，是一所具有光荣历史和优良传统的学校。学校前身是广西军区小学校，又称广西军区干部子女学校。1951 年，为解决从各战场归来的军区干部及烈士子女的教育问题，广西军区从政治部、干部部抽调了包括宁克义、程洪志在内的一些团、连职干部负责学校的筹建工作，1952年6月1日挂牌成立了广西军区小学校，而学校初创校址就是我们大家现在站的地方——葛家庄园——广西军区幼儿园。

岁月峥嵘，"沛鸿"先辈们艰苦卓绝的努力，为开启沛鸿民族中学半个多世纪的宏伟华章奠定了坚实的基础。今天的沛鸿民族中学拥有了目前广西一流的教育基础设施和先进的教学设备，秉承"办师生向往、家长放心、社会满意的学校"的办学理念，致力于打造一流的教师团队，推进素质教育，校园文化建设不断完善，教育教学质量稳步提高。

时光荏苒，广西军区与沛鸿民族中学军民鱼水一脉相承的缘分在延续……感谢广西军区及南宁市教育局对我校的信任，把边海防军官子女送到我校就读。学校会尽一切可能努力为边海防部队军官子女就读食宿站的发展提供教育支持。真诚地希望食宿站能充分发挥校外教育阵地的作用，与学校积极配合，密切联系，在关心、照顾学生生活的同时，加强对学生良好习惯的养成及能力素质的提高，促进学校教育与校外生活的有机结合和协调发展。

最后，我真诚地希望来自边海防的孩子们，能敢于迎接困难并克服困难，在比较短的时间里适应广西军区边海防部队军官子女食宿站和南宁沛鸿民族中学这个新家，在南宁好好学习、快乐生活、健康成长，用自己优异的学习成绩向守卫在祖国边陲海疆的父母汇报。

让我们一起努力！谢谢！

（2010年8月，由广西军区和南宁沛鸿民族中学共建的广西军区边海防部队军官子女就读食宿站在广西军区幼儿园正式挂牌，本文即作者在挂牌仪式上的演讲稿，此次结集略有删改）

同心育才　同心祝福

尊敬的南宁市政协汪玲副主席、潘永钟副秘书长，广西永恒投资有限公司黄虹董事长、孙彤总裁，各位领导，企业界的朋友们，亲爱的老师们、同学们：

大家下午好！

今天很高兴能参加广西永恒投资有限公司组织的"因爱相聚，同心育才"活动。感谢各位领导，感谢企业家们，因同心育才的共同愿望使我们同心相会。值此新春佳节即将来临之际，我谨代表南宁沛鸿民族中学三千多名师生员工向大家致以最诚挚的新春祝福：祝各位领导、企业家及爱心人士新春吉祥！万事如意！幸福安康！

回顾"同心育才"的历程，我历历在目，深受感动。从"同心育才"工程的协调酝酿到入学测试，从家访调查到正式录取凝聚着多少爱心人士的期盼。看着40位品学兼优的孩子走出大山，来到我校追寻梦想的场景，我充满着感激与责任。为了让孩子们能学有所成，我校为他们配备最优秀的师资和最优秀的辅导团队，为他们提供最优质的成长环境，力争把他们培养成德、智、体等全面发展的优秀高中毕业生。我们把捐资助学的每一分钱都用在教育这些学生身上，让他们无后顾之忧。我们还时刻关注他们的健康成长。

值得欣慰的是，孩子们个个都心存感恩，志存高远，充满信心，快乐学习。正如他们在寄给我的新年贺卡中写道："天高任鸟飞，海阔凭鱼跃。正值青春的我们，犹如蓝天下自由的鸟儿，如浩大的海洋中的鱼儿。而要飞，就要飞得更高；要游，就要游得更远。"他们是这样写，也是这样做的，待会儿请大家观看我们制作的PPT（幻灯片）演示文稿，其中有"学在沛鸿"和"乐在沛鸿"专版。

有志者事竟成，有付出就会有回报。经过一个学期的学习，同学们很快适应了学校的一草一木，适应了新的老师，新的同学，并用自己微薄的力量为班级做出了一定的贡献。例如，在各项知识竞赛、校运会、期中考试中均取得了优异的成绩。比如，何英姿同学，学习努力认真、乐于助人，有一股实事求是的真实感和正义感，做任何事都不拖泥带水，正是这几点，帮助她在阶段考中成绩位列全年级633名同学第19名；罗颖同学，经过自己的努力，深得同学的信任，竞聘为班长，她无论在哪个方面都积极认真，给同学们起了榜样作用，在阶段考中年级排名25名；苏法双同学，做了班里的劳动委员，积极安排班级的清洁工作，学习勤奋，在阶段考中年级排名21名；等等。这样的例子不胜枚举，个个都是好样的。

孩子们出色的表现让我想起一首歌曲，叫《因为爱所以爱》，"同心育才"工程受助的孩子们正是被社会上像南宁市政协岑可成主席、广西永恒投资有限公司黄虹董事长等众多"贵人"献出的真爱所感动而产生了爱，并在传递着爱。记得元旦来临之际，孩子们曾用自己的双手制作了一份份精美的新年贺卡，写上自己内心最真诚的祝福，传递着自己纯真的爱。这使我又想到了一句歌词："只要人人都献出一点爱，世界将变成美好的人间。"是的，这个冬天，南宁尽管寒冷，但因为有爱，让我们每一个人的心中都很温暖。孩子们，谢谢你们的祝福。希望你们能把他人给予你们的爱化作一种动力，勤奋学习，向在座的各位爱心人士学习，将来有所作为就能为社会献出更多的爱，让祖国的明天更美好。

再一次感谢大家的爱心付出！再一次祝福大家新春快乐！

（2012 年 1 月，作者参加南宁市政协"同心育才"工程受助学生 2011 年秋季学期成绩汇报会，本文是会上的演讲稿）

感激和承诺

尊敬的南宁市政协汪玲副主席、唐济武副主席、尊敬的市县两级政府各位领导、各位企业家以及瑶乡的各位父老乡亲们：

大家上午好！

今天很高兴能和大家一起欢聚在这个优美的山中小镇——古寨乡，由南宁市政协牵头，隆重举行"同心育才"工程捐资助学签约暨欢送新生入学仪式，一起见证我们马山县 50 位品学兼优的孩子走出大山，开启人生新航程，去追寻梦想的场景。这样一个充满爱心和责任感的温馨活动，也必将在马山县传为佳话，也一定会在我们的基础教育发展蓝图上留下和谐而浓重的色彩。作为"同心育才"工程人才培养学校的校长，同大家一样，为这样一件盛事而充满喜悦。同时，面对着在场的领导、学生和家长，我也深感责任重大。说实在的，我想说的话真得很多，但千言万语也还是凝结为两个关键词："感激"和"承诺"。

首先，我最想说也是必须要说的就是"感激"。感谢南宁市委、市政府、市政协及马山县委、县政府、县政协对我校的信任，把这 50 位孩子放飞梦想的责任托付于我们；感谢爱心企业家们对瑶乡农家子弟的真情厚意，让他们得以有机会走出大山，享受与首府孩子一样的优质教育资源，让"寒门出贵子"成为可能；感谢50位孩子的家长对我们的信任，把陪伴50位孩子成长的光荣接力棒交接到我们的手中。同时我也希望家长们在今后的三年中也要多与学校的教师沟通，有空的时候也要以自己可能、可行的方式关心孩子们成长，毕竟亲情呵护在青少年成长过程中仍是不可或缺的。

其次，本人作为南宁沛鸿民族中学的校长，我想在我们市领导面前代表学校做出承诺。请市委、市政府、市政协及马山县委、县政府、县政协的领导们放心，我们学校是一所有着60年光荣办学传统的全国民族中学示范校、广西示范性高中，60年来，我们学校为祖国培养了包括我国精准测量专家、我国"登月工程"专家组成员、中国科学院院士于起峰将军在内的数以万计各级各类人才，我们是一所有能力培养好这些孩子的学校。请家长们放心，我们将密切关注他们的健康成长，为他们配备最优秀的师资和最优秀的辅导团队，为他们提供最优质的成长环境，力争把他们培养成德、智、体等全面发展的优秀高中毕业生。三年后来向领导们报喜！向马山县的父老乡亲们报喜！

同时，我们将把捐资助学的每一分钱都用在教育这些学生身上，让他们无后顾之忧。在学校财力允许的情况下，我们还将为他们提供额外的奖学金或帮助，如民族生补助、优秀学生奖学金、考上大学入学资助等。

我相信他们在南宁沛鸿民族中学未来的三年高中学习生活中有挑战和机会相伴，更有成功和快乐同行！同心育才工程首批受助的40名马山学子的表现就是一个很好的证明。经过社会各界爱心人士一年来的支持与厚爱，我校的精心培养，首批受助的40名学生不断茁壮成长并获得了不同程度的发展，表现非常优秀。在各项知识竞赛、校运会、艺术节、期中考试、期末考试中均取得了优异的成绩。例如，何英姿同学，学习努力认真，乐于助人，有一股实事求是的真实感和正义感，做任何事都不拖泥带水。正是这几点，她被评为南宁市优秀"三好"学生；罗颖同学，经过自己的努力，深得同学信任，竞聘为班长，她无论在哪个方面都积极认真，给同学们起了榜样作用，被评为南宁市优秀"三好"学生；苏法双同学，乐于助人，关心集体，勤奋好学，竞选为团支部书记，因工作出色，被评为南宁市优秀学生干部；蓝小慧、何庆思，陆振营等同学被评为校"三好"学生；黄秋艳同学喜欢向老师问问题，上课认真听讲，虚心学习，从不轻言放弃，数学成绩名列前茅，是数学老师最喜欢的学生之一；蓝芳平同学组织能力强，富有创造力，演讲能力强，喜欢思考问题，是班级的宣传委员；潘月荣同学乐于帮助别人，积极参与课外活动，喜欢运动，勤奋学习，爱动脑筋，成绩较优秀，是班级的语文科代表；等等。这样的例子不胜枚举，孩子们个个都是好样的。此外，他们为人淳朴、单纯，尽管家庭不富裕，但有着高尚的情操。

孩子们的出色表现正是被社会各界人士的无疆大爱所感动而产生了爱，并传递着爱。记得 2012 年元旦来临之际，孩子们用自己的双手制作了一份份精美的新年贺卡，写上自己内心最真诚的祝福，在传递着他们的爱。在我校发起的给马兰小学捐款活动中，同心育才工程的同学积极响应，把自己平时节省下来的钱捐出来，使爱心得以传承。我想，这在一定意义上体现了他们身上难能可贵的优秀品质。我坚信，正如一首歌的歌词唱的那样，"只要人人都献出一点爱，世界将变成美好的人间"。

孩子们，同心育才工程的首批学长们是你们很好的榜样，希望你们能领会"同心育才"工程的爱心与育才精神，发扬自己身上的优秀品质，"为国求学，努力自爱"。

最后，请允许我代表南宁沛鸿民族中学及 50 位受资助的孩子及其家长们，再一次衷心地感谢南宁市政协、广西永恒集团公司、南宁荣宝昌房地产有限公司及社会各界的爱心人士！谢谢你们！你们的爱心会在我们这里发扬光大！让它变成建设繁荣富强祖国的伟大力量！

孩子们，就让我们一起怀着一颗感恩的心，怀揣立志为家乡富强、为祖国富强、为民族复兴的社会责任感，去开启我们新的理想征程吧！

谢谢大家！

（2012 年 8 月，南宁市政协"同心育才"工程捐资助学签约暨欢送新生入学仪式举行，此文为作者当时所撰的演讲稿，此次结集略有删改）

南宁沛鸿民族中学甲子赋

邕州故郡，南宁新府；物华天宝，地灵人杰。文运天开，紫微光耀；英才辈出，碧汉星辉。岁次壬辰，时维季秋，沛鸿民中，六十华诞。群贤毕至，共襄盛会；八方学子荣归，四海宾朋同贺。校史开馆，述峥嵘之岁月，旌先贤之功勋。躬耕树蕙，颂德业之芬芳；传薪续火，扬师恩之浩长。邕江滔滔，彰绿城之美誉；青山巍巍，昭沛鸿之荣光。敢竭鄙诚，是以为赋。

校之兴矣，且劬且劳。遥想建国之初，百废待兴；追忆杏坛草创，革路蓝缕。宁公克义，运筹擘画，定址葛园，肇基邕城。始创"军区小学"，培育军嗣精英。一度北移龙城，经年复迁邕州，几番徙迁，数历改制，命途多舛。然上下同心，不坠其志。夏避骄阳，冬御寒霜；披荆斩棘，百折不回。艰难困苦，玉汝于成。

甲辰之年，军区幼学，划归地方。序属十六，号曰完中。时逢一场浩劫，春蚕吐丝苦，桃李长成难。幸邓公小平，拨乱反正，天下大治，庠序逢春。尊教崇文风起，招贤纳才气盛。毕公携梁，率众耕耘，历廿一年，基业遂定。

潮涌大地，春满乾坤。圃开新枝，名以"沛鸿"。"教育为公，不忘百姓"，铭记雷公教诲；"尊师爱生，手脑并用"，践行宾南哲思。业伦接棒，管理见长，上下齐心，佳音频现；科研兴校，师生创新，如鸿展翅，奏成华章。

迨至己卯，巾帼治校，稳中求进，因时就势，珠联民高，如虎添翼，名曰"沛鸿民中"，共谱教育篇章。启猛传承，秉前贤之宏愿，启后世之群英。导师引领，后浪助澜；青蓝结对，师徒相长。民主课堂，灵动激昂；新课改革，孕育希望。广西示范高中，誉满八桂；全国示范民校，名播四海。

喜今朝，九州名师荟萃，八方学子臻至。一校两址，交相辉映。桃源舍古，飞檐流丹；一池蛙声，几缕荷香。木樨发而清芬，金凤起兮飒爽。江南草长，青竹耸翠；三秋桂果，十里黄宇。高门嵯峨近红日，阔园婀娜渺蓝天。观夫桃源钟灵毓秀：桃之夭夭，柳之穆穆，千色吐而芳蹁跹；江南鸾翔凤集：雀之啾啾，燕之喃喃，百声和而韵婉啭。更兼雅石涵辉，青衿锦苑，胜似陶公世外源。美哉，沛鸿民中！壮哉，沛鸿民中！

看明朝，沛雨润万物，鸿图展神州；人文并科学相映，民族与时尚争辉。鸿儒硕学，厚德载物，杏坛名扬；学子勃发，自强不息，捷报频传。良师益友，德才兼备；行为世范，文武齐扬。愿吾壮乡弟子，海阔天空，自信飞扬；沛鸿民中，山高水长，凤翥龙翔！

诗曰：

六十锦弦兴黉庠，躬襄盛世演华章。

才垒高台起号角，便栖彩凤度津梁。

壮歌七响传洲宇，鹿鸣两曜亮梓桑。

黾勉睎睎前贤意，宏道熠熠瞻远长。

（为庆祝南宁沛鸿民族中学建校 60 周年，作者时任校长，主持学校江南校区高中语文组部分骨干教师与学校主要领导集体创作了这篇赋文）

在建校 60 周年庆祝大会上的致辞

尊敬的各位领导、各位来宾，亲爱的校友们、老师们、同学们：

大家上午好！

今天，我们满怀喜悦与激情相聚于此，隆重庆祝南宁沛鸿民族中学建校 60 周年，共同见证这一令人难忘的历史时刻。首先，我谨代表南宁沛鸿民族中学向各级领导、各位嘉宾，以及来自全国各地的同行们、校友们表示热烈的欢迎和诚挚的感谢，向学校历任老领导、离退休教职工以及曾经在我校工作过的同事们致以崇高的敬意，向全校师生员工致以亲切的问候和节日的祝贺！

今天的庆典，是对历史的铭记。几经沧桑，数度易名，由广西军区 1952 年创办，历经广西军区小学校、南宁市第二十一小学、南宁市珠江小学、南宁珠江子女学校、南宁市第十六中学、南宁沛鸿学校、南宁沛鸿民族中学，历经着机遇与挑战，由稚嫩到成熟，由成熟进而发展壮大，每一步都留下闪光的足迹。

1952 年至 1969 年，是南宁沛鸿民族中学创业奠基的大阶段，融汇了起步维艰、辗转送学、颠沛迁址、停办散校、移交地方等重要的历史瞬间，经历了沧桑与沉浮，充满着拓荒与变革。虽经历十年"文化大革命"，校园备受荼毒，但教育理想之光仍在闪烁；党的十一届三中全会以后，学校重回教育的春天，百废待兴；领导班子得到充实，教师队伍调整优化，励志拼搏；学校开始了教育教学体制的全新改革，实践著名教育家先进的教育思想，形成了独特的集"纪念性、民族性、实验性、综合性、开放性"为一体的"五性"办学特色，学校进入稳步崛起时期，高考成绩一直保持着"高进优出"和"低进高出"的育人目标；进入 21 世纪，学校抢抓机遇，强强联手，合并办校，成功创建自治区示范性高中，实现新跨越，学校对外交流不断扩大，教学质量明显提高，呈现出蓬勃向上的良好局面。

六十载光阴荏苒，六十载快速发展，承载着几代人痴心不改的执着追求，一任任校领导的接力，一批批教职工的传承，用热情与智慧、勤劳与奉献为学校发展打下了坚实的基础，赢来万千桃李芬芳。这就是我们的历史，这就是我们的财富，让我们把热烈的掌声献给所有为南宁沛鸿民族中学做出过贡献的历任学校领导和教职员工们！

今天的庆典，是对和谐的绽放。在南宁市委、市政府的坚强领导和各级主管部门的大力支持下，今天的南宁沛鸿民族中学以造就素质过硬的干部队伍，带出学生喜爱的名师团队，培养令父母骄傲的孩子为己任，致力于打造"民主、合作、生动、有效"的特色课堂，努力建设让师生向往、家长放心、社会满意的"自强、厚德、和谐"的校园。用六年的时间实现了"四大"发展新跨越：提升"讲秩序，顺人性，求更好"的管理理念，确定创"全国一流的民族中学示范校"的发展目标，实现办学思路的新跨越；初、高中分校区办学，现代化校区全面建成，教育教学设施设备更新换代，实现办学硬件的新跨越；师资队伍量的增加和质的优化，实现办学软实力的新跨越；全面育人，全面发展，高考成绩连创新高，学校先后获得上百项市级以上荣誉，实现办学质量的新跨越。

在这个生命灵动、关系和谐、荣校报国的"沛鸿"精神家园中，众多不同思想、文化、背景的人凝聚在一起，为了共同的目标励精图治，奋斗拼搏，情有独钟地工作。身为南宁沛鸿民族中学的校长，能与这些才华横溢的人们共同应对各种挑战，共同致力于民族文化的沉淀、传承和发展，共同书写南宁沛鸿民族中学的进取与辉煌，是我一生的荣幸。

今天的庆典，是对关注的感激。南宁沛鸿民族中学办学 60 年的辉煌，是对市委、市政府构建和谐南宁、坚持教育优先发展战略的最好注解，更是对市委、市政府打造"教育强市"的生动回应。它不仅融合了南宁开放包容的胆识和胸怀，更融合了"首府教育率先实现现代化"的豪情和勇气，根植于首府这片丰沃的土壤，南宁沛鸿民族中学才有今天的根深叶茂、生机盎然。感谢各级领导，是你们切实有力的指导和支持，为我校发展提供了坚强后盾；感谢各兄弟友好学校，是你们的宝贵经验和无私帮助，使我校学有目标，干有信心；感谢南宁的父老乡亲和社会各界人士，是你们一如既往的关注厚爱，使我校获得不竭动力；感谢历届万千学子校友，是你们励志拼搏的成功业绩和拳拳深情，令母校倍添无尚荣光。

今天的庆典，更是对未来的承诺。60 年华诞是南宁沛鸿民族中学传承历史、开创未来的崭新起点。以德育为先导,以教学为中心,视质量为生命,用智慧和真情,关注并热爱每一位学生,夯实学生健康成长的基础,让壮乡的孩子自信地走向未来,创建全国一流的民族中学示范校,这是历史赋予我们的责任和使命,更是全体"沛鸿人"的光荣与梦想。承诺如山,我们会以和谐的团队承载社会的厚望,以生命的激扬唱响和谐的乐章,用奋进的足迹展开锦绣的前程,以创新的勇气追求名校的理想。再过 10 年、20 年,让时代检阅,南宁沛鸿民族中学必将拥有一个更加辉煌灿烂的明天!

最后,祝各位领导、各位嘉宾、各位校友、老师们、同学们、朋友们工作顺利!事业成功!身体健康!万事如意!

谢谢大家!

(2012 年 11 月 16 日,南宁沛鸿民族中学举行建校 60 周年庆典,本文是作者在庆典大会上的致辞)

后 记

　　2015 年，正是我大学毕业 30 周年和从事教育工作 30 周年的纪念之年。在这个时候，把自己从事学校管理 20 年的经历与感悟整理结集出版，我想这不仅仅是对培养我成长的众位教师的一个汇报，更是对 30 年来默默支持我工作的众多亲友、热情指导自己教学的各位师长、无私帮助自己管理的各级领导和诸位同事的一个汇报。其纪念意义，无疑是很特别的。

　　在这 30 年中，无论作为一名教师，还是后来成为一名学校的管理者，我都有幸参加了在省内和国内最顶级的培训，这对我个人的成长影响巨大。

　　1999 年 4 月至 2004 年 4 月，经南宁市天桃实验学校、南宁市教育委员会（后改称教育局）推荐，自治区教育厅成立专门的遴选专家组从来自全区 14 个地市四百多名教师中遴选出 100 名优秀教师作为广西面向新世纪启动的"21 世纪园丁工程"自治区级（A 类）培养对象，培养的目标就是在 21 世纪造就一批广西基础教育专家。本人非常幸运地成为其中的一员，五年的培训经历，尤其是在培训期间结识的教师和同学的教育智慧是我从教一生都可以汲取的营养。

　　2009 年 10 月，经南宁市、自治区教育行政部门推荐，我有幸参加了在华东师范大学教育部中学校长培训中心举办的第 38 期全国高中校长研修班，来自全国各地三十多个省、自治区、直辖市及新疆生产建设兵团的 43 名校长齐聚华东师范大学丽娃河畔进行为期三个月的学习，三个月的学习经历，使我对办学，尤其是如何当好一名中学校长有了更高层次的感悟和全新的思考。

　　2000 年 10 月至 2001 年 10 月，经广西"21 世纪园丁工程"办公室推荐，教育部有关部门审核通过，使我成为教育部新世纪万名中小学学科骨干教师培养对象的一员，非常幸运地赴东北师范大学学习研修一年。这一年的学习和课题研修经历，对自己形成高观点下的中学数学教学观及总结自己的教学风格有着里程碑的意义。

　　2011 年 6 月，经教育部中学校长培训中心遴选，我又有幸成为教育部于

2009 年 7 月启动的"以造就一批教育家型校长"为目标的高级研修培训（计划办五期，每年一期，每期每个省、自治区、直辖市及新疆生产建设兵团各一名中学校长）第三期全国优秀中学校长高级研修班的 34 名学员之一。近三年的研修学习，对提升自己学校管理的智慧，尤其是凝练自己的教育思想曾有过刻骨铭心的记忆。

期间，我又于 2011 年 12 月经自治区专家组遴选有幸成为自治区教育厅启动的基础教育百名名校长培养对象的一员，广西师范大学教育科学学院仍旧担负整个培训的技术支撑。时隔 12 年再次回到熟悉的校园，当年参加"21 世纪园丁工程"培训的几位老同学特地设宴答谢当年的导师、现任广西师范大学党委书记王枬教授，王老师赴宴时特地给我们带来了她新出版的《王枬集》。席间她语重心长地嘱咐道："你们都是我们广西的特级教师，现在又是我们广西的名校长，你们要善于把自己的教学与管理的经历和思想整理出来，结集出版去影响年青一代的教师和校长，这是你们的责任。我期待不久的将来能陆续收到你们给我寄来你们个人在教育教学及管理方面的著作。"王枬老师的话语时常在我耳边回荡、催我奋进。

本书的出版，要特别感谢我的几位老师，他们是教育部中学校长培训中心原主任、华东师范大学首批终身教授、博士生导师陈玉琨教授，教育部中学校长培训中心副主任刘莉莉博士，广西师范大学教育科学学院院长、教授、博士生导师孙杰远博士，教育部中学校长培训中心副主任沈玉顺博士，广西师范大学研究生院院长、教授、博士生导师高金岭博士，教育部中学校长培训中心教授、博士生导师吴志宏老师和戚业国老师。这几位老师对我的影响和激励是我终生难忘的。孙杰远老师在百忙中还特地为本书作序，孙老师说这篇序言是对我治校理念的品鉴，但我更愿意认为是对包括我在内的 100 名广西基础教育名校长培养对象的期待和鞭策。所以，最终我在征得孙老师同意的基础上选择了老师的序言题目作为书名。

我还要感谢《广西教育》杂志的几任社长、总编及几位责任编辑，尤其是现任社长何世明总编、黄珍平主任、白聪明主任，及现已调离《广西教育》杂志社的马超勤、吕建萍两位老师。十几年来，是你们的认可与肯定激励我在学科教学及学校管理方面不断地去总结和反思。

我还要向南京师范大学教育文化发展研究中心主任、博士生导师刘军教授，北京师范大学出版社南宁办事处刘新军主任，北京师范大学出版社领导、本书的编辑及其他工作人员表达我个人最诚挚的敬意，没有你们的支持和帮助，这本书不可能有如此规格且顺利地出版。

最后，我要深情地感谢我的妻子周玲女士，是她多次催促我去完善已搁置两年的书稿。同时，我还要特别地感谢我的女儿，是她帮助我做了本书的最后一次校对，并对书稿提出独特的修改意见，使我终于实现了我个人的"中国梦"。实际上，还有很多很多我要感谢的亲人、师长、朋友、同事、领导，在此请恕我无法一一列出，我将永远珍藏这一份份充满真情的爱，并将这份爱传递给他人。

戴启猛
2015 年夏于绿城南宁